U0904257

Lee Kuan Yew

李光耀回忆录

我一生的挑战

新加坡双语之路

[新加坡] 李光耀 著

译林出版社

图书在版编目（CIP）数据

李光耀回忆录：我一生的挑战：新加坡双语之路／（新加坡）李光耀著．—南京：译林出版社，2013.11（2025.1重印）
（传记译林）
ISBN 978-7-5447-4182-8

Ⅰ.①李…　Ⅱ.①李…　Ⅲ.①李光耀－回忆录
Ⅳ.①K833.397=5

中国版本图书馆 CIP 数据核字（2013）第 187331 号

李光耀，我一生的挑战：新加坡双语之路
李光耀著

著作权合同登记号　图字：10-2012-273 号

李光耀回忆录　我一生的挑战：新加坡双语之路［新加坡］李光耀／著

责任编辑　冯一兵　许　昆
责任印制　董　虎

出版发行　译林出版社
地　　址　南京市湖南路 1 号 A 楼
邮　　箱　yilin@yilin.com
网　　址　www.yilin.com
市场热线　025-86633278
印　　刷　江苏凤凰通达印刷有限公司
开　　本　718 毫米 × 1000 毫米　1/16
印　　张　21.75
插　　页　18
版　　次　2013 年 11 月第 1 版
印　　次　2025 年 1 月第 40 次印刷
书　　号　ISBN 978-7-5447-4182-8
定　　价　58.00 元

献给
所有语文教师

新加坡前总理李光耀的这本书，让人对开创现代新加坡的一个关键因素有深刻的理解，认识到在一个使用多种语言的社会必须有一种共同语言，以及这种语言必须是英文。然而，在面对顽强抵抗下实行这个愿景，需要强有力的领导、勇气和坚持，这些在书里尽显无遗。

这个决定和它的付诸实行，对让新加坡在全球成为可敬的竞争对手有深远的影响。

——葛兰素史克公司前主席、伦敦帝国学院前院长
赛克斯(Richard Sykes)爵士

我们几年前前来新加坡定居，是因为它的双语、语言和教育政策。二十一世纪将是中国和亚洲的世纪。我们认为让孩子考察亚洲和说流利的华语，是我们能够给她们的最好技能。我们查看了许多使用华语的城市，最终选择了普遍使用英语和华语的新加坡。我们的小女儿“小蜜蜂”（Baby Bee）在只使用华语为媒介语的南洋幼稚园上课。大女儿是在一些科目用英语、一些用华语的南洋小学上课。学校的活动是每星期轮流使用华语和英语。

新加坡具有全世界最好的教育体系，在处理语言课题上也是佼佼者。新加坡成功地把焦点放在让每个人通晓至少两种语言（也使用马来语和淡米尔语）上，这是它在过去45年来一直是全球最成功国家的一个原因。

——金融投资家罗杰斯 (Jim Rogers)

这是一个由世界最优秀的政治家著述、关于新加坡落实双语及双文化理念成功的故事，深具启发性，为全球所有讲华语的人所必读。

——中国国民党荣誉主席连战

李光耀先生的这本书清楚地说明了新加坡双语政策的发展是个很复杂的过程，因为它牵涉到人们的情感、语言的功利以及社会政治等各个方面。书中第三章讲述的南洋大学的历史，便包含了这些因素。

对我这一代的人来说，南大[①]不只是一所大学，它还凝聚了东南亚华人的期望和理想。南大所代表的自力更生和团结就是力量的精神，超越了社会阶层和国界。

在南大这一章的结尾，李光耀先生肯定“南大创立的精神”，认为它“值得新加坡人珍惜并世代传承下去”。我完全同意。

——南洋大学理事会前主席、大华银行集团主席黄祖耀

新加坡人口中华人占75%，建国之初，时任总理的李光耀却选择用英文为国家的工作语文，这是当时很多华人不明白的政策。选择了英文为国家行政语言，却同时又坚持人民修读自己的母语为第二语文，把双语政策定为建国基石，更是有些人至今仍然不表赞同的事实。

这本书详实地把实行这些政策的背景写得清清楚楚，让我们了解他为什么要这样做。双语政策，正确还是错误，日后历史自有评断。但是我很明白，如果他当时不这样做，我们的国家，肯定就不是现在这个状态。

——新加坡社会发展部前高级政务部长庄日昆

李光耀先生对语言、文化和价值观的相互作用，和它们在个人和国家的成功中所扮演的角色，提出了精辟的见解。

——阿里巴巴集团主席兼首席执行官马云

我是新加坡双语教育的受益者。小学和中学都是在传统华校度过，海星中学毕业后才转去英校莱佛士书院读高中，之后到国外的大学继续深造。在海外读书的日子，家母一直坚持用华文和我书信往来。

经商30年来，我体会最深的是双语教育对我影响至深，帮助巨大。掌握英语，可以打开全球视野，没有语言障碍，顺利地与不同国家的朋友打交道、做生意；掌握母语，则能增强我对文化与根的认同，特别是坚忍不拔、自强不息的品格与价值观，令人终身受益。

1980年起，我便到中国经商。能够适应当地的环境，和小时候打

① 指南洋大学。

下的华文基础以及对中华文化的了解密不可分。2009年我开始担任新加坡中华总商会会长，更加体会到双语双文化的重要性。

中国的崛起已经带动世界经济向亚洲转移，掌握华文华语无疑是一种优势。此书的出版，不仅让大家全面了解50年来政府制定双语政策的苦心，也让大家更加佩服李光耀先生过人的智慧和前瞻性的眼光。他坚持不懈学习华文的精神，值得年轻一代效仿、追随。

——新加坡中华总商会会长张松声

如李光耀先生所说的，这本书是他这半世纪以来，主导新加坡语文政策的“经验总结”。书中对于独立建国以来的重要语言政策，其间的决策背景，来龙去脉，有非常详尽的说明。

李氏的洞识、坚持，以及个人意志的贯彻，使得新加坡社会“成为最大最复杂的语言实验室，为社会语言学和语言规划学等提供了丰富案例”。此外，作者从个人的家庭背景说起，细述他毕生学习多种语言的经验和心得，读来引人入胜，也提供了一个极珍贵的多语学习案例。

——南洋理工大学终身荣誉教授郭振羽

双语政策在新加坡推行的数十年，伴随着的是华文教育在新加坡的地位的相应改变，华社团体对双语政策为新加坡和新加坡人民带来的长远利益，在经过相当时日的实际检验后，如今更能够理解和明白。

作为多年来双语政策的策划者和推动者，李光耀先生是阐述这个涉及政治、文化、族群等复杂情感课题的最权威的人，人们也可以从书中了解他如何思考这一影响每个新加坡人的重大问题。

这本书通过新加坡的建国历程解说了我国语言转型的实践经验，是每一位新加坡人，尤其是目前仍旧徘徊，并犹豫于为孩子们创造第二语文积极学习环境的家长，必须翻阅的一本好书。

双语政策不应该是功利的一味追求，而必须是每一个新加坡人发自内心全力延续母族文化的根基。

——新加坡宗乡会馆联合总会主席蔡天宝

这本书描述了新加坡因为实行双语政策，而改变了它同世界连接起来的基本因素。在李光耀先生过去几十年来制定并塑造了今日新加坡的种种政策中，决定采用英语作为新加坡人的共同语言是最重要政策之一。通过李光耀先生的自述，让我们看到了伴随这些改变而来的高度情绪化和复杂的现实挑战。

对不断检讨这些政策、为未来发展设定方向的新加坡来说，这本书是在一个重要的时候出版的。对世界其他地方来说也是如此——其他国家也在革新它们的教育体制，以便从一个互相连接的世界中受惠，它们也必须面对自己的选择。

——麦肯锡公司全球董事总经理鲍达民(Dominic Barton)

致谢

我由衷感激以下人士：

没有新加坡报业控股的编辑团队为这本书投入大量研究、提供写作材料，书是不可能写出的。他们包括（名字顺序根据英文字母）：

蔡丽芬
严孟达
吴瑞莲
胡以晨
梁荣锦
王彼得
温佳缘
潘星华
叶琦保
杨瑞锋
周兆呈

好些人为书的第二部分“殊途同归”撰写了文章，分享个人或孩子的双语学习经验，也为此课题提供更多视角。

我的华文老师周清海和蔡志礼。没有他们的教导，我的华语肯定逊色不少。

教育部前教育总司长黄庆新先生，他对教育政策有深入了解，为这本书提供了宝贵意见。

感谢那些协助我核实内容，确保我叙述无误的教育部和其他政府部门的官员。

前《联合早报》摄影记者李欣赏先生，他为我拍了照片做新加坡版封面。

新加坡报业控股新闻资讯中心也为我搜索出不少旧照片和新闻剪报。

最后，我的前首席私人秘书徐芳达和特别助理陈康威也费了心力。他们多方协助，书才得以顺利出版。

目　录

自序　新加坡语言转型的经验　001

李瑞环序　001

第一部分：一波一波的挑战　001

第一章　历史洪流塑造我的语文观　003

第二章　双语政策终于起步　022

第三章　南洋大学兴与败的启示　051

第四章　时势造就了特选学校　076

第五章　华语运动32年细说从头　115

第六章　调整又调整　改革又改革　151

第七章　中国崛起带来的大气候　194

第八章　我的经验总结　218

第二部分：殊途同归　229

李显龙：学习语言在于激发和维持兴趣　231

陈庆鏻：我与华文的恋情 243
周清海：我的语文学习经验 246
傅海燕：既艰辛又轻松——我的双语路 254
罗杰斯：因喜悦和自豪掉泪 260
吴多深：和语言打交道 264
李玮玲：用华语做梦 267
冯焕好：隐忧与期盼 269
胡以晨：在双语文化之间成长 274
颜金勇：我的语文学习之路 280
李慧玲：从语言到文化的旅程 283
孙燕姿：只因吴宗宪的一句话 288
陈振泉：数风流人物　还看今朝 291
陈庆文：对新加坡语言学习的反思 296
郑清寿：苦尽　甘来 299
杨莉明：以双文化搭建桥梁 302
陈其昀：那一大袋的图书 305
陈志锐：从较技到交际——两代人的双语学习经验 308

索引 315

自 序
新加坡语言转型的经验

第二次世界大战以后，世界上出现了许多新兴国家，这些国家的特点是，社会上存在多种语言，殖民主义宗主国的语言加上各种当地方言，使得人们的语言习惯变得很复杂。

一个新兴国家百废待兴，最需要的就是统一人民的语言。新加坡在这方面，拥有超过半个世纪的丰富经验。

在1959年成为自治邦之前，新加坡的学校分成四种不同语文源流：华文、英文、马来文和淡米尔文学校，其中以华文学校人数最多。

这本书里，我集中探讨我们如何把英文作为“第一语文”、把华文作为“第二语文”来教导学生的问题。我们一直不断调整英文和各族群本身的母语（对华族而言就是华文）的教学，确保人们一方面能够掌握我们的行政语言——英文，另一方面也能掌握自己的母语。

为了维护各族群的认同感和承传祖先的文化，各族群以本身的母语作为第二语文是有必要的。

在各个族群中，以华族学生同时学习英文和华文的难度最大。汉字没有字母或语音符号，每个字是表意字或象形字，单从文字很难看出读音。一个人若从小没有学会汉字发音，长大了才学是加倍困难的。

我们的语言教育目标是在不影响学生掌握英文能力的前提下，为学生定下一个实际的华文水平。越常使用一种语言，这种语言的运用能力自然越强。而一个人的语言天分和他的智商并不完全相关，智商同等的人在语言掌握能力上会有很大的差别。一般而言，女生的语言能力比男生强。

因此，我们得不时重新平衡英文和华文之间受重视的程度。讲华语的父母往往希望孩子有较高的华文水平，而对那些来自英语家庭的孩子来说，平日学习华文已经面临难题，若还要提高华文水平，他们的父母自然感到不满。双方好像拔河那样，拉来拉去。政治上的压力使得政府要在英文和华文之间取得最好的平衡变得很困难，实际情况往往像钟摆那样，进两步，退一步。我们后来发展出了“单元模式”的教导方案，以照顾不同学习能力的学生。但新加坡的双语教学很复杂，要不断求变，不能说这是最理想的办法，以后可以一直沿用，不做任何修改。

这本书写出我们50年发展双语教育的经验，要让家长了解学习双语是零和对策。英文多用，华文就弱。华语多说，英语就没有那么好，这是没有办法的。

半世纪的双语教育历尽艰辛

新加坡50年的双语教育道路，崎岖不平，这得从20世纪50年代说起。

根据1956年《新加坡立法议院各党派华文教育报告书》的建议，我们在各语文源流的小学实行双语教育。以华校来说，就是教导学生华文和英文；在英校，就是教导英文和各族群的母语（华文、马来文或淡米尔文）。然而，效果并不理想。

1965年新加坡脱离马来西亚独立后，我们在小学和中学逐步贯彻双语政策。1966年，所有中一生必须修读第二语文，但英校华族学生还不需要选择母语（华文）为第二语文。1981年，我们规定学生报读大学时，A水准会考第二语文必须考获AO副修水准的E8（1983年提高到D7），而且分数算进大学入学总分；1980年开始，我们进一步规定英校华族学生必须以华文母语为第二语文（从前他们多选马来文）。这些规定给来自讲英语家庭、成绩虽然优异但华文差的华族学生造成了日后升大学的障碍。到了2004年，报读大学，华文母语第二语文仍然必须达到所定的最低水平，但是分数已不再算进总分。

这本书从头记述了新加坡的双语政策50年来的演变。

在学习语言的问题上，学生的家庭用语是关键。起初我并不了解在家使用华语（母语）的学生，在学校更容易掌握华文。我们忽略了家庭用语这个因素的重要性。

没有其他国家的经验可以做我们双语教育的榜样。我从学校双语教育成绩的年度统计数字，以及自己在成人时期学习华文的个人经验，摸着石头过河，得出一些双语教育的概念。在20世纪50和60年代，我把三个孩子送到华校就读，学校里所有科目都用华文课本，他们的英文是在家里学习的。

当时的家长很精明地预见，孩子进入以英文为第一语文（母语为第二语文）的英校读书，将来更容易出人头地。因此，他们纷纷把孩子送到英校去。

华文作为“第二语文”，我们经过很多年才发展出一套有效的教学法。起初我们缺乏通晓双语的华文教师，他们来自传统的华校，英语能力差，用华文第一语文和单语的方式，教导来自英语家庭的学生学习华文。学生跟不上，自然对华文产生抗拒心理。

其实，新加坡原本就具有优异的社会条件可以让华族学生通晓双语。我们早期的社会同时存在着一个讲英语和另一个讲华语的环境，英文和华文两大语文源流各有历史悠久的学校和课本，还有报章、电视台、戏院和图书馆都体现了华、英语并存的特色。学生在家里、商店、小贩中心、社交场合等等场所都有机会讲华语或英语。在殖民地时期，新加坡只有少数学生在英校就读，他们毕业后为英国官员做事，社会大众则是一个广大的讲华语[①]和方言[②]的华族群众。因此，我们本来就有一

---

① 华语（包括华文）在本书中有两层意思：第一种指汉语普通话，就如这里所指；另一种泛指汉语、中文。后面还会有这种情况出现。

② 后面正文中，李光耀先生在谈及语言（文）学习经验时，出于特定考虑常常将福建话、客家话等汉语方言各自作为一种语言提出，与英语、华语并列，其实它们只是汉语方言的种类，后面碰到这种特殊提法不再一一解释。

个讲双语的社会环境，有利于英文和华文的学习。

今天的双语学习环境已大不同

时代变迁，现在的年轻华文教师具有双语能力，他们正逐渐取代老一辈的单语华文教师。在小一和小二阶段，学生集中精力学习华语听和说的能力。阅读和书写的能力则建立在这个基础上，成为高年级的学习重点。华文教师用英语解释较难的华文词汇。这是一个大转变。以前，华文教师同时教导学生听、说、读和写的能力，这给学生造成很大的学习负担。

脑神经专家证实，学习语言最好是在孩提时候。家里、游戏班、幼稚园、小学都为孩子提供无穷的语言学习机会，一个人要到成年时候才来学习华语就困难多了。每个音节四个不同的发音很难掌握，所以要讲流利的华语并不容易。在年纪小的时候，当耳朵、舌头和大脑最为敏锐和灵活时，是学习华语的最好时刻。

华语流利的家长如果能在家跟孩子讲华语，这对孩子掌握华文有很大帮助。学生在家使用的词汇虽然有限，但通过多讲，熟悉华文句子结构，可为他们日后学习华文打下基础。讲华语的家长不必急着要孩子学好英文，因为日后学英文的时间有的是。自20世纪80年代后期开始，新加坡已经成为一个以英语为主的社会。在学校，所有学生都学习英文，英语成了我们社会的主导语言。

美国的一项调查显示，在美国出生的华族孩子，倘若在家里使用华语，日后上学，掌握华文并不是问题。倘若在家里讲英语，则日后学习华文就跟其他美国人一样，觉得是件苦差事。

很多讲华语的家长误以为在家里即使用文法不通、发音不准的英语同孩子交谈，也对孩子的英文能力有好处。其实，孩子在上完幼稚园和小学之后，英文便会逐渐成为他们的主要用语。小学阶段有75%的课程时间是使用英文，25%使用华文。在中学，这个比例则是85%对15%。只有在特选中学和初级学院的双文化课程中，才有更多的课是用华文教导。至于高等教育，包括理工学院和大学，英文则是唯一的教学媒介语。那些到中国大陆和中国台湾的大学深造的学生，回来工作后便投入英语环境，英语久而久之也成为他们的主导语言。

我的三个孩子出身传统华校，但他们工作之后，使用的是英语，华文变成了他们的第二语文。在新加坡，只有华文教师和华文媒体工作者等才会继续以华语作为主导语言。

一个人可以通晓多种语言，却只有一种主导语言，就算以语言为专业的专家也不能例外。他们的第二语文表达能力无可避免地会比较低。中国最好的华、英语同步翻译员，英译中（他们的主导语言）的能力，比中译英的能力强。以英语为主导语言的外国华、英语同步翻译员，情形则刚好相反。

新加坡人的主导语言是英语，这是我们吸收知识的最方便媒介。以英语为主导语言的华族新加坡人如果也能讲得一口漂亮华语，是会有更多的发展机会。我认为一般新加坡人，只要能讲华语，即便现在水平不高，词汇贫乏，将来工作有需要，通过实际磨练，词汇增加了，他的华语自然会流畅起来。所以，最怕是一开始就放弃学习。学习华文不管多么困难，都应该有个开始，并持之以恒，必能一生受益无穷。

李瑞环序

作者为中共中央前政治局常委、中国全国政协前主席

李光耀先生的《李光耀回忆录 我一生的挑战：新加坡双语之路》即将付梓，嘱我作序，我深感高兴。我和李光耀先生有过多次交往，2010年5月17日，我们还一起出席在人民大会堂举行的《全球华语辞典》出版座谈会，李先生当时谈了新加坡华语规范等有关问题，给我留下了深刻印象。这次通过《李光耀回忆录 我一生的挑战：新加坡双语之路》这部著作，对李先生的语言经历、语言观念和他主导的新加坡语言政策，有了较为全面的了解，获取了不少教益。

李光耀先生具有超常的语言能力。他从小学习的是英语，英语一直是他最为常用、最为熟练的语言。他自幼也接触到马来语和爪哇语，青年时期学习过拉丁文和日文，40岁前后为了竞选认真学习过福建话和客家话。而华语（也就是汉语普通话），是他成年后寻找机会主动学习、坚持练习、流利使用的语言。

李先生的多语言能力，是生活环境造就的，更是在理性指导下主动追求的。青少年时期，他立志成为一名优秀律师，于是努力学习英语。日本占领新加坡，为了谋生学习了日文。为了让只懂汉语方言的民众了解他的政治主张，从政之后又努力学习福建话和客家话。而坚持学习和使用

华语，既是他要“重新找回华人的身份”，也是为了推进华语运动而给新加坡人民树立一个榜样。

李先生认为，多掌握一种语言就多了一扇人生的窗子，对他人就会有更多的了解和容忍。李先生的语言经历和语言观念，对他的家庭语言规划产生了很大影响。他把自己的子女都送到华文学校，起码接受10年的华文教育。在家庭，李先生跟孩子们说华语，李夫人跟孩子们说英文，还请家教给孩子们补习马来文。多语教育，对子女的人生发展很有帮助。李光耀先生的长子李显龙先生，懂得华语、英语、马来语，也学习过俄语。这种多语能力对他的从政生涯很有帮助。

李光耀先生的语言经历和语言观念，也使他深知在新加坡语言问题就是政治问题，这促使他分出很多精神来研究制定新加坡的语言政策。新加坡定马来语为国语，这是由新加坡与马来西亚的历史联系和地理位置决定的。官方工作语言为英语，这不仅因为新加坡当年是英国的殖民地，而且也因为英语是全世界使用国家最多的语言；定英语为官方工作语言，可以便利地同英联邦国家沟通，同世界上使用英语的国家沟通，同时也可以在国内起到族际平等的作用，利于拆除各种族间的藩篱，避免种族语言冲突。新加坡也重视各民族的母语，华人、马来人和淡米尔人都可以保持自己的母语，并在学校接受母语教育。在新加坡，国语是象征性的，只在国歌歌词和军队发号施令中使用；英语是工具语言，是获取英语世界知识的工具，“谋生的工具”；母语是文化语言，传承传统文化的价值观。新加坡的国情决定了新加坡的双语政策。

语言政策需要通过教育来实现。新加坡实行“英语＋母语”的双语教育政策。在教育中实行双语政策，李光耀先生说是他“一生中最艰难的任务”。经过长期的艰难探索，甚至经过一波波的政治风浪，“调整又调整，改革又改革”，新加坡的双语教育逐渐过渡到英语为第一语言，母语为第二语言。

推行华语运动是华人社会实施双语政策的重要举措，也是李光耀先生三十多年来全力推进的。当年，占新加坡人口75%的华人，讲着十几种方言，这非常不利于华人社会的沟通与教育。1979年，新加坡政府开展了用华语取代方言的华语运动。语音、词汇、语法、文字、拼音都采用中国的语言文字标准。第一个10年的目标是取代方言，第二个10年的目标是认识华语的文化价值，第三个10年的目标是使讲华语成为跟进时尚的象征。李光耀先生认为，随着中国的强大，推行华语运动显然为新加坡注入了活力，增加了新加坡的经济竞争力。现在，新加坡的马来人和淡米尔人也要求学习华语，政府也向他们提供华语作为第三语言的学习。中国是一个多民族、多语言的国家，国家通用语言是普通话；各民族也都有使用和发展自己的语言文字的自由；英语是外语，并且它当前是中国学习人数最多的外语。几十年来，中国政府努力推广普通话，取得了很大成功。民族地区很早就开展了双语教育，并根据各地语言生活的状况发展出不同模式的双语教育。外语教育也一直受到家长的关注，得到政府的支持。一个人具有多语言能力，是现代社会的发展趋势。推广普通话、双语教育和外语教育，也是在培养公民的双语能力和多语能力。

中国与新加坡的国情不同，语言政策也有差异，但是在语言规划、语言教育等方面，是可以相互借鉴、相互学习的。正因如此，我相信李光耀先生的这部《李光耀回忆录 我一生的挑战：新加坡双语之路》，一定会有很多中国读者。

是为序。

第一部分

一波一波的挑战

第一章

历史洪流塑造我的语文观 1923 — 1959年

我曾在《科学美国人》(*Scientific American*)杂志读到一篇文章，说当一个人在疼痛和震惊时，大脑会分泌出“神经缩氨酸”(neuropeptides)，它使人把所获得的经验深深地印记在脑细胞里，长久不会消失。

在我成长的岁月里，家庭、学校、留洋，甚至日据时代学习语文和应用语文的痛苦经验和感受，都深深烙印在我的脑海里。这些记忆除了让我直到现在还孜孜不倦地学习华语，也影响了我治国的语文政策和对学习语文的看法和态度。

从英国学成归来，在当律师、成立政党、参加竞选的日子里，我与工会活跃分子、华校生有紧密的来往，让我体会到了因为语文问题而潜藏在新加坡殖民地社会的困扰。那是一股酝酿中的汹涌暗流，一经挑动，就会激起狂潮，一发不可收拾。前车之鉴，给我深刻的启示，我在建国后，因此以极端谨慎踏实的态度去处理语文问题。

在这一章里，我从生长在一个讲英语的家庭谈起。

从小我立志当律师，而努力把英文学好。后来从政，认识到语言与政治息息相关，我明白要赢得选票，必须把华语和方言学好，说得一口女皇式英语其实帮助不大。

1954年5月，我参与了华校生为营救“五一三”学警冲突中七名被判监学生的法律行动，亲眼目睹近千名学生在华侨中学集中22天抗议的经过；华校生参与1955年5月福利巴士暴动后，华侨中学、中正中学总校和分校被令停课，2000名华校生再度在三校集中，这些轰轰烈烈事件给我留下难以磨灭的印象。

当时的政府为解决华校问题而设立“立法议院各党派华文教育委员会”，我是九人委员之一。

参与这个委员会的经验，使我第一次接触和认识华文教育的问题，我对那个时代的华文教育的形势，也有了更进一步的了解。

大时代的历史洪流塑造了我的语言观，也引发了我对双语教育政策的思考。

来自讲英语和峇峇马来语的家庭

我的曾祖父李沐文是客家人，1846年生于中国广东省大埔县唐溪村。长大后，他乘船过番到南洋来。我的祖父李云龙1871年生于新加坡，父亲李进坤1903年生于中爪哇三宝垄。我是曾祖父南来的第四代，1923年9月16日生于新加坡。

祖父当年在一艘轮船上当事务长，经常航海到爪哇与附近岛屿，因此邂逅并迎娶了住在爪哇三宝垄的祖母。祖父和他姐姐（也就是我姑婆）一样，会说客家话。在船上当事务长的日子，因为船长是英国人，祖父因此深信英语是全世界最具影响力的语言，他跟我用英语交谈。祖母主要说爪哇话和马来语，也能说几句蹩脚英语。

我的父亲李进坤和母亲蔡认娘，都出身富裕的中产阶级家庭，在英校接受教育，这在当时是很少有的。他们彼此以英语交谈，而家里的几个用人来自印尼，说的是爪哇话。所以，我自小跟父母亲说英语，向帮佣学马来语和爪哇话，英语是我最先接触的语言。

六岁那年，我们全家住进了外祖父一栋住过了三代的大祖宅。外祖父是土生华人，只说英语和马来语，不会说华语。他拥有从前加东巴刹和菜市一带的橡胶园，以及现在乌节路泰国大使馆旁的一排店屋。外祖母来自婆罗洲，也是客家人，她说客家话和爪哇话、马来语。

童年时代深烙在我脑海中的语言，除了英语，就是马来语和爪哇话。

外祖母关心我的教育，因此，从小我就开始了跟双语困难纠缠搏斗的日子。1929年我还不满6岁，她坚持我跟其他渔民的孩子一样，到住家后面一所亚答屋私塾，跟一个独居在那里的华文老师学华文。这个老师也许没有受过太好的教育，他说的福建话比华语多，并且只教我们死背不明白意思的词语，还要我们学写毛笔字，让我很苦恼。我向母亲诉苦，她却仍要我接受华文教育，把我转送去在如切一带的俊源学校。

俊源学校是华校，老师全以华语教课，我是个来自全讲英语和峇峇马来语家庭的学生，对这样的华文教育很快就招架不住了。同学不会说英语，说的华语都带有浓浓的方言口音。几个星期后，我再恳求母亲替我转校。母亲违背了外祖母的意愿，把我转到德乐英校去。这所学校鼓励学生说英语，隔壁直落古楼马来学校很多马来学生也转到这里来。在那里，我学得如鱼得水，只用六年时间就完成了七年的小学教育，毕业考到全校第一名，中学进入当时只录取最优秀学生的莱佛士书院（Raffles Institution）。

学好英文　立志成为优秀律师

母亲是个有智慧而且个性坚强的女人。从小，她总是不厌其烦地提醒我别像父亲那样，出身富家子弟却无一技之长。30年代世界经济大萧条，祖父的事业受到打击，家道中落后，只有中学学历的父亲因为没有专业资格，先在壳牌石油公司管理店面，后来负责管理新山、峇株巴辖、士都浪等地的仓库。

这件事给我的启示就是，为免过朝不保夕的生活，最好去学一门专业。所谓专业，有三种选择：医学、法律、工程。新加坡有医学院，却没有法学院和工学院。我不喜欢学医，如果学工程，将来也必须为他人工作。法律却可以自立门户，是一种自由的行业。后来父亲对自己年轻时不努力也感到后悔，他极力劝我搞专业。所以在1936年，我13岁升上莱佛士书院那年，已经立志要当一名律师。

中一开始，我一心要学好英文。我很清楚，要专修法律，非有很强的英文基础不行。法官都是英国人，如果我的英文不好，怎样跟他们竞争？当时莱佛士书院是全新加坡最好的英校，我虽然不算太用功，但数学和科学的成绩很好，我的英文根基好，经常不费气力就能进入前三名。我在中三（剑桥初级文凭班）与中四（高级文凭班）选修拉丁文，成绩并非特优，只属优等。

中三那年，我在成绩最好的A班。级任老师格里夫是英国人，牛津大学毕业。在他悉心的教导下，我的英文有很大进步。中三时我的剑桥初级文凭考试，成绩高居全校榜首。这次考试，由剑桥大学命题，也由剑桥大学改卷，这是我第一次参加这么重要的考试。这一年，我得了两个奖：莱佛士书院奖学金和陈若锦奖学金，共得350元，这在当年是个大数目。

于是，我更专心致志要在中四出类拔萃。1940年，我的剑桥高级文凭考试又排名全校第一，也是新加坡和马来亚第一名，我获颁安德森奖学金，可以进入莱佛士学院（Raffles College）就读。安德森奖学金是当时最受重视的奖学金，每三年颁发一次，每年可以获得大约900元，只颁给高考成绩最好的学生，1940年这期归我。我是英国殖民地教育制度培育的千分之一最优秀的受英文教育学生之一。

莱佛士学院不是大学，没有颁发学位。学生读完三年课程，只拿到分为第一等、第二等和第三等的文凭。教授采用了牛津大学和剑桥大学的讲课、导师指导和每星期写论文的制度。它考试和成绩分级的要求，可能比很多英国大学还严格，情形跟培训新马两地医生的爱德华七世医学院一样。在英国殖民地，人们都了解当地大专学府的文凭和学位必须保持高水平，才能在英国获得承认。

当时二战已在欧洲全面爆发，烽火连天，伦敦天天遭受德国战机轰炸。1941年我在莱佛士学院念高二，12月8日凌晨4时，在宿舍睡梦中被炸弹的爆炸巨响惊醒。日本战机开始空袭新加坡，太平洋战争打响了。我加入莱佛士学院的医疗辅助服务队，协助救援空袭行动中的伤员。团队里的学生们使用的语言是英语，来自马来亚的马来学生则说英语和马来语。

我后来很庆幸自己是个受英文教育者，如果我不受英文教育，我不会了解大环境。受了英文教育，我出国去了解世界。我了解是谁在影响世界的局势，是西方国家，是欧洲，是美国，不是中国，不是印度。如果我只受华文教育，我想我的思维肯定比较狭隘，比较偏见和固执。我会看不清楚事情，更不能从宏观视角来看事物。

日据时期开始学华文

第一次真正面对外语不通的障碍，是1942年2月15日，日本挥军南下，占领新加坡时期。我因为不懂日军说的话，也看不懂墙上张贴的通告，挨了一记耳光。

那个时候，新加坡所有公告都以夹杂着汉字的日文发布。在新的统治者手下，我的英文知识已经没有价值。我因为对日军既害怕又憎恶而不愿意学日文，转而自修华文。我认为学习华文总比学习日文好，华文至少是我自己的语文，而不是令人憎恨的征服者的语文。

我买了布连拾街华文学校出版，教英校生学华文的华文读本，一套四册，以及由蒋克秋编撰、内附英文说明的《国语（华语）易解》、《中级国语》与《高级国语》三册语文书。书里按照威妥玛拼音法以英文拼音教华文字，我虽然天天学习，并且在几个月里学会写2000个字，并设法把它们的意思牢牢记住，可是，我一直没学它的发音。华语每个音节都可读成四个声调，我的读本每个字的注音也都标了声调，可是没有人教我，我始终没法好好掌握汉字的正确发音，对它的四声及轻声也完全没有概念。那年我19岁。

我们家对街有个邻居是潮州人，这个年轻小伙子主动要教我读华文。但我发现他的潮州口音太重，担心到头来反而干扰自己的华语发音，所以没上几堂课就停了。那时候我已经学会认个别华文单字和词组，并且死记它的意思。

在日本人占领下，起初人人都不知所措。父亲没有工作，我没有学院可读，三个弟妹都失学了。我后来意识到终究还得找份工作，我只好到布连拾街一家日军总部开办的日语学校学习日语，以便日后容易谋生。日语课的老师是个日本人，三个月后，我学会了片假名与平假名，考试及格，获颁证书。的确，学过汉字，对学习日文是帮助不小的。

接着，我在祖父朋友一家从事纺织业的下田公司谋得一职。我在公司负责以片假名、平假名与汉字开日文发票与货单。九个月后，因为货轮全被征用来送军队到爪哇与澳大利亚南部岛屿作战，纺织品货源中断，我失去了工作。不久，我又在一家日本贸易联盟组合公司找到了差事，担任书记，日语说写能力因此大有进步。

隔年，也就是1943年末，我在《昭南新闻》看到一则广告，"报道部"（即是《昭南新闻》文宣部）征聘英文电讯编辑。这个部门负责把西方通讯社用莫尔斯电码发出的电讯转换成英文。但是当时的无线电信号不清晰，到了晚上尤其如此，无线电操作员在接收莫尔斯信号时无法辨认的字，需要英文编辑靠上下文揣测填上。这项工作好比填字游戏，让我还能活用英文。

1944年中，预感盟军将展开反攻，我把报道部的工作辞了，与一个上海人合作，帮他洽谈所承包建筑工程的合约内容。他不会说日语，而我的日语表达能力在那个时候已经足以应付简单的日英通译工作。1945年二战结束时，我已经能充当日译英的通译员。

重新找回华人的身份 (born-again Chinese)

英军在1945年9月日本投降之后返回新加坡。

1946年10月，我登上了一艘满载着英军回国的客轮，踏上了英国之旅。我先进入伦敦政治经济学院法律系，却因吃不消伦敦煤烟、尘埃、喧闹的生活，1947年1月，转到剑桥大学菲茨威廉学院法学院。1949年5月，我获得法科荣誉学位考试一等成绩，并获得那年唯一的特优奖。1950年6月21日，我通过律师资格考试，戴上假发，穿上礼袍，在伦敦中殿法学协会，获颁律师资格。1950年8月1日返抵新加坡。

在剑桥和伦敦的学习生涯，我只说英语，我的英语变得很英国化，带有英国式的标准节奏与口音。1950年8月回返新加坡，发现自己居然忘了怎么说马来话，我花了好几个月时间才重拾说马来语的能力，这是我第一次对“语言能力会流失”的体会。任何语言，一旦不用就会流失，就不会在你的大脑中即时自动显现，它可能仍藏在记忆库的某个角落，需要提示或复习才能把它找出来，就像在电脑键盘上按“控制”键与“F”键搜索一样。

我在伦敦的时间虽然不长，可是经常出入伦敦戈登广场 (Gordon Square) 一个叫中国协会 (China Institute) 的体验，却让我终身难忘，并成为影响我后来自己努力不懈学习华语，以及为新加坡人积极推动双语教育的动力。

这个中国协会，是英国人用八国联军的庚子赔款资助的。俱乐部开放给来自全世界的华人，为穷学生提供免费的下午茶。我因此遇见世界各地的华人，华族文化失落程度最大的是来自西印度群岛的华人。我那时觉得我绝对不能跟他们一样，我也开始有了一股不会讲华语或不懂华文的很严重的失落感。我决定以后绝不让孩子重蹈覆辙。

很多人形容我是“重新找回华人的身份” (born-again Chinese)，其实这样的感觉很久以前便有了。在伦敦读书时，英国人不把我当新加坡人或马来亚人，全把我看成中国人。不独在英国，有一次去瑞士度假，旅行社给我订了一家很糟糕的酒店，我决定取消订房，换到卢恩赛市一家比较好的酒店。柜台的人问我是中国人吗？我说，不是，我是马来亚人。他说，那是哪里？我详细说，我来自新加坡，那是属于马来亚的一个地方。对方最后还是说，没关系，就写你是中国人。在他的眼里，我跟中国人没有两样。自那时起，我有了“我是华人”的意识。

1950年，我从英国回来，和韩瑞生找到一个说话带有北京腔的老师，我们用一台小录音机，一起学华语。八九个月后，让我重新记起日据时代曾经学过的汉字。韩瑞生当时已经是土地局局长，我们在他所住的广东民路政府宿舍里上课。但是学习的进度太慢了，除了时间不够，我也没有适当的社交场合练习华语。

把三个孩子全送去华校受教育

没有人告诉我英语不是我的母语，可是在我心灵深处很清楚这不是我的母语。我和妻子芝都出身英校，在英国深造期间，我们很清楚地感受到自己因为不懂华文而吃亏，我们深感从前在英校所接受的一套价值观并不适合自己。我们没有全盘接受不属于自己文化的价值观，又没有自己的文化底蕴，这使我们感到不踏实，两头不到岸。从前在英校所读的课本和教师所讲述的世界，同我生活的现实世界完全扯不上关系。我同其他莱佛士学院学生一样，没有学到本身的亚洲文化，又不属于英国文化，说英语的我，又跟自己讲方言和华语的华族群众有隔阂，结果迷失在两种文化之间。我和芝决定不让孩子吃这个文化亏，决定把他们送进华校，融入生机盎然、充满朝气和自信的华社群众当中，即使英文程度受影响也在所不惜。我自己也下定决心把华文学好，不懂母语吃文化亏是逃不掉的：这就是现实。

我的三个孩子显龙、玮玲和显扬分别于1952年、1955年和1957年出生。他们两岁就开始学华语，当时有位梁老师，给他们念幼儿华文图书。他们三岁上南洋幼稚园，之后再上南洋小学，再后是到南洋女中或公教中学读书。我的长子显龙在公教中学六年，完成华校中学和高中教育，再到国家初级学院多学一年，参加英校高中会考；女儿玮玲在南洋女中完成四年中学课程，转到莱佛士书院读两年高中；幼子显扬在公教中学完成四年中学，再到国家初级学院读两年高中。后来，我经常问他们：后悔在华校读书吗？他们都说不。我想，我为他们做了正确的选择。

他们很小就到南洋幼稚园浸濡在华文环境里，这所幼稚园全用华语教学。1955年有一天，我和各政党委员会的委员去参观学校。显龙看到我，以为我到学校接他，拿起书包准备跟我一同回家的举动，逗得在场每个人都笑起来。过后，华文报刊登了一张显龙在南洋幼稚园上课的照片，这使华人普遍知道他受的是华文教育，这无形中给了我“重视华文”的凭证。

他们三人从小在学校完全接受华文教育，在家和我讲华语，和母亲讲英语，他们的英语跟华语一样流利。六岁起还在家跟随补习老师学习马来文，因此也掌握了马来语。

认识语言和政治息息相关

从英国回到新加坡，我加入黎觉与王律师馆当见习律师。黎觉是英国人，在英国取得律师资格，30年代到新加坡执业娶了一名华族女子，定居下来。他是新加坡主要政党“进步党”的策划人。这个党的领导人多数是30年代在英国念法科或医科的留学生，他们对英国的价值观有很深的认同，就和祖父一样，认为凡是英国的东西，样样都是十全十美。他们对自己没有信心，对本地人更缺乏信心。他们从来不敢向英国的权威挑战，但是批评起殖民地官员的时候，却又洋洋得意。我的朋友贝恩形容他们是“在奴颜婢膝中长大的人”。我决定做点事，改变这种可悲的局面。

1951年2月黎觉参加立法议会选举，要我担任他的代理人，我答应了，这使我有机会粗略了解新加坡的选举情况和运作方式。但是，那次选举，街道上是看不到任何令人激动的景象的。立法议会于1948年举行的选举，20万合格选民，只有2万3000人前往投票，投票人多是讲英语的新加坡海峡土生华人和英籍印度人，而印度人最多只占新加坡人口的6%。在1951年的选举中，参加竞选的印度人数，也是完全不符合社会人口比例。他们在竞选九个议席的22名候选人中，占了15名。黎觉以极少的多数票当选，进步党共赢得六席。竞选活动是依照我在英国所看到的模式进行的。

当时讲英语的立法议员所代表的世界，只是新加坡的小部分，跟大多数人民毫不相干。新加坡绝大多数只说华语或方言的人，对选举既不参与，也没有兴趣。他们的政治愿望，只能通过马来亚共产党来实现。

从语文问题，我看到殖民地政府官员只顾自己和受英文教育者的利益。受英文教育者通过英文报章对政府官员施加压力，但他们不是新加坡社会的经济原动力。我的内心因此极度不安，我开始有了想在我的律师生涯中，打开一扇通往政治生涯大门的念头。

与此同时，我作了一项有重要象征意义的决定。因为祖父对英国人的敬仰，他在我的出生证上，在我的名字Lee Kuan Yew前加了一个洋名Harry。我对这个Harry洋名一直感到不自在。当时非教徒华人，很少取洋名，我上学读书，被老师和同学叫着这个名字，总觉得很怪。所以，在我幼弟祥耀出生时，我成功说服父母不要给他取洋名。对我自己，我没有办法叫英国中殿法学协会或剑桥大学把我注册名字中的Harry去掉，在剑桥大学文凭和律师证书上，我的名字是Harry Kuan Yew Lee。1950年，回到新加坡，我决定在新加坡取得律师资格时，只用华文姓名的拼音，并把姓氏移到名字的前面，即Lee Kuan Yew。1951年8月，为期一年的律师见习期结束，在申请进入新加坡律师公会的过程中，我把名字正名为Lee Kuan Yew。

从此，Lee Kuan Yew成为我在公开场合的名字，它成为我的主张，并且是我当时把自己看成是一个左翼民族主义分子的标志。后来，每当报纸称呼我Harry Lee的时候，我总是有点生气。

我后来没有给自己的孩子取洋名，我的孩子也同样没有给他们的孩子取洋名。

1952年5月我代表500名罢工邮差和电报信差同资方谈判，成功化解纠纷后，我不再是个刚从英国剑桥大学毕业回来的莽撞年轻律师，人们看到我怎样跟罢工工人打交道，怎样领导他们，怎样替他们说话，赢得他们信任，没有造成什么破坏便取得胜利。我以理服人而不积怨。解决邮差罢工案，使我受到公众的注意。

随后，好些工会和会馆找我当法律顾问。多数团体付一笔象征性的费用给黎觉与王律师馆，他们把我的名字印在信笺上，列明我是他们的法律顾问或义务法律顾问。我出席这些团体的常年晚宴或大会，学会了跟说不同方言的华族社群相处，其中一些说广东话或华语。我往往觉得很尴尬，因为我的华语和方言太差劲。

1953年，总督委任英国前驻比利时大使林德爵士主持检讨新加坡宪制的委员会，并对宪制的进一步改革提出建议。1954年2月22日公布的报告中，林德建议让所有在新加坡出生的英籍民自动登记成为合格选民，它也为新加坡带来民选议员占多数的新立法议会。

1951年我担任黎觉选举代理人的竞选活动是上流社会的活动，开茶会、设晚宴，招待180万人口当中的4万8000名登记选民。当时的民选议员，大多不会说一般老百姓的语言，也没有尽全力为民众向殖民地政府争取合理的权益。当时的立法议会和市议会主要是官委议员，民选议员人数很少，也仅具有咨询的权力。

但自总督宣布成立林德宪制委员会，以便朝向让新加坡自治的目标，这种局面开始转变。林德建议成立新立法议会，32个总议席，民选议员占25席。由九名部长组成的部长会议将成为新的行政会议，其中六名由民选议员担任，辅政司、财政司和律政司等重要职位，仍留给政府的官方议员。中选的政党领袖出任首席部长，除了外交、安全和防务，他联同部长理事会负起所有决策的职责。虽然总督拥有否决权，民选议员仍能作出有分量的建议。总督接受林德报告书的建议，并定于1955年4月选举中实施新的选举法。

林德报告书另一项重要建议，是让所有在新加坡出生的英籍民自动登记成为合格选民。这项建议使1955年的合格选民立刻增加四倍到30万人，其中包括22万5000名初次享有公民权的华人，而说华语或方言的选民达六成之多，选举的气氛立即完全不一样了。竞选所用语言主要是华族方言，其次是巴刹马来语，听得懂英语的人最少。说英语的虽是新加坡社会的上流人物，接近权力中心，但是选票有限。竞选人必须在街头和空地，站在罗厘[①]或小型货车上，利用扬声器举行群众大会，这跟1951年选举那种用英语高谈阔论而没有实际行动的情况已经完全不同。我当时已经明白，要赢得选票，女皇英语的帮助不大，把华语说好已经成了我刻不容缓的任务。

1955年议会选举另一个最大冲击，就是黎觉代表的进步党一败涂

① 英文为lorry，“卡车”的意思。

地，他只赢得竞选的22席中的四席。原因是他们的成员只限于一小部分受英文教育的专业人士和一些在新加坡安家落户的英国人，他们现在的人数已经比“说华语或方言的华人”少很多。

组织人民行动党——以华语和方言竞选

1954年11月21日，我和一群同志在“不懂得要把种族、语言、宗教和文化完全不同的人民团结成一个国家的困难”的情况下，成立了人民行动党。我们誓言“建立一个使用多种语言，有同步传译设备的立法机构”。因为以往民选立法议员对说华语或方言的人想些什么、有些什么感受一无所知，这种情况并不健全。当时我们并没有梦想新加坡有一天会独立。

1955年4月2日，我们选定了四名候选人，参加立法议会选举。这四人是我、林清祥、蒂凡那、吴秋泉。结果三人（蒂凡那落选）以大多数票中选，我更是得票最多，是该届选举中最成功的候选人。在这次选举中，在我们向选民提出的15条竞选政纲中，已经提出“实施强制免费教育至16岁为止，并施行广泛高等教育助学金，各种族应有发展其语言及文化之机会，国家对各种学习应予以平等待遇及资助”的教育理想。

当时，我参选角逐丹戎巴葛议席。当我站在讲台上为首次竞选发表演说时，突然发现自己面对数万名群众，却不知如何跟他们沟通。要跟群众建立联系，我必须能说他们说的话，用他们熟悉的成语和谚语，用能够吸引他们并引起共鸣的说法和方式，来表达我的想法。如果我以西方人的表达方式，或用西方人的比喻来说明东方人的想法，我是绝对没有办法触动他们心弦的。

另一名和我同样也是客家人的民主党候选人蓝天是当铺老板，华校出身，在中华总商会代表客家社群。他公然向我挑战，要我跟他以华语或方言进行辩论。他说，华族的语文我读不来，也写不来，没有能力代表华族选民。我当然没法接下他的战书，感到窘极了。

那时，我记起外祖母曾希望我在俊源学校学华文，我没听她的话，感到非常懊悔。为了竞选，我必须夸大自己的语言能力，但是我仅学过2000个汉字，而且多数忘记了。自1943年我辞去下田公司的工作后，就一直没有用过汉字，我的客家话和福建话也很差。

蓝天的挑战，让我深深思考语言的实用价值，并且激发我下决心学好华语。当我到另一个广东人聚居的地区万达街出席有两万人的群众大会前，我请《新报》记者易润堂替我写了两段话，这原本只要三分钟讲完的短文，他却花了几小时来教我读，我做了最大的努力，这也是我毕生最艰难的一次演说。当时群众很支持我，为我做的努力喝彩。数万人在听我的幼稚园华语，我想没有几个人听懂，但给了我很大的激励。

后来，身为当选立法议员和人民行动党秘书长，我开始有了学华文的强烈推动力，希望学会说和写，以便能和周围的人沟通，也能看懂以党的名义所发出的通告和传单。自那时起，我发奋苦学华文。每天我利用午餐时间，边吃边学。丹戎巴葛区一位行动党支部的年轻活跃分子会到办公室，为我上一小时的华语课。他免费教我华文，希望影响我，把我改造成马克思主义分子，吸纳入他们的团队，所以，我渐渐熟悉左翼与共产主义使用的词汇。还记得我读的一本书叫《人生观》，是一本以浅白华文阐释共产主义思想的入门读物。后来，我每天一定拨一两个小时学华文，我不只了解语言本身，还包括发音、语调、俚语、成语、格言等等。四年后，在1959年大选，我已经能说简单但流利的华语，还能即席发表华语演说了。

当时我请王邦文做人民行动党的组织秘书。他双语兼通，是吉隆坡尊孔中学和马来亚大学的毕业生，中英文都好，1955年他帮我在丹戎巴葛区竞选。我把在立法议会所得500元薪水的450元给他。当时他在吉隆坡马婆屋业贷款公司工作，每月薪水有700元，却愿意减薪到新加坡来帮忙给我们做翻译，以及干和讲华语干部联系的工作。当时，我们基层的活跃分子都是受华文教育的，支部给他们办的活动课程如歌唱、舞蹈、烹饪、缝纫、识字、汽车修理等等，都是华语班。党的中央总部则集中了讲英语的华人、马来人和印度人。作为一个穷政党，我们已经没有足够的物力和财力，再为这批讲英语的人举办活动了。

从学潮中体会华校生与英校生的不同

1954年5月，一本马来亚大学学生杂志《华惹》(*Fajar*) 因发表的文章被控煽动罪，八名大学生被捕。他们请我辩护，我从英国请女皇律师布里特 (D.N.Pritt) 来帮忙，结果八名学生全部无罪释放。现任新加坡国立大学英文系荣誉教授的唐爱文 (Edwin Thumboo) 是其中一人。案子结束后，布里特还没有离开新加坡，几名华校生来找我替他们请布里特办案，这是我第一次与华校生接触。

这件事与1952年英国殖民政府宣布"国民服役法令"，并于1954年4月开始进行登记有关。这项法令规定凡是18岁至55岁的男性必须应召参加武装部队、警察部队或民防部队。当时只需要800人参加军队，1200人参加民防部队，准备以抽签方式招募。殖民政府表明这项法令是为新加坡建立有效的防务的观念，不过当时大多数人都不认同。意识到这点，有些青年强烈表明不愿当殖民政府的炮灰。许多华校生大力反对，约有2%的适龄服役的华校生没有去登记。

5月13日，反对实施国民服役法令的500名华校生在市区游行，支持一个代表团到总督府递交请愿书，提出不在就学期间服役的"缓役"要求。总督拒绝接见学生领袖，警方再以集体游行触犯1948年颁布的紧急法令为由，出动镇暴警察部队，强行驱散。学生不服从命令，结果与警方发生冲突。这次事件，有26人受伤，48名学生被捕。15人因证据不足获释，26人每人罚款200元及须保证六个月内不得生事，七人被判妨碍警方人员执行任务，罪名成立，被判徒刑三个月，其中两人是女生。

几名华校生因此来找我帮忙，问我可否协助他们，邀请刚为马来亚大学学生打赢官司的女皇律师布里特来帮助这七名被判刑的学生上诉。

这群华校生有良好的组织，纪律严明，团结，自我约束的能力强得不得了。他们到处争取学生、家长、店主和华社领袖的支持，形成一股不容忽视的力量。这群学生生气勃勃，有卓越的组织和后勤能力，跟我认识的英校生完全不同，也跟主办马来亚大学出版物《华惹》的英校生很不同。

英校生说话没有信心，缺乏自信，我从没有见过英校生有像这群华校生的表现。

"五一三"集体请愿发生学警冲突后，事件并没有停息下来。5月14日和5月22日，每次有接近2500名学生在中正中学集中，两三天后才解散。6月2日，接近1000名各华校中学生集中在华侨中学，表示除非当局对缓役要求作一圆满解决，否则绝不解散，适龄服役学生则准备坐牢。学生集结在华中长达22天，只在接到学生不解散，华中将被封闭的命令下，千名学生才于6月24日晚散去。

学生不愿妨碍学业，申请缓役的要求，其实陆续获得批准。6月18日，防务司戴维斯对新加坡中华总商会会长高德根说，只要学校对学生的成绩感到满意，并认为在缓役期间，学生确能读书，且能参加高三会考，则防务司会批准缓役，英校生也可以获得同样考虑。这算是满足了学生游行请愿和在华中集结的目的了。

至于七名学生被判监三个月的上诉案，在1954年10月布里特三天的辩护下，法官虽仍维持原判，却表示这七名学生只要签下保证书，保证18个月内品行良好，他可以撤销监禁刑期，这个建议并未被学生接受，他们宁愿做烈士，锒铛入狱，并继续通过布里特向英国枢密院上诉，讨回清白。上诉案于1955年2月15日遭英国枢密院驳回，也开始了我对华校生世界的认识。他们个个生龙活虎，是理想主义者，不自私，准备为更美好的社会牺牲自己的一切。他们完全献身于革命事业，一心只想推翻殖民地政府，建立一个平等和公正的新世界，他们积极奋进的心态，使我对他们刮目相看。

就连见惯世面的布里特，也对新加坡华校生卓越的组织能力留下深刻印象。他甚至在12年后出版的自传里，追述当年新加坡5000名华校生整整齐齐，一丝不苟为他开欢迎会的情况。那天，学生发挥了高度自律和自治精神，秩序井然。5000人吃过蛋糕、面点、花生和香蕉，所有垃圾全放回纸盒丢弃，离开时会场像开会前般地干干净净，让人不由得佩服他们守纪律的操练。布里特离开新加坡前，学生再为他开了一个7000人齐聚的欢送会，7000双手鼓掌，像“一阵阵暴风雨般”的震耳欲聋声音，也让人感动。布里特当时说：“我带着你们的热情及友谊的甜蜜回忆离开新加坡。”并许下后会有期之约。我也在欢送布里特的大会上，对学生说：“只要你们争取的是真理，且以正当的方法去奋斗，即使反对你们的人，用武力来对付你们，你们也不会失败。”

这件案子使我注意到华校生蔑视法律，反映出一个很深层的社会问题。殖民地只雇用受英文教育的本地人当低级人员，在政府机构里，受华文教育者根本没有地位。政府开办以英语和马来语为教学媒介的小学，中学只用英语作为教学媒介，这使华校成了对社会不满者的滋生地。

对移民社群，殖民政府一向任由它自生自灭，华人因此筹款建自己的学校。他们自给自足，使用中国出版的教科书，聘用来自中国的教师，以他们原来在广东或福建所采用的教学方式教本地学生。生活上，他们在华语的机构如商店、餐馆、商行和华人银行找事做。文化上，他们生活在另外一个天地里。他们可说与其他族群，甚至和讲英语的华族人没有太多的来往。他们经常感到被排斥，就业机会不多，是对社会充满怨恨的一群愤怒青年。

这个案件使我相信如果我驾驭不了其中一些干劲十足的年轻人，使他们加入我的阵营，成为我的朋友，成为我们这群受英文教育者的朋友，那我们的事业永远不会成功。在认识他们之前，我只跟英校生和马来人来往，这些人既没有坚定的信仰，也没有力量跟华校生一较高低。

福利车厂暴动带来孕育双语教育的报告书

1955年是新加坡历史上一个重要的年头。那年的4月选举，首次为新加坡带来民选议员占多数的立法议会。马绍尔在完全没有预期会获胜的情况下执政，难以履行他在竞选期间提出的慷慨大方的诺言，他的新政府上台后，立刻面对汹涌澎湃的工业纠纷和罢工事件。1955年4月到12月的九个月里，新加坡发生了260起工潮，福利车厂暴动是其中最严重的一起，共酿成4死31伤。

1955年4月福利巴士车厂工人罢工，229名工人被开除。5月12日清晨5时许，当50名罢工工人在车厂门口组成一道人墙来阻止巴士驶出时，厂方召来警方人员，并动用水枪驱散罢工工人，引起罢工工人掷石头还击。下午2时，警察总部实行紧急戒严，却没有阻止各地发生的零星袭击事件。

下午2时15分，17辆满载华侨中学和中正中学学生的罗厘去车厂增援工友，却在福利巴士车厂附近的亚历山大路遭警方拦截，结果约有1000名学生和罢工工人与警方发生混战。学生和工人使用石块和瓶子为武器，警方还以催泪弹。晚上情况恶化，聚集在离福利巴士车厂不远的3000名群众与镇暴警察对峙，爆发乱石纷飞、催泪弹烟熏四起的混战，最终群众向驶来的汽车投石并放火焚烧，警方随即采取冲锋行动。暴乱中有两名警察丧生，一名华校生被打死，另外14名警察和17名平民受伤。

暴乱第二天，当劳工阵线联合政府在召集部长紧急会议，商讨解决福利工潮时，教育部同时决定采取强硬手段关闭华侨中学、中正中学总校和中正中学分校（金炎路）三所华校一星期，以示惩罚。其后，政府于5月14日指示福利巴士雇主接受罢工工人的要求，被开除的工人重获录用，在罢工期间的薪水照发，这场工业纠纷迅速解决。教育部虽于5月17日晚收回对三校的停课令，却着令三校董事部开除某些由政府提出名单的学生，三校董事部也须在14天内向政府说明三校的注册何以不应被注销的原因。这带有条件的停课令又激起了2000名学生在三所被关闭的学校“集中”静坐，要求无条件复课。学生在学校设置路障，准备同政府摊牌。

幸好就在这个时候，政府宣布成立“立法议院各党派委员会”调查华校情况，我是九人委员其中之一。我们在5月20日晚上的第二次会议上，在不到一小时的时间里，议决呼吁政府无条件让华侨中学和中正中学复课，同时呼吁各校董事部、校长、教师和家长，即时恢复校内的秩序及纪律。三校于是于5月23日在无须开除学生和无须陈述继续办校原因的情况下，无条件复课。

"五一三"事件、福利车厂事件，让殖民地政府感觉华校生的问题非常棘手。立法议院各党派临危受命组成九人华文教育委员会，以提呈报告书的形式，对华校当时的情况，作全盘彻底的调查。

1956年2月，教育部长周瑞麒在立法议院针对这份报告书发言时，没有人提出异议。这份报告书是我们所能想到的最佳折衷方案，各党代表都在上面签了字。全面辩论于1956年4月5日展开，周瑞麒说，解决教育问题的方案是政治的方案。当然，从教育的观点来看，这不是最好的解决办法。不过，推行双语和三语教育的主要目的，是因为我们迫切需要在我们的学生当中，培养一种以新加坡为中心的意识和共同效忠马来亚的精神。我同意周瑞麒的说法，解决教育问题的方案就是政治的方案，从1955年至今未变。

各党派华文教育委员会最初虽为解决当时华文教育的危机而成立，最终却将所研究的问题扩大，成为全面顾及整个教育问题的一般性政策。报告书提出了多项重要建议，其中影响我们后来双语教育政策的建议有：

★平等对待各语文源流学校。

★在各小学推行双语教育并在中学推行三语教育。

★各源流学校应采用共同的课程。

1956年在辩论这份报告书的议会上，我以自己切实的经历，支持报告书各项建议。我清楚知道自己在政治上极为不利的一点，是无法理解华语和方言，更不用说掌握了。我说，我小时侯进入英校念书，准备将来到一所英文大学深造，以便成为一个受过教育的人。我长大了，最后大学也毕业了，终于发觉整套价值观基本上是错误的。早在步入政界之前，我就有这样的感受。

在辩论中，我引述印度尼赫鲁说过的一句话。他说，他为母语说得不像英语那样好而哭泣。我并不是一个容易动感情的人，我不常哭，不会拉扯自己的头发，不会乱撕纸张，也不会扯掉自己的衬衫，但这并不表示我在这方面的感受不那么深。我不准备让儿子进英校，他将不会成为一个典型的英国绅士。当然我希望他懂英语，足以跟父亲谈谈天气以外的事情。

《立法议院各党派九人委员会华文教育报告书》后来以29票对0票，全数通过。

我既然代表人民行动党作为这个委员会的一员，就必须说服讲华语和方言的人接受它。而实行三种语文，是我当时必须承担的政治风险。

不过，报告书出来后，当时的学校并没有认真执行报告书的建议。华校生虽然开始学习英文，英校生也学习华文，却都没有考试。及格或不及格，没有关系。直到1959年我们上台，自治政府正式运作，小学生和中学生必须修读第二语文，学校才认真起来。

1959年4月12日，我们党在竞选的群众大会上发表了党的教育政策，就表示要努力落实这份报告书的建议。这五个重点是：

1.平等对待四种语文源流，四种语文都是官方语文；

2.推广双语教育；

3.四语文源流学校合流，以英文作为主导的共通语；

4.教育必须为政治、经济和社会服务；

5.着重数学、科学和技术课程学习。

这份报告书为行动党政府的教育政策制定了未来的路线图。

第二章

双语政策终于起步 1959 — 1979年

有人说我处处干涉人民的个人生活，没错，假如我不这样做的话，新加坡就不会有今天的成就。人民会继续停留在各说各话、不能融洽地生活在一起、不能在新镇一块儿生活、不能成为好邻居的旧时代。

1986年的国庆庆典很多人说是大成功。原因何在？

这是我们自1959年，经过27年的努力后，庆典司仪终于能用英语带动全场的人一起响应、唱歌。

而在20年前，那是大家唱不同的歌，不能够同时听懂一个笑话的时代。

1959年以前，新加坡多元种族的人民就好像是水族馆里不同种类的鱼，虽然近在眼前，却是被分开来的。

1956年新加坡立法议院各党派提呈的《华文教育委员会报告书》，虽然获得接纳，前任政府也说各种语文教育必须一视同仁，待遇平等，但是并没有周详计划，也没有坚决意志，所谓各种语文教育平等，只是说到做不到。

1959年我们接手政府后，便以坚定的意志来执行这些政策。

1958年，人民行动党在建党四周年纪念特刊上的一篇《教育政策问题的国家路线》的文章中指出："教育政策的基本原则，归根究底是源于政治目标和立场。"如果政治立场是以种族为本，那么，教育政策就以种族为出发点；如果政治立场是以国家为本，那么教育政策同样反映这个立场。

我们的教育政策是以国家为本。所以，不能单单以学术性的或者教育专家的传统意见作出发点。我们必须依照政治和社会的需要去考虑教育问题。

当时新加坡的华校、马来学校和印度学校，都是带着种族性的，它们各自孤立，不相往来。自治后，我们一项迫切的任务，除了给予英、华、巫[1]、印四种教育源流一律平等待遇，就是拆除各种族之间的藩篱。就算没有办法把藩篱全部拆除，至少也要把藩篱打通，使各种族互相接触、互相交往。只有这样，我们的国家才不致陷于严重的分裂。

当时只有在英校，三大种族的儿女才能在同一个教室读书，在同一个操场游戏，接受同样的人生价值观。

1955年以后，马来亚政治局势有了转变。1957年，联合邦独立。它的宪法承认马来文是国语和唯一的官方语文。我们一向期望新加坡能跟联合邦合并，显然，教育政策就必须顾全这个事实，接受马来文为国语。我们得学习马来文，使马来文成为一道桥梁，沟通四种教育源流，并帮助新加坡跨越柔佛海峡，融入联合邦。

接受马来语为国语

1959年新加坡自治。当时我非常积极争取新马合并，认为只有合并才是新加坡的生存之道。为了铺平合并的道路，我劝新加坡人民接受马来语为国语，以实际行动对马来亚效忠，尽力消除联合邦马来人的恐惧与猜疑。为了让人民做马来亚人，我必须把新加坡不同种族不同文化的人民结合为单一国家的公民。各种族在学习自己母语的同时，必须学习国语马来语，各种族以马来语交谈和促进了解。要不然怎么跟马来亚合并？

1963年，新加坡加入马来西亚，成为马来西亚的一州，教育和劳工两项政策仍然拥有自主权力，新加坡的教育方针照旧发展，没有间断，也没

① 巫（裔）是对马来西亚的马来族和当地土著的统称。

有变更。

我从小会说马来语，为了推动人民学习马来语，我以身作则，于1961年3月参加“国语公开考试”，获得及格证书。我们家三个孩子，除了上华校把华文学好，在家我还为他们请马来文家庭教师，让他们同时也学国语。长子显龙参加马来童子军，和马来儿童一块生活，学习标准国语。

在大力推广马来语的同时，我认为除非家长和学生心甘情愿，政府不会强迫华校或英校学生进入马来文学校。任何强迫手段和立法，都会有引起内乱的危险。而且，当时我们也没有足够的马来文师资。所以，在过渡期间，最好的折衷办法是让四种语言源流学校各有发展的空间。

而以马来语为国语，不表示其他语言就不能说。要国语推行成功，不能叫人“不要使用你的语言”，这必会引起人民反抗。我用华语跟孩子交谈，这并不表示我不效忠马来西亚。

1960年3月2日的立法会议上，有一名巫统的立法议员问我，马来语要在什么时候成为新加坡唯一的官方语言。我的答复是我不可能预见什么时候所有的政府公务员，都能够单单使用马来语来进行行政工作。我婉转地拒绝许下一个确定日期的承诺。

我认为我们必须脚踏实地去面对未来的远景。在马来亚和新加坡，马来语迟早在政府和人民当中成为最重要的语言。我们所有教育源流必须清楚认识和承认这个长远目标，而且设法适应。但是对于要求所有学校必须只用马来语作为教学语文的这种马来人极端论调，却必须认清，除非通过暴力或流血，在马来亚的历史背景下，这是不可能成功的。在每个人必须学习国语的同时，其他种族也应该有学习自己语文的自由。

1960年3月27日我们在《行动报》阐述“两个抗拒”：一是抗拒在我们教育系统里采取永久的种族分离；二是抗拒马来文是我们学校里唯一的教学语文。

平等教育

1959年大选前，我们在竞选大会上说，人民行动党是一个主张平等的政党。我们要求各种族平等，要求各种族的教育与语言平等，我们主张所有新加坡公民都有就学和就业的平等机会。这就是说，受英文教育的人是跟受华文、马来文、印文教育的人处于同等地位，作平等的职业竞争。所谓平等，就是说任何人都不应该有特权。

为达到教育平等，我们从扫盲工作开始。根据1957年6月底人口普查，新加坡人口144万8500余人，文盲达45万5750人。自治邦政府成立后，推广成人教育运动随即成为当务之急。我们在1960年5月成立“成人教育促进局”，以崭新姿态，要使66.6%未受教育的人民，能够平等享受国家给予的教育机会。

其次，我们广建学校，普及教育。殖民地时期，没有足够的学校让适龄学生入学。1959年6月以前，有4000名已经登记的儿童未能有机会踏入校门，我们执政后，便致力促使每个已登记的儿童都能进入学校。广建学校是第一项重要工作。

1959年至1965年底，政府拨给教育部的经费，约6亿5400万元。建了72所各类型新学校，共1700间课室，提供了12万5000余个学额，新学校的建筑，平均每个月一所。入学新生人数，人有增加。小学生由1959年的26万1000名，增至36万名，增幅是38%。中学生的增幅更大，从1959年4万4000人，增至1965年的11万3000人，增加了157%，小学与中学学生全部人数共47万3000人，占全人口25%。

而且，我们的学生入学是不分贫富的。在新加坡社会，一名三轮车车夫的儿子和一名千万富翁的儿子同样享有完全平等的教育机会。谁的成绩好，谁的表现好，谁就有更好的升学机会。我们社会所给的报酬，完全是根据一个人对社会所做出的贡献来决定，跟他的出身无关。我们认为只有这样，社会才会越来越公平。

殖民地时期，我们的大学一向只吸收富家子女，可是绝大多数受教育的儿童来自工人阶级家庭。我们执政后，这种现象被迅速纠正过来。1961年1600名新加坡的大学生当中，有624名或将近40%领奖学金或助学金。我们把助学金的名额增加了700%。从1959年到1961年的一年半时间里，我们已经使富裕和贫穷的学生，都有均等机会竞争高等学府的学额。

1959年我们上台执政时，我对人民说，有些工作，从前归受英文教育者专有的，现在要交给受华文教育、马来文教育者和其他有相同能力的人士，这一切要在公平和公开竞争的原则下进行。我请受英文教育的公务员不必害怕行动党执政会对他们不利，但我告诉认真勤奋的公务员，不要持有过去受英文教育者傲慢固执的落伍思想。有进取心的人，应该迎头赶上，努力学习华文及马来文，这是团结各种族的重要建国任务。人民行动党保证最有才干者，不管是华人、马来人或印度人，都可以得到最好的工作。

在这样的平等思维下，四种语文源流学校的发展机会是绝对均等的。政府对要设立哪种语文源流学校，是完全视人民的需求来决定的，而不会像殖民地政府那样厚此薄彼。我们不但在母语学校加强英文教学，同时也在英文学校加强母语第二语文的教学。政府心目中各种语言教育的价值是一样的，各种语文学校是完全平等的。这是我们教育的新气象。

1959年人民行动党执政，我就为华校生开放大学门户。我告诉马来亚大学的副校长，凡是优秀的华文中学毕业生，不论他们要念医科、理科、工科或法科，都让他们进来。给他们读大学预科，补习一年，把他们的英文弄得像样一点。在智慧上，华校生绝对不输给英校生，差的只是英文水平，他们很快可以追上来。1959年马大只录取新加坡华校的理科生和马来亚的华校生，新加坡教育部前教育总司长黄庆新，华侨中学毕业后，成为第一批进入马大的华校理科生。目前在美国洛克菲勒大学担任植物分子生物学教授的蔡南海，在公教中学高中毕业后，也是通过这个渠道于1961年进入新大的。1960年后，马大其他院系才开放给华校优秀生。南洋初级学院退休院长冯焕好，律师黄锦西，都是分别在南华女中和华侨中学毕业后，1962年进入已经易名为新加坡大学的先修班，读文科的华校优秀生。

除了为华校生开路，政府对华校也一视同仁。不但对受政府津贴的华校给予全部津贴，也积极兴建新的华文学校。1955年6月，新加坡只有九所政府华文学校，到了1965年，政府华文学校已有60所，其中28所中学，32所小学。政府华文学校的学生人数大增，1959年只有6500人，六年后，增至3万5000人，增加了四倍多。

不同教育源流趋向统一

我们既然认为国家的利益比一切都重要，那么，四种不同教育源流的课程就必须统一，只有这样，才能以一种共同的国家观念和衡量事物的共同标准来教导新一代。

1959年7月，我们上台后，宣布从1961年开始，全新加坡学校采用以马来亚为背景的马来亚化课本。我们认为当政府给予四种语文教育以平等待遇，新加坡公民的效忠对象，必须是新加坡，而不是英国、中国、印度尼西亚或印度。因此，学校的课本及课程内容，必须完全马来亚化。教学语文媒介可以不同，但内容必须一样，只有这样我们才能异中求同，团结一致，发展成为一个国家。

我们因此设立了新加坡考试局，逐步统一四种源流学校中小学的考试。1960年11月，我们让四种语文小学首次举行统一的小学离校考试。1971年，四种语文源流的中四学生，首次参加共同的O水准考试。

以平等对待四种语文源流作为出发点，我们着手改革华文中学的学制，把三三制改四二制，把这当作实现诺言的一个具体步骤。

四二制使华校生与英校生有同等待遇，本来是件好事。可惜，1961年华校中四会考前，刚好碰上安顺区补选，反对党正跟我们进行激烈的政治斗争，结果，华校生第一次的中四会考，却被人利用，他们煽动学生罢考，筑起障碍，不让学生进考场，幸好有2244名学生（占考生70%以上）成功进入考场，参加考试，挫败了抵制行动。

1962年，华校的高中从三年减为两年，以便和英校的先修班划一。两年高中毕业所颁发的华校A水准文凭和英校A水准文凭享有同等地位。

为了打破种族藩篱，也为了普及教育和充分利用校舍及设备，1959年

8月我们宣布在1960年实行混合制学校计划。在这项计划下，一座校舍供不同语文源流的学校共同使用。上午班是英校，到了下午，可能是华校，或者两种语文源流学校同时间使用校舍。让不同种族的学生，使用同一校舍，增进沟通机会，这是混合制学校的概念。

混合制学校，除了为拆除各源流学校间的藩篱，也为了平等对待各语文源流而成立。建立混合制学校，使两种或更多源流的学生共享同样的设备，是朝向团结各种族社会的一项实际步骤。

1960年1月，我们先在武吉班让华文政府中学及实能中学，设立混合制中学。到了1970年，51万4000名学生就读的526所学校中，混合制学校有106所。半数中学和绝大部分工艺和职业专科学校已经改成混合制学校。

混合制学校由一位懂双语的校长主管，各源流教师在同一间教务室工作，学生共用食堂、共用设备，在同一个操场玩相同的游戏，参加同一个运动会，共同参加课外活动。因为每天在学校接触，自然而然冲破了语言隔阂的藩篱，从而了解彼此的习惯和生活方式，为未来多元种族社会团结打下基础。

但是，一位曾在英校及混合制学校工作过的教师发现，英校的学生混合程度，其实比混合制学校来得更甚。因为在英校，各不同种族学生通过共同语言——英语，沟通感情，而混合制学校，无论两种语文或三种语文源流学生，由于语言上的困难，往往还是自成一堆。这样的观察，给我看到大力发展双语并重的英校，显然是新加坡教育未来的趋势。

实行混合制学校，开始也碰到辅助学校的抗拒。无论是英文或华文辅助学校，很少愿意成为混合制学校。1968年，41所兼办中学和小学的辅助学校，没有一所改为混合制学校。但是随着华校生人数逐渐减少，华文辅助学校最终无法抗拒。1978年新学年，30所辅助华校因为华校生不够，必须兼开英文部，自动成为混合制学校。

对混合制学校的发展，我是感到喜悦的。1966年7月27日我为德贤混合制中学开幕时说，在10年前，人们不会想到居然会有这样的学校开幕礼——讲堂上的人，大多不会说英语，台下观礼的人，有华、巫、印各族，也大多不会说英语。学校的校长是受华文教育的，但懂得双语，他主持校政，管理这所政府办的混合制学校，同时也照顾受英文教育的教师和学生。

我认为这是一种进步的现象。因为，10年前在这里举行官办学校开幕典礼，在台上讲话的人一定是只说英语的。那些说马来语、淡米尔语和福建话的人，最多只能远远站在篱笆外面听。我说，10年后，假如我们的政策能顺利推行的话，人们都将会说或至少明白两种或更多的语言。到了那个时候，无论谁担任总理，上台演讲就不必说三种语言了。

政治突变改变了语言政策

1965年8月7日，新加坡在完全不知情的情况下，意外地被联邦政府要求脱离马来西亚，独立出来。这个在政治上突如其来的改变，也改变了我们的语言政策。

两年在马来西亚的短暂经验，让我们明白不能基于一个种族，一个宗教及一个语言立国。我们重视建立一个多元种族、多元宗教、多元语言的平等国家。我们绝不任由种族、语言和宗教议题来主宰政治，因为这样必会带来灾难。因此，新加坡即便华人占多数，独尊华文的沙文主义是我们得严防的。

独立之初，我们面对的问题是：如何谋生？如何存活？这是200万人生死攸关的问题。我们明白单靠母语，无论是华语、马来语或淡米尔语，是没有办法谋生的。而这个周围都是马来人的多元种族新兴国家，绝不能选择华语作为共同语，否则，国家一定会乱，在国际上也无法生存。我们作为一个依靠国际贸易的国家，只有加强学习英语，才有好日子过。

于是，在让人民穿暖吃饱安定等“共同利益”的政治经济前提下，我们选择了英语为共同语。而在“公平”的社会前提下，我们必须为人民提供学习各种族母语的平等机会。学习母语，还附带了解自己种族文化历史，建立文化底蕴，能在人前信心满满，有了抬头挺胸的底气的作用。这是我们制定双语政策的重要理念。

我们的双语政策，制定之初，就是一以英文为谋生工具，二通过母语以保留传统文化价值观。

话虽如此，我们却不能在1965年就推行以英文为第一语文的全国教育政策。20世纪50年代华校中学生暴乱给我留下难以磨灭的印象，语言课题太敏感了，我们不能立即实行变革。各个族群当时都热切维护各自的母语，要在这种情势下宣布人人都得以学习英语为主，后果是不堪设想的，其中的政治代价太大了。

当时的语言情况也非常复杂：要让75%说着不同方言的华人，另外14%说着马来语的马来人和8%同样说着不同语言的印度人，学习一种“非我族语”的前殖民政府语言作为共同语，简直是天方夜谭，这个任务何其艰辛繁重，所以我们只能循序渐进，慢慢来。我不想把改变学校用语演变成一个造成社会分裂的课题，就像斯里兰卡和许多新兴独立国，当宗主国离开后，人民为国家用语产生的争执那样。

作为一个多元种族、多语言国家的领袖，我的首要任务不是维护任何一个种族的语言与文化，而是确保国家与全体人民能生存与进步。无论我如何为古老的中华文明感到自豪，在政治上，我绝不能被看成是一名华文沙文主义者，否则将为新加坡带来灾难。

华文很敏感

语文问题就是政治问题，新加坡身处马来海洋之中，我们必须认清这个事实。1965年新加坡独立，我面临新加坡人口虽有75%华人，却不能以华文作为共同语和工作语文的困难。我做了很全面的思考，也就这个课题，对人民进行大幅度政治教育。

新加坡位于东南亚，100年后、1000年后，我们仍是东南亚的一部分。我们一定要承认，我们跟中国是两个不同的国家，命运不同，连生活方式也不同。既然如此，我们所制定的政策，就要确保在东南亚跟邻国和睦共处，并在自己的家园当家作主。任何政策都必须以这个原则为准绳。

新加坡华人既然处身在这个非常动荡不安的东南亚地区，又常常遭人疑虑，我们就必须明白自己的处境，密切注意本地区的局势，尽可能做好准备，尽可能为自己寻找最适当的出路，绝不能有丝毫轻率举动，绝不能有丝毫错误估量。

敏感的局势不只是对华人，对印度人、马来人或欧亚裔人其实也一样。只要身在新加坡，我们的前途就取决于新加坡的繁荣，而非中国、印度、马来西亚或印度尼西亚的繁荣。这是一种政治教育的过程，一定要彻底进行，而且必须成功，否则国家将四分五裂。如果印度人相信印度的繁荣和伟大就等于他们的繁荣与伟大，马来人相信马来西亚的繁荣和伟大就等于他们的繁荣与伟大，我们就有麻烦了。

1965年8月新加坡独立时，就有记者问我新加坡是不是另一个中国，我告诉他，这绝对是错误的。新加坡不是华人的国家，也不是马来人的国家、印度人的国家，或混种人的国家。新加坡是新加坡人的国家，不分种族、不分宗教、不分语言、不分文化，是所有有公民权的新加坡人的国家。

我们的立场必须非常明确。即使我是一个华人，跟孩子说华语，孩子上华文学校，那不代表我不效忠新加坡。我跟中国有什么关系？新加坡是一个新加坡人的新加坡，不是华人的新加坡。

我们这个立场必须十分明确，因为，很快，中华总商会就决定要求政府在新宪法上明文规定华文华语为工作语文。

1965年9月30日中华总商会一名董事康振福以“新加坡华人占80%”为由，要求政府“把本国人民应用最广泛，最普遍通行的华语华文，明确列为政府的工作语文”，这样一来，“国家的政令将更能有效推行，同时更能促进华族同胞与各民族的和谐与团结”。另一名董事郭佩弦说：“正当新加坡准备进行修改宪法的时候，我们提出这个要求是恰当的，如果在宪法上不能给华文华语订定一个地位，那么英语至上的观念将继续存在，语文的地位除非宪法有所规定，否则将没有保障。”

这两个人当场就被我狠狠训斥了一顿。我说，你想把新加坡变成斯里兰卡吗？为了僧加罗语、淡米尔语的语文问题而暴乱吗？这样做，这里的马来人、印度人还有什么前途？这样做，只有把他们变成恐怖分子！这是不可能的，这是废话！如果我们以华文为工作语文，除了引起内部骚乱，我们能怎样生活？我们能跟谁做生意？跟中国台湾地区吗？跨国公司为什么来我们这里投资？就因为我们懂英文。否则他们宁可去中国台湾地区，那里成本更便宜。

正因为我们用英文为工作语文，今天才有了很大优势。数千家公司在我们这里设立了区域办事处，他们带着有华文第二语文水平的雇员到中国做生意。他们的语文水平足够和中方交流沟通，又不会泄漏公司机密。

1965年10月2日，我就新加坡的官方语文课题发表声明说，新加坡的四种语文，即马来文、华文、淡米尔文和英文，都是有同等地位的官方语文，它们对于我们国家和人民都是利益相关，而不是因为某一种语文在人口中得到大部分人的支持。

我们的议员后来经常提醒华社，要看清新加坡的地理环境。新加坡要生存，必须实行多元种族的政策，语言、宗教及教育一律平等。

锡兰（斯里兰卡的旧称）就发生了这样的事情。那里僧加罗人和淡米尔人过去都以英文作为彼此的共同语，互相来往。后来，由于占人口80%的僧加罗人语文成为官方语文，于是占人口20%的淡米尔人就被排挤，锡兰自此陷入长期动乱。这种制造麻烦的行动，新加坡政府是绝不容许的。

在那个时代，我非常明白独尊华文会给新加坡带来难以估计的损害，但我同样也知道让华社失望对我的政治地位非常不利，这也给了反对党乘机搅局的把柄，可是在现实的政治情势，我不得不采取对整体新加坡人都有利的策略，我只有以政绩，而不是诉诸种族情绪，来赢得人民对我的支持和信任。

我一直向人民保证，新加坡政府不会在教育上或文化上消灭华人的语文。事实上，这正是我们在经济方面的推动力。但是，如果任何人要制造借口，虚构华人语文和文化将面临灭亡的危险，以期鼓起种族情绪，那就一定要受到严厉的处分。

1971年就发生了一起报章企图借着语文和文化问题鼓动种族和沙文主义情绪的事件。当年5月2日政府援引内部安全法令逮捕了该报的总经理李茂成、总编辑仝道章、主笔李星可和公共关系经理兼发行部经理郭隆生。这家报纸是《南洋商报》。

《南洋商报》是新加坡商人陈嘉庚于1923年9月6日在新加坡独资创刊，一直在新马两地发行。1962年8月起，《南洋商报》马来亚版在吉隆坡编印，1965年马来西亚和新加坡分家，《南洋商报》一分为二。

1971年2月仝道章从《星洲日报》引进李星可担任社论撰写人，《南洋商报》开始集中通过语文问题，鼓动种族情绪。在社论《华文的前途如何？华语的前途如何？》中他们说："四种语文一律平等当中，居然有的语文逐渐越来越比其他几种'更平等'。"在社论《谁是"沙文主义"？》中他们指责政府是"数典忘祖的二毛子"，这都是很恶毒的字眼。他们也要求政府以华文出版宪报，因为这是大多数人的语文。他们这样做，无非要求华文成为唯一的官方语文，成为在政府和法庭使用的语文。我认为如果政府不及时制止这种利用种族、语文问题混淆人民、分化人民、制造误会的行为，势将引起种族主义的爆发，导致社会的倾覆和国家的沦亡。

我们认为报章尽可以批评政府，但不可以制造足以毁家灭国的言论。

我后来在芬兰赫尔辛基参加"国际报业协会"大会，回答记者询问时说："撰写社论的李星可送五个儿子到澳洲受教育，我的子女全在新加坡接受华文教育。任何人说我数典忘祖或要扼杀华文教育和文化，对我都是危险的。因为如果大部分新加坡的人民都相信这样的话，这意味着我将在下届大选失利。所以政府必须表现坚定立场，不允许这类文章发表。"

以英语为工作语言是建国国策之一

罗马帝国崩溃后，拉丁文曾经是多数西方国家通用的语文。法文是拉丁文成了死的语文后的至尊语文。在美国还没有崛起成为强国之前，欧洲受过教育的人是会说法语而不是英语。读过俄国托尔斯泰或任何其他俄国名著的人，都会知道在那个时期，法文是统治者的语言。在20世纪第二次世界大战以前的300年，法文是国际外交的首要语文。

可是，二次大战后，美国迅速崛起，美国是个使用英文的大国。加上英国旧有的殖民地曾遍布五湖四海，到处有人使用英文，于是，世界上立刻有了一个很大的应用英文社群。

1946年，在纽约成功湖举行的第一届联合国大会采用英语和法语作为工作语言。大会还有其他官方语文，如华文、俄文和西班牙文。但是，为了文件翻译的便利，和确保世界领袖的交谈都能够彼此了解，当时的工作语文减少为英语和法语两种。到了询问苏联和东欧国家的代表要用哪一种语文处理文件，他们都选择了英文。这个决定，加速了开始抬头的英文的发展。当时，除了加拿大魁北克，英语已支配了整个北美洲，即便讲法语的魁北克人也懂得美国式的英语。后来连曾经是法属殖民地的非洲国家和越南，为了要和世界联系，都必须转用英文。如果你在CNN上说法语，除了6000万法国人，还有谁听得懂？只有说英语，才能跟世界上几十亿人沟通交流。

英语、英文，在国际场合上，有了使用得越来越多、越来越重要的趋势。它不只是国际外交场合的共同语，还是吸取科学及技术知识的媒介，是新加坡要工业化、要谋生的重要工具。

华文由第三世纪起，也曾经是东南亚好些国家的文人、使节及政府官员所使用的语文。华文未来会不会有一天取代英文，成为国际语言呢？这是很多人拭目以待的。华文的问题在于它不是拼音文字，学会了听和说，还要学写最少3000个方块字，并把它串联起来。汉字的音调有四声，有些还有五声，即使从小开始学，要会听会说都不容易，更别说还要会读、会写。一位曾在美国外交部教外交官学习语言的汉学家顾百里说，美国人学华文的时间是学其他欧洲文字的四倍。因此，华文要向世界普及还需要走很长的路。

以英语为工作语言是独立后数周、我们最早订定的几项建国基本决策之一。我们是务实的，需要最实用的语言。从前，为了能与联合邦合并，我们用马来语做共同语，但今后，需要跟外国接触，我们选择了英语为共同语。我们继续保留马来语为国语，也保留马来语国歌。军队我们继续以马来语发号施令，但国家的工作语言确定是英语。

对于英语的应用，如果还有人把它称为“殖民地语言”来抗拒，是很愚蠢和狭隘的。当时我表示，在未来一个长时期，英语会继续在新加坡的文化和科学的进步上，担任重要的角色。所以，我们有必要在学校普及英文教育和提高英文水平。

由于经济理由，英文至关重要，它对新加坡的发展有很大帮助。但是在我们这个多元种族、多元文化的国家，如果只学英文，又是愚不可及的。因为这将使人民脱离自己的文化根源。如果人民不了解自身的历史文化，因为学英文而斩断了源头，丧失了文化认同感，失去对自己文化的自豪感，以致没有定向，不知何去何从，那又是一出悲剧。

受英文教育的人，过享乐舒服的生活，日子过得比华校生好得多。但他们失去了自己的语言、自己的文化，没有自信心，这个差别是很明显的。这让我一辈子难忘。所以，我决心要改变这个现象。

那时候，华校生、中学联和年轻的积极分子，号召学生支持罢工工人。1956年发生的骚乱，是我难忘的经验。1957年政府要扫荡学校里的左翼分子。学生在华侨中学和中正中学集中、静坐一两个星期，学校周围都是警察。警察包围他们，以为他们肚子饿了，会放弃，跑出去。可是他们的父母却把吃的、喝的、穿的，拿去给他们，最后，警察采取行动，发生了很大的暴乱。

那时候，我驾车经过杜尼安路新加坡大学的宿舍，却看见那里的学生还在开心地玩乐，让我感到不安。国家发生了这么大的事，不是在玩游戏啊！我因此决心要改变这个现象，要不然，所有学生都变成那个样子，新加坡就失败了。

南洋大学，也在闹革命。当我到那里去时，他们向我喝倒彩，向我施压力。我看到那一场革命是操纵在一小部分人的手中。在幕后操纵学生的是非常坚强的家伙。我见过他们在快乐世界指挥行事的阵势。几个人用扩音器大声发号施令，各校学生便乖乖听话地排队上校车，分头散去。他们能使各校校长走到台上去主持他们学生会的就职典礼。他们的组织才能，那种冲劲，正是文化的推动力。我不要这股冲劲所朝着的方向，但是如果人民没有那种冲劲，我们将永远一事无成。

我自己是英校生，曾经有过失去了文化根基，失去了自信心，一种怅然若失的感觉。我深深体会人一旦失去文化根基，就失去自信心的危险。一个人要有高度的表现，必须先了解自己，了解自己的处境，才能了解世界。我说英语比说华语好，是因为我早年学的是英语。但是，即使千年万代，我也绝对不会变成英国人。我的内心并没有西方的价值观念体系，而是东方的精神价值体系。我应用西方观念，西方语文，这是因为我了解这些观念和语文。但是我的头脑里却有着一个完全不同的东方体系。这个思想体系让人有自信心、有胆识、有热情和有充沛的精力。

话虽如此，我又认为一个人如果只讲一种语言，只懂一种语文，不管是哪一种，不只对自己构成问题，对社会也构成问题。多懂一种语文，会多了解一种不同的文化、不同的文明，人的思想会像开了窗子，开朗多了，会对他人有更多的了解和容忍。我也发现沙文主义者，执拗的和极端的人，往往只懂得一种语文。他们的思想闭塞，没有开阔的窗子可以看到别人的存在。

在新加坡，受英文教育者或完全受英文教育而不会看华文报的人，他们的思想不全面，他们只看到一边。《海峡时报》的记者如果不懂福建话或者华文，他们会以为新加坡人一般上都是讲自由民主，需要反对党。他们虽然承认新加坡稳定安宁，繁荣，却认为同时需要反对党和反对政府的声音。

一个只懂英语的人，是处在比较不利的地位的，他们不会知道发生在新加坡大部分地区的事情。如果只相信《海峡时报》所报道的新加坡就是真实的新加坡，那其实是生活在梦幻一般的世界。

有抱负，希望成为一个领袖的人，一定要懂得两种语文。如果一个要做部长的人，却不能读华文报，就这样去思考及发言，就有麻烦了。

可是单单读华文，又怎样谋生呢？如果我们只通晓自己的母语，在新加坡是无法生存的。居住在东南亚，要和邻国的政治、经济，还有社会环境产生关系，是不能单靠华文的。然而，只懂英文，又不了解自己的历史背景，就会看不清历史的远景。因此，推动双语教育，成了使新加坡向前进的最佳策略。

有魄力，有胆识，敢作敢为，果敢刚毅的人，才能在动荡的东南亚求生存，但有勇无谋是不行的。因此，新马分家后，我和同僚非常关注教育问题。我们思考如何通过教育，培养既有思想、有才干，体格又好的下一代，使国家继续生存。

我们在检讨教育政策时，发觉独立那年有6万名新生报名入学，其中3万8000人进英校，1万7000人进华校，5500人进马来学校，116人进印校。这意味着，假如不注意推动双语教育，10年、15年后我们培养出来的人将会有三分之二是只有知识，只能服从政府政策的人，而不是有魄力、有胆识的人。

我们的人民，不能只懂一种语言。只懂华文，或英文或马来文，是无法生存的，因此每个学生至少得懂两种语文，最好是懂四种语文。学生不管是华人、马来人、印度人，我们都得保卫他们的文化传统不致丧失。因此，各语文源流学校应该果敢地面对问题，改善自己的教学内容。

即便我们在1965年就决定以英文为工作语言，但是在衡量必须付出太大的政治代价后，我们并没有立即在学校推行英文为第一语文的教育政策。我只能耐心地等，不料，这一等，要等到1979年《吴庆瑞报告书》发表后，才能确定英文为主、华文为辅的双语教育比重，并且到1987年才统一语文源流，全国学校（除了特选学校）以英文为第一语文，母语为第二语文，很多华校生的出路因此受到影响，我为此感到内疚。话虽如此，即便时光倒流，我也不会提早这样做，因为这实在不是简单的语文问题，而是严重的、复杂的政治问题。我们是民主制度，一人一票。我一这样做，受华文教育者就认为我是消灭华校，会引起大骚乱。我要给受华文教育的家长时间，慢慢改变他们的思想，慢慢让他们了解整个局势，一旦了解了，他们明白这不只是新加坡的问题，而是全世界的问题，他们对语言问题就不会那么执着了。

事实上，当时反对以英语作为全民共同语言的声浪，也是持久不息的。许多讲华语或方言的家长对自己的语言和文化有浓得化不开的情意结，他们无法理解为什么英国人统治时期，他们的儿女能从小学到大学，完全接受华文教育，而在自己的民选政府管理下，儿女却必须学英文。他们不明白在新加坡这个多元种族、多元语言的社会里，我们没有办法不承认英语是唯一能让大家接受的中立语，并能让新加坡立足于国际社会的语言。

所以，我们当时的做法是维持原状，让四种语文源流的学校并存，并推出第二语文，给人民自由选择。在语言教学上，我先为英文源流学校引进华文、马来文和淡米尔文为第二语文教学，这一步受到家长欢迎。我也为华文、马来文和淡米尔文学校引进英文第二语文教学，以平衡整个局面。

全体学习英文，为的是能公平竞争。以母语教育的传统价值观和文化语言作为根基，为的是培养起人民的斗志和骨气，为国家社会带来稳定和繁荣。这就是我们双语教育的理念。

我们认为新加坡年轻一代能否好好掌握两种语文，关系到他们本身的事小，关系到国家社会荣辱稳定的事大。我们要有个富强的国家，有个稳定的社会，就要有身心都刚强勇猛的人民，能不受利诱、不惧威迫、斗志旺盛、意志坚强的人民。这样的人民只能从具有悠久历史、优美传统的文化中培养出来。这样的文化来自各族人民的母语教育。但同时还能握有英文，这把通向西方高深知识的钥匙。

我曾经对英校生说，在英文学校读书，好好学习英文，但同时不要忘记自己并不是英国人。我要他们尽管学英文、用英文，但千万要保留自己所承继着的文化和原来文明的那份可贵的遗产，以过去的历史文化和现代的知识与价值观作为基础，来为新加坡创造一个足以自豪的现在和将来。

我曾对英校教师说，新加坡的生活，并不只靠更多的旅馆、更多的宴会、更多的汽车、更多的高架公路、更多的第13个月补贴金和更高的工资，这一切固然必要，但如果我们在这发展的过程中，迷失方向，不能认识自己，这一切也是徒然。

如果我们迷失方向，不能认识自己，而把自己和那些与我们不同类的人混淆起来，以为他们和自己一样，这是可悲的。我认为我们尽可以说英语，尽可以应用英文，尽可以通过旅行，或从电视与电影上观看英国、美国、澳大利亚、新西兰等这些英语世界的动向，但要明白其中有很多是与我们毫不相干的。只有先知道自己的传统价值，我们才明白西方世界是另一个不同的制度、不同的气质，他们的人生目的，也和我们不同。

如果我们像一些社会那样盲目模仿美国人或英国人，只会说些洋泾浜英语，而没有自己的基本价值观念或文化，那么，老实说，这样的社会或国家根本不值得建立，更谈不上捍卫了。

所以，我们必须用母语传授足够的基本价值观念和文化。就算儿童不会背诵唐诗、《论语》，或马来班顿，或淡米尔诗歌，至少对自己的文化有个概念。他们在戏院里看电影、在家看电视，或者在街上看到从澳大利亚、新西兰、英国和美国来的年轻人的时候，能够了解他们是他们，我们是我们。

华文是一种不容易学的语文。它是单音的、分声调的、用方块字书写而不用拼音字母书写的。最好是趁年幼时候，4岁进入幼稚园，通过一边学一边玩的方法打好基础。

我们要为学生的前途提供学习语文的最好环境，让他们从华文或母语中学到在一个有条不紊的社会生活里的人情世故，以及工作纪律的价值观念，再配合英文，使他们吸取新知识和顺利就业。我们的孩子，特别是那些还在小学念书的，他们在长大后看到的，将是一个不同的世界，以及一个不同的亚洲。有朝一日，他们将因此衷心感激，因为总算没有被短视的父母和政府所害，让他们不至于陷入只懂得一种语文，无法应付时代需求的困境。两种语文是起码的需要。对于具备中上资质的人，懂得三种语文，会有更大价值。

1959年开始重视第二语文

1959年9月，我们通过教育部的文告，通知全新加坡英文学校必须重视第二种语文，即华文、马来文和淡米尔文。文告指出第二语文与任何其他科目有同样重要性。校方必须采取一切必要措施，促进学生学习第二种语文。

接下来几年，我们大量增聘英校华文教师，从1959年的336人，增加到1963年的605人，并继续增聘更多，这样做的目的是要加强英校生的华文教育。

我们积极发展第二语文教育，是基于“四种语文源流平等待遇”的原则。一如1955年立法议会所委托各政党华文教育调查报告书建议，送儿女到任何一种语文学校就读，是家长的抉择。政府的责任是尽其所能，筹措公款以建设校舍与招聘教师，以满足家长的愿望。

1966年，新加坡所有114所政府及辅助中学，包括工艺及职业学校都教导第二语文。到了1969年，所有中学生都需要在中四会考参加第二语文考试。

这个做法让新加坡的英校生除了英文，还掌握第二语文，让华校、马来校和印校等母语学校，除了自己的母语，至少掌握英文作为第二语文。只有这样，新加坡才是真正一个名副其实的多元种族与多种语文的国家。

为了重视语文，从1963年起，我们把小学离校考试第一语文的分数调整至占双重比重。当时第一语文指的是各源流学校的教学媒介语。华校是华文，英校是英文，巫校是马来文，印校是淡米尔文。

对第二语文最重大的发展是教育部宣布从1973年起，提升小学离校考试第二语文的比重至与第一语文相等的双重比重。为了不妨碍分流制度的公平性，语文双重比重的措施在1985年取消。

由此可见，当时政府对于推行两种语文的教育政策是非常坚决的，是只许成功、不许失败的。

配合这股全面推动第二语文教学的运动，1973年，我宣布把我平日受邀到海外演讲所获得的讲学费，全数让教育部每年用来颁发“总理书籍奖”，给全国中小学两种语文成绩最优秀的学生，借以提高重视双语的意识。后来，这项书籍奖扩大到初级学院的高中生。

1975年发现双语教育成绩令人沮丧

1959年人民行动党执政，我们开始了大规模普及教育的行动。从1959年到1965年独立的六年，我们为教育投进了6亿5400万元，兴建了72所各类型学校，平均每个月一所。提供了12万5000多个学额，普及小学教育计划逐步实现。

1965年至1975年，我们大力推广第二语文教育。英校和华校第二语文及格率大幅度提高。从1969年至1974年，英文小学华文第二语文及格率，从20%提高到58.9%，华文小学英文第二语文及格率，从32.3%提高到52.3%；英文中学华文第二语文及格率，从10%提高到59.8%，华文中学英文第二语文及格率，从32.3%提高到36%。

然而这段波澜壮阔、为了建设公平又上进的国家所展开的全民教育运动，并不完全成功。初期的磕磕碰碰是可以理解的。这些大量建校、第二语文及格率普遍提高的数字，不能掩盖这段时期教育工作未达理想之弊。

为了扫盲，为了普及教育，为了应付华、巫、印校生普遍流向英校，我们大量招聘教师，满足了数量的需求，却没有照顾到教师的素质。

吴庆瑞1979年在展开向外国招聘400位英文教学专家的时候说，太多的华文及马来文源流学生转入英文源流，造成了英校没有足够师资、师资没有素质的不幸结果。当时英校大多数教导英文与英国文学的教师，并没有受过教导这些科目的特别训练。教育部为了应付英校学生不断增加的压力，大量招聘教师，却无法兼顾教师的素质。

当时2588名中学英文、英国文学及普通试卷的教师，只有261名或大约10%有大学英文系普通学位，绝大多数教师是非大学毕业生。550名非大学毕业教师在教中学高年级及大学先修班。理想上，教导这些年级的教师都应该拥有英文系或英国文学系的大学学位。

另外，积极推行两种语文兼重视数学科学和技术的全面教育，也引起很多学生掉队。当时1000名小一生，长大后，平均有206名在还没有获得任何有用的学历证书和技能之前，便退学离校。退学率之高，令人忧心。大多数退学的学生，都怀着一种不完满和受挫败的心情离校，这种感觉，导致他们日后有了少年犯罪的行为。

我们1000名小一生，只有440名在10年后能升上中四。而其中仅有106人能考获O水准考试三科或三科以上及格，及格率只有10.6%！这个教育耗损率之高，令人震惊。

1974年度全国小学离校考试，7万1049名考生，只有4万2152名及格，59.3%的及格率让人沮丧。六年小学教育，只能栽培出不到60%够水准升读中学的学生，淘汰了40%的学生，绝不能算成功，至少距离理想境地还很遥远。

1975年，在克服了国家比较迫切的问题之后，我开始亲自关注教育问题，我进教育部当了四个月的教育部长。要解决教育部的问题是一个错综复杂的困难过程，从小学到大学都是问题，加上四种不同语文源流，师资不足，课程发展结构差劣等等，都令人头痛。

教育部长一直不是受欢迎的职位。杨玉麟从1959年6月至1963年10月担任教育部长，历时四年又10个月。然后，王邦文接任。王邦文从1963年10月至1970年9月担任此职，共七年。林金山从1970年9月至1972年9月接任，李昭铭再从1972年9月到1975年6月接掌。

之后李昭铭去了南大，我叫杜进才接掌教育部，并叫蔡崇语在他监督下掌管这个部门。但杜进才说："要么由我全权掌管，要么不！"在这种情况下，我只好说："好，我来管就是。"14天后，我宣布出任教育部长。

1975年，教育部换部长如走马灯。6月李昭铭离开，杜进才接任13天后，我接手四个月，蔡善进于1975年10月20日再从我手中接过棒子。

亲身去到教育部，才发现我一直全力以赴的双语教育成绩，实在令人沮丧。

1975年国防部对受英文教育、中四会考及格的国民服役人员的英文识字水平进行调查，发现能足够应付日常英文需要的人，只有11%。这显示大多数人在离开学校后，英文便退步了。国防部另一项英文程度测验，发现英文源流学生的及格率是64%，而非英文源流学生的及格率只有4%。英文作为第一语文和作为第二语文之间程度的巨大差异，正摆在我们眼前。

虽然我们有接近20年双语教育的努力，但是新加坡学生这样的语文成绩一点都不光彩，必须进行改革。

新加坡20年语文教育的失败，我认为是受到政治斗争干扰。幸运的是，它没有损害经历过这个大动荡时期的极大多数学生。有时我又因为内疚而感到阵阵的痛苦。使我内疚的是我们过去没有做得更好。因为我相信，如果我们一路来能更好地抗拒那些语文问题上的压力集团，而让学生按照自己的学习进度去专修一种语文，充分发挥自己的能力，那么我们的学生，至少有三分之一会通晓至少一种语文。

我经历了四年时间，才把学校问题整理出一个头绪来。1979年，《吴庆瑞报告书》发表后，经过了一场辩论而被接受。报告书提出了种种对新加坡教育制度的基本改革建议，对后来新加坡人力的培养和发展，产生了极大影响。

华校从兴盛到没落

华人重视教育，过番南来，有钱的华人办起学校，照顾华人子弟获得自身语言文化的教育。他们所设立的华校，数目有超过百所之多。其中大规模如华侨中学，设备良好，历史悠久。也有小规模的，很快就关闭。华校一般由社团会馆、宗教团体组成董事会筹款来维持和管理。

华校全盛时期是1945年后和平初期，当时华校草草复办，一切因陋就简，师资十分匮乏，学生却如潮涌至。学校分上午班、下午班和夜学班，即使把一所学校化为三所，也不足以容纳排队入学的华人子弟。

华校学生人数众多，主要是经过日据时代三年八个月的停顿，原本应该毕业离校的学生还停留在三四年前的学习阶段，后来出世的儿童又纷纷达到学龄而追了上来，以致大家都挤在一起。

那时候的华校，像战前一般，都是私立的，只由政府依学生人数发给微少津贴，有的华校则分文津贴都没有。相反的，英校则全部由政府维持，即便是津贴，数目也超过华校十多倍。即便如此，华校生人数还是远远超过英校生。

然而，时移势易，华校生人数虽然逐年仍有增加，英校生却增加得更快。家长为子女选择受教育的语文源流，是取决于语文的经济价值。假设当时华文的价值高，东南亚华人社群之间的贸易往来都使用华文，那华商银行也会继续使用华文。因此，最终影响家长选择的是就业机会。如果不会英文，就无法在新加坡找到工作，因为英文是政府的行政用语，英文是新加坡人的共同语言，不会英文是不行的。学习语言是为了讨生活，不是基于文化理由。到美国，学的是英文；到德国就得学德文，要不就无法谋生；到俄罗斯就学俄语，情况就是这样。因此华校在新加坡没落是可以预期的。

1959年人民行动党执政之初，曾多方扶助华校。我虽然是个英校生，但是我和华校生一样热切渴望保留华文教育的精髓。我明白华校生求职困难，所以上台执政后，多方为他们打开门户找出路。

我要求马来亚大学开设大学先修班让华校毕业生攻读，我让政府部门录取南大毕业生的人数，超过马大生。我提供奖学金给优秀华校毕业生到新大和外国深造，我给优秀南大毕业生奖学金到外国读研究院。

然而，华校生普遍英文不强，这是谋生的最大问题。我自己虽然把孩子送进华校，但是我明白在华校读书的学生，如果不把英文搞好，以后很难适应国家的需要，不容易找到工作。当年，每年有6万个孩子进入小学，其中4万人选读英校，华校必须研究这个问题，改善教育内容和教学法，否则没有前途。

华校面对的最严酷考验，就是必须面对事实，改变自己来适应环境。我问华校教师、校长、华校毕业生和南大毕业生，能否面对事实，敢不敢承认单是念华文，是没有办法，也不方便在东南亚谋生。

我曾经指出华校具有许多优点，但这不等于说华校没有难题，怎样提高华文教育的程度，怎样使父母对华文教育有信心？语言对于华校固然是一个问题，但这个问题不难解决，华校生可以追上。华校面对的另一个难题，是纪律问题，特别是在中学里面，常常生事，以至于校长、教师都不能控制秩序。1961年12月，为了华校三三制改四二制，华校有一批学生罢考，他们也强迫其他学生罢课，结果教育部的数字证明，在1962年，进入华校的学生突然减少，这说明了这家长对华校经常闹事，心里感到不安。

为了给华校生打开更多进大学的门户，也为了鼓励新加坡大学录取更多华校生，来影响新一代新大生，使他们具有文化素养，而不是变成文化消失的软弱无劲的一代，我鼓励新大招收更多华校生。但为了防范不守纪律的某些华校生进了新大，像老虎鱼、白狼鱼一般，把新大所有的黑鲻鱼和神仙鱼吃光，我要为新大作好防范。

同时我又不要见到华侨中学、中正中学、南洋大学的局面，在新加坡大学重演。联邦政府也于1964年9月发表文告宣布，在1964年内部安全（修正）法令的条款规定下，学生必须从所居住地方的州教育司长或提学司取得一张适合入学证明书（大学入学准证），才能进入任何一所高等教育学府读书。

这个大学生入学必须出示“大学入学准证”的措施，直到1978年，涉及颠覆活动的中学生减少到微不足道的程度，才宣布取消。

随着1984年教育部宣布从1987年起，除了特选学校，全国学校以英文为第一语文，母语为第二语文，统一源流，最后一所以华文为第一语文的华校于1986年关闭。这昭示了自1911年以来，曾经兴旺一时的华校，无论政府兴办的或私人兴办的，终于在新加坡教育史上完成历史任务。

很多人认为是人民行动党消灭了华校，其实，新加坡华文教育的危机早已存在。20世纪中，二次大战后，华校学生虽然逐年增加，但英校却增加得更快。是政治的现实和生活的现实左右了华文教育的命运。

1984年当我们宣布1987年起统一源流，以英文为第一语文，华文为第二语文，很多人很担心。黄祖耀说希望学校华文和英文的课时各占50%，我说好，你来办。我给你四所学校，你试试承办，不管招收什么学生，后果由你负责。他马上打退堂鼓。他要政府承办，我说不，那荒谬极了，这涉及到政治。任何人都需要一种语言作为主要用语，才能快速地获取所有的信息。同时具备两种语言，这样接收信息的速度会变慢。

黄祖耀想英文和华文课时各占一半，既可以保留华文也保留英文。当时人人都想充当华文捍卫者，大力拥护华文和中华文化，因为这项主张很得人心，其实却是行不通的。

我最近遇到他，问起家里的语言状况。他说和孩子能以华语交谈，不过他们的工作用语全是英语。他和孙子讲华语，孙子却以英语回答。现在他明白要双语都强是办不到的，我从孩子学习双语的过程，一早就知道是不行的。

我三个孩子在华校从幼稚园读到中学毕业。显龙在公教中学读到高中毕业，再进国家初级学院读一年高中英文课程。女儿玮玲想念医科，认为没必要在高中用华文学习医学术语，进大学再改英文学习。幼子显扬要念工程，高中以华文学习工程术语，进大学再转用英文也毫无意义，因此后两个高中都进了英文源流。上了高中，他们也完全不看华文报了。因为功课实在忙，应付不来，没有办法再兼顾华文。

我告诉我的华文老师周清海教授这个情况，他不相信，执意要孩子接受百分之百的华文教育。我说，你看着吧，他们到了高中就不会再看华文报。果真到了高中，他的孩子一个接一个都不看华文报了。高中生得和同学以好成绩竞争大学奖学金，要兼顾中英，必然吃亏，事情就这么简单。人生就是这样，谁不同意我的看法，显然是人生阅历还不足。这个课题的争议只存在于那一代人，而且也止于那一代人，现在的情况怎样，大家都很明白了。

即便现在有很多中国新移民到新加坡来，他们也是来学英文，他们根本不想新加坡把华语变成共同语。他们就担心孩子在这里求学，英文水平落在他人后头，上不了最好的中学，拿不到奖学金，上不了好的大学。我妻子生病的时候，负责照顾她的两个来自中国的护士，终日担心自己的孩子英文不够好，我请蔡志礼把附CD光碟的英语童谣书本借给她们，她们高兴得很。

1984年宣布从1987年统一源流，没有了华校，很多受华文教育者对华族文化的前途也深感忧虑，担心我们从此失去文化的根，我却不这样想。

我认为华校不存在，并不表示华文将在新加坡消失。我不相信我们不以第一语文水平来教导华文，便会失去文化的根。语言和文化有关联，却不等于文化。一个种族的语言和文化必须不断变革，才能解决新的问题。事实上，一个种族的语言和文化的潜在力，是在于它能否帮助这个种族随机应变，适应时代需求。

宗教是价值观或文化领域中最坚强和最持久的一环。基督教徒把《圣经》从希伯来文和希腊文翻译成拉丁文、英文、法文、德文、西班牙文、华文等几百种语文，使基督教传遍世界各地。不论用什么语文祈祷，他们的信仰都是一致的。这说明了传达思想的媒介或语文尽管不同，它所传达的思想内容却是持久不变的。

我同时也不相信新加坡会变成一个单纯讲英语的社会。新加坡老一辈大多数不会讲英语，年轻一代大多数会讲华语，并且也将继续使用华语。我们必须做到的是继续创造说华语有利的环境。

我认为华族文化的前途，不能只依赖对爆竹声和特制的新年糕点或食物的美好回忆。在我们的生活中，应该还有更多基本的华族文化特质，如子女和父母的关系，兄弟姐妹的关系，夫妻的关系，父母和子女的权利和义务，这些都是文明社会继往开来的关键要素。一旦男女草率离婚，他们的子女像足球那样，被踢来踢去，那时，即使我们会说华语，甚至还能引经据典也没有意思。华人把社会和家庭利益放在个人之上，还有孝敬父母、奉养父母等富有意义的华人传统价值观，才是更值得保留的。

保存华校精华

1977年，报名1978年度小一的新生，只有10%选进华校，比1976年的14%，又减少了4个百分点。华校逐渐消亡，只是时间迟早的问题。我于是决定了扶助华校的行动，试图从中保存华校的精华。

教育部决定从1978年开始，调派一些好的英文第二语文教师到28所华文小学和14所华文中学去，以加强这些学校的教学。政府决定这么做的目的是要设法保留好的华校。

我明白由母语源流转向英文源流学校的大势是难以缓和的，因此，政府正设法保留好的、有历史性的华校，希望能加强他们的英文教学和提高英文程度。

1978年我们又宣布为68所经过挑选的华文小学增设为期一年的启蒙班，这种注重儿童身心全面发展，华文和英文教学各占一半，从小同时学两种语文的学前教育，希望能帮助华小每年吸引4000名5岁新生。

这项计划受到家长热烈响应，这使教育部决定于1979年招收6000名启蒙班学生，比原定的4000人增加50%。

1978年12月，教育部再宣布一项选择九所历史悠久、基础良好的优秀华校，进行特别辅助的计划。这项计划的目的是要把九校发展成为名副其实的双语兼优学校。

被选定的九所优秀华校是圣公会中学、公教中学、华侨中学、中正中学（总校）、圣尼各拉女校、南洋女中、海星中学、德明政府中学及立化政府中学。它们不但具有华族文化传统、卓越的学业和课外活动成绩，还有完善的设备、敬业乐业的教职员和优良的校风，而且是家长所重视的学校。

《吴庆瑞报告书》

1975年我亲掌教育部，教育部的种种问题，让我感觉大规模改革教育部势在必行。于是我请副总理兼财政部长吴庆瑞协助。1976年，财政部管理服务组受委托检讨教育部的组织。根据所提出的报告书，教育部的组织作了适当的调整。新的组织系统从1979年1月实施。

1978年8月，吴庆瑞率领一队来自总理公署、财政部和国防部的系统工程师，进驻教育部，专职找出教育制度的问题所在，并提出解决方案。这一年，吴庆瑞也开始兼任教育部长。1979年2月《吴庆瑞报告书》对新加坡教育制度作出了详细检讨，并提出建议。

这次调查报告的研究，可说是新加坡教育历史上的一个分水岭。如今回顾，新加坡教育能走出原地踏步，扬帆起航，正是沿着这份报告书所定下的路向前进的。

这份报告书也彻底解决了今后新加坡发展双语教育的重点，决定从此以英文为主、母语为辅。它说："今后几年将演化出来的新教育制度，将是一个英文占显著地位而母语程度（华文、马来文、淡米尔文）稍有降低的制度。"1987年全国学校统一语文源流，一致以英文为第一语文，母语为第二语文，正是实践这份报告书，水到渠成的发展。

《吴庆瑞报告书》指出20年（1959—1978）来语文问题对新加坡教育的纠缠是"不合自然规律的"。这是因为极大多数的学校是用英语和华语教导学生，而85%的学生在家里讲的却是方言而不是这两种言语。

再加上20年来学生大量流入英校，使问题更趋恶化，为教育部制造了严重难题。首先是必须兴建许多英文源流的小学和中学，其次要征聘大量英文教师，并且须立即派他们到新校任教，教学资源非常匮乏。

学生转向英校的大趋势，也给政府制造了微妙的政治难题，使政府有必要特别注意两种语文教育。但是，教育部为了解决这些困难而推行的两种语文教育并没有收到实效。

1975年到1977年，第一语文和第二语文两种语文都不及格的学生在小学会考占62%，在O水准会考占66%。这表示超过60%的学生的一种或两种语文，都达不到通晓水平。这样的耗损率，实在惊人。

吴庆瑞团队发现新加坡教育的问题，在于“以单一的教育制度来强制能力参差的学生，使用在家庭不用的语言教学”，这是造成新加坡教育制度弱点百出和学生辍学率居高的主要原因。另外，强迫智力较差的学生在同一个制度下学习，也是这个教育制度的主要缺陷。因为不是每个人都能在11秒内跑完100米，有些人要12秒，有些要13秒，有些要14秒，或更长时间才能跑完。

报告书指出，英文有必要作为第一语文，全力掌握。同时为避免大量教育耗损率，报告书建议因材施教，采用根据学生学习能力差异区别施教的原则，因此提出分流的建议，让每个孩子依自己的进度学习。

分流制度对学生学习语文有了不同要求：

★语文最强的学生可以学习两种第一程度的语文，如英文第一语文（EL1）和华文第一语文（CL1），甚至可以学习第三种语文，如德文、日文、法文；

★中等或以上学生，可给予机会读英文第一语文（EL1），华文第二语文（CL2）；

★没有能力学习两种语文的学生，最好只通晓英文，而不应该勉强学习两种语文，以致东不成西不就；

★为了让学生最少通晓英文一种语文，也为了提高英文水平，有必要降低华文第一语文和华文第二语文的水平。

我支持《吴庆瑞报告书》分流的建议。不过，我认为学生以第一语文还是第二语文程度来学英文和母语的决定权，家长必须也能拥有。但是，我希望家长了解自己孩子的能力，明白每个孩子能力的限度。要孩子的第二语文跟第一语文一样好，那是不可能的。交换是可以的。那就是说：要第二语文达到比较高的程度，所付的代价就是以更少的时间去读第一语文，第一语文的程度比较低。没有一个孩子可以两者兼得，即便是神童也办不到。

第三章

南洋大学兴与败的启示 1956—1980年

南洋大学是东南亚的第一所华文大学，它一开始就注定失败，因为它与历史洪流背道而驰。在东南亚的政治土壤中栽培中国的果树，既无法在新加坡成长，也不可能在东南亚任何国家容身。南大从一开始就注定失败。

1954年人民行动党立党，就以一个要促使新加坡多种族融合为一体的政党来定位。新加坡早期因为殖民地政府的分治，使四大种族的人民好像水族馆里不同种类的鱼，虽然近在眼前，其实是分开来，互相不闻不问的。因此，我绝不希望南洋大学是一所隔开其他种族子弟的教育机构。

还让我们担心的是，东南亚各国如何看待以华文为主要教学媒介语的南大，以及这种看法如何影响他们对新加坡整体的印象。在马来人的海洋，是没有办法容得下一所纯粹培养华文精英的大学的。这是不可能的。

1965年8月9日，我怀着惶恐不安的心情，带着200万人民，走上一条没有路标和茫无目的的建国之路。我的使命是必须为这200万人民的安全和生计负责。不幸，新加坡却有了一所全讲华语、为团结华人、大力宣扬华族文化的大学。这所大学还把东南亚各国的华校生集中起来，这所华文大学的存在，正与新加坡的安全、稳定和人民的生计有了牴触。

华文大学需要来自华文小学和华文中学的学生作为生源。但是当陈六使，这位以捍卫中华文化自居的英雄也把自己的孩子送去英校读书的时候，南大还有什么希望？

华社领袖一方面捍卫华语华文，一方面把自己的孩子送去英校读书，让孩子长大了连一句华语也不会说的做法，显示了其言行不一致，是我看不起的。

南大的历史　我们从头说起

1949年以后，英国殖民地政府对新加坡和马来亚的教育有诸多限制，不允许华文中学毕业生前往中国读大学，已去了中国读书的学生也回不来，华校高中生又进不了以英文为教学媒介的马来亚大学。1950年，新马的华人社群便萌生在新加坡设立华文大学的念头，成功商人陈六使领导的福建会馆，是主要支持者。

陈六使18岁由中国来到新加坡，他同其他在东南亚发迹的中国移民一样，立志要为移民的下一代兴教育办学校。

朝鲜半岛战争爆发后，树胶价格飞涨，陈六使赚了大钱。他个人捐出500万元，接着福建会馆捐出在新加坡西部乡村地区裕廊的523英亩树胶园，作为大学校址。东南亚华人也不落人后纷纷捐款。在新加坡，来自各界的华人，上自名商巨贾，下至店主、小贩、出租车司机和舞女，都为南大建校基金慷慨解囊。短短数年，南大便建立起来，并于1956年3月15日正式开学。校舍落成典礼于两年后的1958年3月30日举行。我很清晰地记得当天的盛况：车龙从南大的裕廊校园一直排到市区的纽顿圈。前往主持开幕仪式的英国总督顾德爵士（Sir William Goode）的座车，即使在警察开道下也寸步难行。他足足迟到了两个小时。

南洋大学维持了25年。它自1980年与新加坡大学合并后，东南亚再也没开办过任何华文大学。

陈六使热心教育，但他不了解更大的地缘政治环境。当时正值冷战高峰期，英国和美国是控制本区域的主要势力。南洋大学既然是一所他们认为培养东南亚亲中的年轻人的大学，他们能让这所大学存在吗？能让这所大学培养一批受到中国的影响、与他们为敌的年轻人吗？不会。他们即便自己不出手，也会鼓励马来亚政府想办法。50年代的情况和现在不一样，当时英国仍是强大的国家，有大军驻扎在东南亚。印马对抗，英国人有办法保护马来西亚。所以，英、美势力会悄悄进行破坏，却不让人觉得他们是反对华文教育和华人文化的。英国人不需要自己下手，他用马来亚政府来压抑南大。

陈六使看不清这个形势，他其实也不了解中国。他不明白东南亚国家的内部政治。本区域新兴国家的政府皆对中国怀有戒心。马来西亚独立后排华，印度尼西亚和泰国也排华。因此，一所由亲中国的商人创立，吸收全东南亚华人子弟，只为团结华人，宣扬华族文化、华族语文的大学，一开始便招惹东南亚各国怀疑。

此外，南大也面对马来亚的马来民族主义政治的挑战。马来亚联邦政府于1957年从英国人手中取得独立权后，便开始把国内的华人和印度人边缘化。联邦政府想要接管独立的华文学校，把它们变成以马来文为教学媒介语的国民型学校，却遭到代表华人的主要政党马来亚华人公会反对。政府在没有选择的情况下只好妥协，让华校继续存在，但华校得不到政府的资助或土地。直到今天，马来西亚华校的发展还是受到限制。印度尼西亚和泰国政府则关闭了华文学校。两国政府对华人公民把孩子送到南大感到担忧，既然无法明文禁止，于是着手限制南大毕业生回国工作的机会，让雇主不雇用他们，让他们没有前途。20世纪50年代，东南亚的华人都是亲中国的，现在他们才比较明白自己和中国的关系。

当东南亚的华文源流学校日渐减少，南大生源萎缩只是时间迟早问题。一所华文大学怎能只依赖马来西亚和新加坡华校的学生呢？为了维持新生人数，南大只好降低收生标准，一旦这么做了，南大的水平就急剧下滑，家长和雇主终于发现南大的文凭没有价值。后来，最后数届的南大毕业生申请工作，出现了宁可用中学文凭，也不用南大毕业证书的现象。

人民行动党在1959年执政时，新加坡只是自治政府而不是独立政府。面对南大这个棘手的政治课题，政府必须谨慎处理。根据我们公平对待四大语文源流的政策，当时的教育部长杨玉麟于1960年在立法议院表示，政府愿意让南大获得跟在新加坡的马来亚大学同等的资助。不过，南大必须维持良好的学术水平和学生纪律，适当管理公款，有清楚的账目。可惜这些附带条件均遭南大拒绝。

陈六使等成功商人和一些组织，担心南大会因此受到政府监控。另一些人则坚持华文必须是南大教学的主要媒介语，这是人民行动党政府所不能同意的。

新加坡在1965年独立时，我们采用英文为政府行政用语。这是出于实际的考量，也是我们求生的唯一选择。如果我们选择以华文为工作用语，种族冲突将难以避免。苦苦支撑的南大，必须在继续只使用华文教学（因此只能吸引数目有限的学生），和同时使用英文和华文教学（能更好地帮助学生为就业做好准备）之间作出选择，可惜南大一直到70年代中仍然拒绝成为一所双语并重的大学。

一个只用华文授课的大学的毕业生，怎样在一个用英文的政府工作？结果，南大的毕业生因为英文不够好而找不到工作，许多人只能成为华文教师或在使用华语沟通的公司工作。即便成为华文报章记者的华校生还必须兼通英文，因为政府的文告、声明、报告和国会辩论都使用英文和英语。到了70年代，华校优秀生不惜报读英文速成班，为的就是能到当时的新加坡大学升学，而不是去南大读书。

1980年8月16日南大第21届学生毕业，之后，南大便同新加坡大学合并为新加坡国立大学。一所附属于新加坡国立大学的南洋理工学院（Nanyang Technological Institute）接着于1981年在南洋大学原址发展起来，并于1991年命名为南洋理工大学（Nanyang Technological University）。

南洋大学时代的终结，使邻国松了一口气。

创建南大带来的紧张气氛

殖民地政府一开始就反对创办华文大学，陈六使注册大学的申请一早遭断然拒绝。数年后南大是以一间公司的形式，才注册成功。

为了阻挠南大的成立，英国政府委任的马来亚大学校长薛尼肯因（Sir Sydney Caine）于1953年1月表示，马大将开中文系，所以没有必要开办新的华文大学。马大也将把新生人数增加三四倍，来录取更多华校生。马大的学院当时有前爱德华七世医学院和提供社会科学学科的莱佛士学院。他的建议被马华拒绝。

薛尼肯因还于1953年1月28日，和马华主席陈祯禄在电台进行辩论。陈祯禄说新大学将为新马40万名华校生提供升学机会，培养精英，而这个庞大的数目是马大无法容纳的。英国政府不为所动，它反对任何"违反政府要建立一个团结的马来亚政策"的大学成立。政府相信华校生可以在马大获得升学的机会，也坚持华校生应该尽力学好英文进入马大。

反对创办华文大学的，还有马来亚独立党的新加坡分部，这个对抗巫统的短命政党表示，如果容许更多"小北京"或"小南京"在马来亚境内出现，将加剧种族间的摩擦，不利"马来亚意识"的发扬。

除了殖民地政府，反对成立南大的还有一个叫周辨明博士的华人。他曾担任厦门大学文学院院长，后来在马来亚大学当讲师。他认为大学是研究学术的最高机构，是最花钱的，所以必须是国立的，由全民负担。如果没有雄厚的经济实力，大学是不会办好的，一时的捐款浪潮不能让大学长久维持。当时他遭到很多华人的非议，认为他不应该对这项大计划泼冷水。

尽管面对批评，以陈六使为首的南洋大学筹备委员会还是按计划进行。它发表了设立南大的四项目标：

一、为中学毕业生广开深造大门；

二、为中、小学培养师资；

三、为新、马造就专门人才；

四、为适应人口增长趋势，满足对第二所大学的需求。

大学在1953年3月26日注册为南洋大学有限公司，委员会在没有通报殖民地教育当局和遵循英国标准的情况下招生。

1953年7月26日陈六使在南洋大学奠基典礼上表示，建立南大是为马来亚华人的长期发展和华文文化着想。他说："我们在这块荒地上播下文化的种子，我们的中国文化在这里将与日月同光，天地共存。中国文化是不会被消灭的，我们的文化正如马来亚一样应该永远地存在。"不过，陈六使虽然把自己表现为一个捍卫中华语言和文化的人，却言行不一，他11个儿子和三个女儿，大多数都在英校求学。

南洋大学在1956年3月15日开课时，584名学生分别就读于文、理、商三个学院。然而，反对的声音仍然不绝于耳，特别是来自马来亚联邦的马来人和受英文教育的新加坡人。英文报章《海峡时报》从1953年至1959年刊登的181篇关于南大的读者来函中，有一半是批评它的创立的，认为它会加深族群的效忠，使国家分化。

我是新加坡立法议院各党派华文教育委员会的九名成员之一。委员会在1956年提出的华文教育报告书，对南大为华文中学毕业生提供升学的机会表示认可。不过，报告书也表示希望南大能够提供马来文这项科目，并向各族开放。

来自劳工阵线的首席部长林有福于1958年11月在立法议会提出法案，建议委任一个有28名成员，三名由政府提名的大学理事会，通过这项"南洋大学法案"等于政府承认南大。作为议会议员，我支持法案，但同时提醒其他议员要注意新加坡作为正在寻求同马来亚合并的自治邦，却拥有一所华文大学所面对的问题。我在议会发言时说："六成学生来自联邦（马来亚），但联邦政府不出半分钱来支持南大和南大学生，更不用说通过法案承认它是一所大学……"我也警告南大会有分化社会的作用，对马来人来说，"它代表了一个非常强大种族的活力、干劲和能力"，它几乎是在嘲笑马来人"没有能力建立一所马来文大学"。

白里斯葛报告书（The Prescott Report）

1959年6月出任自治政府总理后，我深知政府不能对华人希望南大茁壮成长的决心视若无睹。但南大必须“是一所马来亚人的大学，而不只是一所华人的大学”，这样的定位，是人民行动党上台执政后，对南大发展的期许。这对新加坡作为马来人海洋中一个华人岛的存在是有重要意义的。

我也知道南大必须为全民团结作出建设而不是破坏，只要南大创办人不同意政府对国家要务的观点，冲突在所难免，而一份《白里斯葛报告书》的提出最先掀起冲突。报告书赞扬南大创办人的崇高理想，但也批评南大的学术水平太低，建议政府不要承认南大学位。

西澳大学的白里斯葛博士（Dr S.L. Prescott）于1959年1月受林有福政府委任，领导一个调查委员会探讨南大的未来。委员会在7月完成报告书时，劳工阵线已经不再执政，报告书因此提呈给新的人民行动党政府。它建议政府放宽公共部门的录取标准，让南大学生不会处于不利地位；它也说南大在没有好好规划的情况下发展得太快，许多讲师不具备在大学任教的资格。

无可避免地，报告书立刻在南大师生和讲华语的华社引发抗议浪潮。南大首任校长林语堂离开后，从1956年至1960年，没有正校长人选，校务一直由商界领袖管理，他们认为这份报告书轻视他们的能力。大学执行委员会主席陈六使决定对人民行动党政府还以颜色，他在1960年1月委任曾被关进监牢的中正中学校长庄竹林博士为南大副校长。

人民行动党政府没有办法干预，否则得付出高昂的政治代价。教育部长杨玉麟的管理才能比政治触觉强，他要政府对南大拥有同对马大一样的权力，并起草了相关法案，但他不明白把政府的意愿强加于南大会引发暴乱。幸好，他的法案被其他较了解华社感受的部长否决了。

后来，杨玉麟委任了由魏雅聆医生为主席的委员会来检讨《白里斯葛报告书》。委员会于1960年2月提呈了《魏雅聆报告书》，报告书随后被人民行动党政府接受。报告书建议南大必须进行全面改组，作为官方承认其学位的先决条件。它也建议人民行动党政府资助南大、以马大作为南大改革的蓝图，并更注重以英文为教学媒介语。委员会的两名成员翁姑阿芝 (Ungku Abdul Aziz) 和史林尼哇山 (Dr B. R. Sreenivasan) 认为南大应该同马大合并，但他们属于少数。其他委员则认为仍然需要多一所大学，但必须以具有马来亚意识内容为条件，并在未来发展成为一所能让马来亚各源流的中学生均有机会受教育的大学。

从《魏雅聆报告书》产生的"政府—南大联络委员会"于1960年成立，专职为南大进行改革。我委派两位受华文教育的行动党中坚分子进入委员会。一位是文化部政务次长李炯才（后来被委任为教育部政务次长），另外一位是当过记者的易润堂，他曾草拟了我的第一份华文竞选演讲稿，后来他成为我的政治秘书。

"政府—南大联络委员会"的谈判过程是漫长和充满争议性的，双方相持不下的课题包括南大理事会的理事人选，以及来自马来亚联邦的学生学费津贴。当时新加坡已经为来自马来亚的南大生提供津贴和助学金，联邦政府却依然不愿意为在南大的联邦学生提供津贴。1965年新加坡脱离马来西亚独立后，这些谈判也就变得没有意义了。

宣导马来亚意识

1959年10月28日，我首次以总理身份到南大演讲。我告诉南大生，政府会吸收南大第一批400名毕业生中的70名优秀生，这个数目比每年聘用的马大生多。政府将视这70人的表现，来决定将来会不会继续聘用南大毕业生。如果这一批毕业生证明南大生能干、守纪律，能在平等的基础上跟英校生竞争，能对社会做出贡献，南大生的价值就会受到承认。而他们表现的关键在于他们对自己身份的认同。我开宗明义要求学生不要忘记新加坡是东南亚的一部分。

我也向南大管理层强调，南大应该被当成一所具有马来亚意识的大学而不是一所外国大学来管理。我这样说是有理由的。南大开办的首四年，学校假期都是中国传统的民俗假日，包括春节、清明节、中秋节和重阳节。至于马来人和印度人假日如开斋节和哈芝节及屠妖节却照样敲钟上课。这种学校假期的安排，直到1959年我们公开批评后才改变。

这种偏重中国习俗的假期安排，慢慢会和兄弟民族之间，形成一道隔离的藩篱。这种把自己孤立起来的情景，如果给兄弟民族看在眼里，记在心里，如何不引起他们的反感和猜疑呢？

共产党的活动

南大在50年代末和60年代初，成为共产党活动的阵地，这让南大问题变得更复杂。

南大的创立，给了马来亚共产党（简称马共）一个招收成员、传播共产主义思想和进行活动的新舞台。马共的主要策略是耐心培养统战组织。被称为马共全权代表的方壮璧，是马共新加坡宣传和学生部的领导。首届南大生就包括了一些马共干部，他们听命于林锡坚，后者是方壮璧最信任的左右手之一，他也成为受命渗透入华文教育界最突出的统战干部。1960年，他成为"新加坡华校教师总会"主席，也是1961年由方壮璧策划的中四罢考事件的关键人物。其他报读南大的马共党员包括梁国新、蓝炽理、林水生及陈炎成。和林清祥一样，他们曾是马共反英同盟的成员，华文中学毕业后加入马共。

马共在南大活动的目的是宣传共产主义、训练学生领导统一阵线的工作，组织新加坡和马来亚年轻人的活动，以及引导南大的活动以支持统一阵线的斗争。他们控制了学生组织如政治学会、社会学研究学会、戏剧研究学会、中华语言与文学学会，以及历史与地理学会。

他们最重要的收获，是从1957年到1964年，支配了南大学生会。在学生会任职的一些马共和亲马共学生，在1956年10月期间组织的反政府活动中扮演了领导的角色。为了向学生传播共产主义思想，歌曲和舞蹈被穿插入演唱会、社交聚会和野餐会。马共的整体计划是承担起甄选和培养适合人选来为1959年5月的大选做好准备。在实行计划时，南大的马共成员同华校校友会、工会和政党（包括人民行动党）里地位根深蒂固的其他共产党统一阵线成员携手合作。

在人民行动党于1959年5月的大选胜利后，南大学生会发表了1959—1960年的政策和工作计划，呼吁“加强学习、提升学术水平和扩展爱国精神”。这是加强共产党思想传播、积极参与政治斗争以支持共产党统一阵线的间接指示。

语言的战争

多年来，使用华文为教学媒介语，对南大学生和支持者来说一直是神圣不可侵犯的办校宗旨。即使到了1971年，当时的南大理事会主席黄祖耀仍表示：“南大作为华文教育系统中的最高学府的地位是牢不可破的，尽管我们鼓励同学多多学习英语和马来文，以期达到充分掌握两种语文的运用能力，进而沟通东西文化，但是在基本原则上，南大永远是新加坡的华文大学，南大始终保持以华文作为其主要的教学与行政上的媒介。这个原本宗旨，永远不变。”

陈六使和他的支持者相信共产主义中国是伟大的国家，可以做他们的依靠。当时，我还未去中国，他们也没有。他们的信息来自中国大量出口到东南亚国家的共产党革命期刊。中国真实的情况到底如何，他们并不知道。邓小平却在1978年亲自访问新加坡，并在90年代初呼吁中国人学习新加坡的建国和治国模式，这是陈六使想象不到的。南大学生和支持者不明白语言不只是沟通的工具或教学媒介语，其中牵涉到更大的政治、经济和社会课题。

在对南大学生发表的数次演讲中，我再三强调南大必须被接受为一所马来亚人的大学而不是华人大学，才能在马来亚以及东南亚成功。华文可以是使用的语言之一，但不可以是唯一的语言。南大若被认为是“顺便也教马来文的华文大学”将是失败的。

环顾马来亚和东南亚的局势，我于1959年对南大第一届毕业生说：“在许多东南亚国家，我们都可以看到当地人在从殖民地政府手中夺回自主的权力后，便决定根除或压制来自中国移民的语言和文化的例子……南大如果成为标榜中国卓越超群和中国学术成就至高无上的象征，那我们肯定会使得东南亚其他地方的华人处境更为艰难。”

1960年，教育部长杨玉麟在立法议院发表政府接受《魏雅聆报告书》时说：“我们建议南洋大学改组，学术水准必须提高，以符合新加坡的需要。南大和马大分校都应该打开大门。马大分校的建立既然符合英文教育源流对高等教育的需要，也应容纳非英文源流的学生入学；南大作为一所符合华文教育源流对高等教育需求的大学，也希望它吸收非华文源流的学生入学。而这两所大学的教学媒介语，将保留目前的状况。”

即使杨玉麟已经表明，“这两所大学（马大和南大）的教学媒介语，将保留目前的状况”，南大学生会仍于1960年3月10日发表强硬的声明说：“南大改革，绝对不是改变南大的创办宗旨。南大应该不断革新、加强效率和提高水平，但南大以华文作为主要教学媒介，南大作为华文教育系统最高一环的根本性质，却必须永远保持，绝不能有所损害。我们认为南大的教学媒介与整个民族教育系统血肉相关，除非我们要压制民族教育的健全发展，否则我们没有理由反对在南大使用民族语言的权利。”

针对《魏雅聆报告书》，声明表示：“我们对报告书有一些地方表明了对英文的过度偏爱、某些篇章对南大使用英文做教学媒介表示了过度兴趣感到遗憾。我们不否认英文在大学里，对于学生研究的重要性，但南大主要是华文大学。人们认为英文地位必须极力提高，学生水平才能提高，认为必须把英文地位提高到成为主要的教学媒介，这样做，不但没有需要，而且根本就违反了南大的创办宗旨，破坏了民族教育正当发展的原则，我们坚决反对这样的做法。

“我们反对只在形式上吸收各种族子弟，以骗取‘马来亚化’的美名的做法，但我们完全支持吸收各种族学生进入南大的建议。可是这样做，必须基于一个根本原则，就是绝不能损害或违反南大的创办宗旨，不能因此改变南大的民族大学的特征。固然吸收各种族学生是存在着技术上的困难，但是这些技术上的困难是不难解决的。比如，为他们办大学预备班，提高他们的华文程度，以符合南大的语言水准，这样的做法，应该是适当的。”

这份声明令人感到遗憾，但却也显示：一些南大学生把大学视为对民族认同的肯定，和华族取得进步的指标。新加坡周围都是马来人的国家，这样的情绪肯定会引起同样强烈的反弹。

在南大学生会发表声明前几天（1960年3月2日），一位巫统立法议员在立法议会上问我，马来语什么时候才能成为新加坡唯一的官方语文。我说，我不可能预见什么时候所有政府公务员，都能够单单使用马来语来进行行政工作，我谨慎地拒绝许下一个确定的日期。

马来文《马来前锋报》(*Utusan Melayu*) 的星期刊《时代前锋报》(*Utusan Zaman*) 社论随即在3月6日批评我。它说，联邦的宪法有意在1967年使马来语成为唯一的官方语言，新加坡既然热切希望成为马来西亚的一部分，就应该把马来语定为唯一官方语言。

我们于3月12日的《行动报》社论中，同时对《南大学生会声明》及《时代前锋报》社论进行反驳。

我们指出，一部分人民对另一部分人民的思想感情茫然无知，除非我们及早弥合不同语言群体间的鸿沟，否则双方很可能分道扬镳，各走各的方向，结果危害了国家的整体利益。只有愈早认识到这点，才能愈早从不同语言集团所产生的鸿沟中脱离出来。

我们对语言问题的态度，是每个语言与文化集团，除了接受马来语为国语以及马来文化为马来亚文化的基础之外，它们应有权利继续学习和使用它们各自的不同语言。

对于要求所有学校必须只用马来语作为教学语文的这种马来人的极端论调，必须认清，除非通过暴力或流血，这是不可能成功的。我反对这样的看法，正如我反对华文必须是南大的主要语文一样。

可惜的是，马来文报纸上的言论，华人群众看不到；而南大学生会所发表的声明只刊登在华文报，马来群众一无所知。唯一必须听取和了解各方面意见的人，可说只有政府官员。如果南大学生知道并了解《时代前锋报》社论撰写者所申述的意见，而后者也知道和了解南大学生的意见，那我们要标示出一条为大家所接受的共同道路就比较容易。政府的任务，就是要协助调和各不同语言与文化集团不相一致的利益。

不久后，我于3月29日应南大政治学会邀请，发表题为《语言与政治》的演讲，反驳南大学生会的声明。我说："那些忘记了我们是处身在主要是说马来语的东南亚，而不是中国的人，在被强迫登上遣送他们返回汕头的船时，就只能够怪自己。华文本身在中国正受到革命力量的影响，那些通过电台、报纸和杂志，听到和感受到这些变迁的人，必须牢牢记住，同样带有革命性质的不同力量，也正在马来亚和东南亚发挥作用，卑屈地模仿华文故乡的形式是在自寻灾难。"

我指出，在任何情况下，南大都不应当被认为是华人大学或华文大学。因为，这只会刺激马来人的种族主义。我说："南大办校的原来宗旨，当然是在马来亚创办一所马来亚人的大学，主要是照顾受华文教育的人口。但是，最终的宗旨，必须是一所马来亚人的大学，以照顾所有马来亚人，不论是华人还是非华人。"

演讲后，一名学生问我南大是不是一所"种族大学"。我当时回答，在马来亚的情况下，一所以华文为唯一教学媒介的大学，不管有否灌输马来亚意识，在非华人看来，总认为是一所种族大学。南大的问题并不是华语作为教学媒介语的问题，而是南大毕业生是否只会说华语。假如他们不能找到与非华人的共同点，大家打成一片，不论他们有多聪明，别人也将无法了解他。

我说："如果因为使用某种语言，排除了社会上其他人参与大学的机会，那你就不能怪这些不懂这所大学教育媒介语的人认为它是一所种族大学。如果这所大学，着重灌输马来亚意识，接受所有马来亚人做学生，给马来人、印度人也有机会来做学生，那么，非华人与华人，均会一致认为南大是一所马来亚大学。"

尽管我苦口婆心，南大理事会还是坚持以华文为唯一媒介语。它唯一的让步是在1960年8月，放宽华文入学规定，让非华人较容易进入大学。他们可以免考华文语文和文学试卷，只需要通过华语口试就算合格。

首名进入南大的非华人学生是1960年入学的Hang Tuah Arshad。到1967年，南大已经有五名马来学生。1968年至1975年南大设有马来文系，马来学生进一步增加。1972年马来文系有44名马来学生，这些学生一般能读、写和讲华语，其中一些曾在华校就读。南大语言中心于1968年启用，也首次接受了10名分别来自印度、欧洲和美国的学生，他们到南大主要来学习华文。另外还有约40名苏联人，以政府官员为多，他们在60年代末和70年代初在南大学华文。

进入政治舞台

首届南大生于1959年毕业不久后，陈六使便开始鼓励南大校友参加政治活动。他悄悄地资助一些人加入社阵，在1963年9月的大选中同人民行动党候选人对抗。他把赢取政治权力当成“洗去以往的鄙视和侮辱”的手段。

这是他当时比较浮夸的言论之一：他说，“现在的政治舞台如舞厅在选舞后，一夜即可成名。经过大学苦心培养的真材实料，如投入这种政治舞台，可说易如反掌。我希望你们要参加政治，争取政权”。又说，“南大毕业生不应该只关心自己的薪金，拿了几百块钱就心满意足。见到不平等不民主的现象，就应该组织政党，争取做议员当总理。要知道做总理，就像是做舞厅里的舞后，是很容易的，比当教授容易得多”。

共有15名南大毕业生参加1963年的大选，其中10名是社阵候选人。

陈六使在大选前发表这样的谈话，把南大卷入政治的漩涡，是不应该的。南大是新马各阶层人士共同出钱出力，辛苦建立起来的教育机构，并不是陈六使的私人财产，不应该把南大卷入政治。他这样一意孤行，可说把南大的前途孤注一掷。

在陈六使的鼓励下，一大群南大和华校中学生联合起来，到丹戎巴葛选区为我的竞选对手社阵候选人、南大校友王发祥助阵。我告诉选民：“看看这些我们还没有建好的组屋，你投票给他，你就得等上很多年。你投我一票，我很快就会把组屋交给你。”结果，我胜利了。对选民来说，最重要的不是意识形态，而是我的政策能不能改善他们的生活。大选的结果是人民行动党赢得51个席位中的37席，社阵获得13席。芳林一席则由人民统一党候选人王永元得到。然而，同1959年相比，我们的总得票率下跌7.2%—46.9%，这显示了南大和华文课题对选民情绪的影响程度。

1963年的选举是在新加坡加入马来西亚五天后举行的。大选后，吉隆坡中央政府对南大和社阵采取了行动。9月23日，我们宣布褫夺陈六使的新加坡公民权。数天后，吉隆坡的保安部队进入新加坡，逮捕超过20人，包括五名南大学生和七名南大毕业生。我们也撤销南大学生报《大学论坛》的出版准证。为了抗议逮捕行动和褫夺陈六使的公民权，南大学生会在10月发起为期三天的罢课行动，参与的学生超过1000人。他们获得亲左派工会的支持。抗议最终以500名南大学生到政府大厦静坐示威达到高潮。

1963年10月8日，南大学生和平请愿向政府提出六项要求。一，放弃取消陈六使公民权；二，保证不修改南洋大学法令；三，释放9月26日逮捕的南大学生；四，保证今后不许警方使用武力侵犯大学自主权；五，无条件资助南大；六，承认南大学位。

这些冲突的一个结果，是加快了从1960年开始，政府和南大间断断续续的谈判。谈判最终于1964年6月5日结束。人民行动党政府同意华文可以继续是南大的媒介语，但它必须重组为一所马来西亚人的大学，和成为一个不受政党政治或颠覆活动左右的纯学术机构。马来亚大学的历史学家王赓武教授受委托成立一个小组，检讨南大的课程以让它达到标准。

南大重组后，我们准备正式承认其学位，并以资助新大的方式资助它，即津贴学生的学费和教职员薪金及改善设施。我们也针对有28名成员的南大理事会达成协议，其中六名成员必须来自新加坡和马来西亚中央政府的代表。中华总商会主席高德根当选为新理事会主席。新加坡在1965年8月脱离马来西亚时，我们也委任他为新加坡驻马最高专员，但他隔年便逝世了。

马来西亚中央政府继续对南大采取行动。1964年6月，又有41名南大生被捕，南大副校长庄竹林递上辞职信。紧接着，101名南大生于7月被开除。

为了让所有马来西亚的大学免受抗议活动的影响，中央政府通过一项我也支持的法案，规定进入新加坡和马来西亚高等学府的学生，必须出示“大学入学准证”。这是为了确保他们不会对国家安全构成威胁，准证可以向各地的教育机构或教育部申请。我们到1978年才废除“大学入学准证”，那是在中学煽动并且为革命招兵买马所造成的动荡已经消失的时候。

新加坡被驱逐出马来西亚，并不标志着南大问题的终结。《王赓武报告书》于1965年9月公布，当时新马已经分家，我们并没有去注意这份报告书。我们当时已经是一个独立国家，对问题采取的态度已经完全不同了。

《王赓武报告书》又引发了新一轮的学生抗议浪潮。王赓武建议南大不应该只照顾华文源流学生，应该“把目标放在培养学生通晓三种或至少两种同国家发展相关的语言”。报告书建议南大向来自各源流的学生开放、设立教导不同语言的语言中心及一个马来文系。报告书被认为是要消灭南大华文特色的另一个企图，难免又激怒了一些南大学生。报告书公布后的数月，校园内和校园外的示威、和警察的冲突、罢课及破坏大学建筑物的事件此起彼伏。大学开除了超过100名暴动的学生，其中85名是也被驱逐出境的马来西亚人。政治部也对左翼工会采取了行动。

重组和正式承认南大

南大副校长庄竹林辞职后，政治系的黄应荣教授出任代校长。他任职期间，许多南大校友回到母校任教或担任行政工作。这些人在加拿大、英国和美国考取了博士学位，他们包括于1964年在美国波士顿大学取得博士学位的化学师高立人教授；在英国贝尔法斯特皇后大学考取博士学位的数学家郑奋兴教授，他曾在加拿大的皇后大学和马来亚大学任教，1965年加入南大数学系，并从1968年至1980年担任数学系教授、系主任、数学研究所所长，1973年，他39岁那年，获委任为南大研究院院长。高立人教授在1972年至1980年间担任南大理学院院长。1979年至1996年，他也是人民行动党议员。

我们逐步兑现在1959年竞选期间提出会特为南大学生设立奖学金的诺言。1960年我们拨出60万元作为南大生的助学金，每名学生每年最高1500元。从1959年至1961年，政府给南大共发了1012份助学金，金额共105万1690元。1960年政府聘用了136名南大毕业生，1961年是172名。另外，政府也为21名南大毕业生提供奖学金到美国、加拿大、澳大利亚、新西兰和印度尼西亚深造。

从60年代中开始，我们为南大注入大量政府资金，包括拨款100万元购买科学器材，另外100万元建新图书馆。我们也盖了一所设有三间语言实验室和最新设备的语言中心。中心为各学院的学生开办英文课程，也为非华人和外国学生开办华语课程。从1964年开始，我们每年颁发共50万元的助学金给南大生。后来，我们在奖学金、助学金、教职员薪金和大学设施上，提供了更多的援助，包括在1970年资助南大兴建一座奥林匹克游泳池。政府对南大的资助，也从1967年的127万元增加至1977年的1155万元。

在壳牌集团当会计师的南大校友蔡崇语，于1965年出任南大的财务主管。他为大学设立了健全的会计制度并追查到许多承诺捐款却没有全数兑现的人。

1966年，人民行动党议员和南大校友何家良告诉国会，陈六使承诺捐出500万元，却还拖欠250万元；福建会馆答应捐献60万元，却还有40万元没有拿出来；《南洋商报》承诺给大学100万元，兑现的却只有9万4000元。南大虽然是由华社创建，最终却得依赖政府的资助，因为大学的长期运作成本不是个人和公司单独可以负担的。

1963年取代杨玉麟出任教育部长的王邦文，对南大改组的结果感到满意。他于1968年5月26日南大的毕业典礼上，宣布政府正式承认南大学位，旋即获得南大毕业生和教职员如雷的掌声。事实上我们不承认南大学位，不给南大毕业生出路是不行的。没有出路的南大生是一定会反政府的。

承认了南大学位，这意味着南大毕业生可以平等与新大毕业生竞争公共服务职位。但这并不是说南大学位未获得承认前，南大毕业生不能在政府机构工作。1967年，已经有约800名南大毕业生在教育部服务，另外200名在政府其他机关服务。王邦文赞扬南大毕业生，指出几乎每10名毕业生中就有一名在海外修读高等学位。此外，有33名毕业生在海外考取博士学位，其中一半已经回到母校执教。既然南大和新大学位已经享有同等待遇，他建议两所大学应建立更密切的合作，以避免设施上重复的不必要浪费。

南大于1969年委任黄丽松教授为新校长，之前他是吉隆坡马来亚大学的代校长。他领导南大的三年半期间，南大校务得到进一步的发展。他设立了研究生院提供硕士和博士课程，开启了教职员和学生同海外著名大学的交流。然而，他尝试把科学和数学的媒介语从华文改成英文的努力却失败了。当时，华文源流中学正开始使用英文教导科学和数学。如果他成功了，南大便能同华校的改变维持一致的步伐。面对南大校友的谴责，黄教授没有办法把南大变成双语学府。他在1972年离开南大，前往中国香港担任他的母校香港大学的首任华人校长。

把南大变成双语学府

尽管南大学位获得政府承认，大多数雇主仍不太愿意聘用南大毕业生。1970年初，由南大学生辅导处和助理教授王德丰分别进行的两项调查显示，雇主不愿聘用南大生，英文的掌握能力差是主要原因。了解到市场的需求，大多数家长把孩子送到英文源流学校和新加坡大学，而不是南洋大学。在70年代中，已经有超过半数的华文中学毕业生舍南大而选新大。

另一重大趋势是南大学生素质的滑落。

1956年到1967年，南大有着各优秀华文中学的高才生。他们不但来自新加坡，也来自马来西亚和印度尼西亚。南大最优秀的几批学生，大概是从1956年到1960年那段时期。他们很聪明，智商很高。很多后来去了美国和加拿大的大学研究院深造，取得博士学位。可以这么说，五六十年代的南大生是优秀的。

前面提到的数学家郑奋兴，他的英文还可以。那时候我的华语还不够流利，我经常和他们以英语对话。另外还有化学系的教授高立人，后来当了国会议员，他的英文也不错。另一位当了国会议员的南大生蔡崇语的英文程度也好，他们是南大第一代最优秀的人才。

后来，南大生的素质就没有这么好了，这是因为印度尼西亚关闭了其中的华文学校，马来西亚的好学生不再到南大来。他们的政府不鼓励优秀学生到南大来，要他们进自己设立的大学。新加坡公共服务委员会从1960年开始颁发奖学金给华文中学优秀生到海外大学深造。结果，每年华校毕业生中最杰出的约20名高才生不是升上南大，而是被送到海外大学。到了1977年，出国留学或升入新大的华校优秀生已增加到343名。

选择进入新大的华校生比选进南大的越来越多，1975年有29%华校生以进入新大为第一选择，这个比率到1977年已经增至58%。

南大再也吸引不到优秀学生。聪明的学生和家长会这么想：与其花三四年在南大学习，日后到政府部门做一个执行人员，不如到英文大学学习，毕业后到政府部门做行政人员，或者做医生，做律师。

南大以放宽收生和毕业标准来争取生源，这进一步降低了大学的学术声誉和毕业生的市场价值。1977年的一项南大毕业生就业调查显示，一名在私人部门工作的新大普通学位毕业生的每月平均收入是858元，南大毕业生的收入则只有501元。

很明显的，南大若继续只用华文教学，大多数院系将在10年内关闭，成为双语学府是它生存下去的唯一途径。在南大理事会一致同意下，我于1975年3月派教育部长李昭铭到南大出任校长。李昭铭受华文教育，拥有伦敦大学工程系博士学位，他的任务是尝试把南大变成双语大学，但是不成功，因为云南园的华文氛围太根深蒂固，师生陷在完全用华文的环境太深，丝毫改变不了。即便从美国取得博士留学回来的教师，曾经用过英语授课，但是进南大久了，就失去应用英语的能力，不能应用英语了，南大校园是个几乎完全讲华语的环境。这个任务对李昭铭太过艰难，他只坚持了17个月就离开了。

当时的南大完全不能如我们后来在特选学校做双语并重的工作那样，他们的单语环境太根深蒂固了，再加上学生不够聪明，聪明的学生已经不进南大了。所以，什么都做不了，拖延下去，只有浪费学生的时间，还有让他们和家长日后过更加沮丧的生活。1975年，我进教育部，兼任教育部长四个月，我明白了南大问题根本改变不了，它的单语环境被重重护卫着，结果只好决定冲破它。

那四个月我也明白了我们必须要有一个合理的教育系统，再也不能继续这种让四种语文自由发展的教育系统，不能在大学培养出只懂一种语文的人，不能让学生学习跟国家需要不相干的课程内容。当时政府录取了杰出的南大毕业生做执行人员，相对于新大生做行政人员，南大生必须再花很多年的时间来弥补工作所需要的语言——英语。我想，这是何苦呢?

为了抗议把英文变成教学媒介语，南大学生会主席何元泰唆使学生拒绝使用英文，在考卷上用华文作答。毕业后，他以工人党候选人的身份参加了1976年的大选。竞选时，他指责政府摧毁华文教育，大选后，为了避免自己因为发表种族煽动性言论被捕，他逃往英国。

毕业于南大的人民行动党议员，如庄日昆及何家良，同意在南大情况进一步恶化前迅速出手干预。我的内阁同僚却不以为然，杜进才博士和巴克坚决反对我插手。杜进才认为把南大转变为英文大学的政治代价太大，向来坚定又有主见的吴庆瑞和务实的林金山也表示反对。连毕业自吉隆坡尊孔中学的王邦文也有所顾虑。他们认为政府不应该干预，否则一定闹出大事，就让南大自生自灭好了。

我说："不行。你要再多几代南大生找不到工作吗？我们作为政府的责任何在？情况已经摆明，好的学生不要进南大，南大只能录取差生，差生降低了南大水平。我的看法是能够抢救多少批就是多少批，不让他们接受没有用的低水平教育。眼睁睁地看着更多的学生进入南大，毕业后又苦苦找不到工作，这对我们有限的资源是不可宽恕的浪费，政府不能坐视不理。"我于是决定对南大采取行动。

在政府部门工作的南大毕业生，浸濡在一个讲英语的工作环境中，克服了开始的一段艰难时期，他们的表现同受英文教育的同事是不相上下的。有鉴于此，我认为解决南大困境的办法，是让南大到新大的武吉知马校园一起开办联合课程。既然不能在南大制造讲英语的环境，那就把南大搬到一个讲英语的环境里，逼教授们在全讲英语的环境中，重拾自己的英语能力。我派社会事务部常任秘书陈祝强到南大担任秘书长，全面推动联合校园里的联合课程。

41名南大教职员加入了新大的教职员阵容，于1978年7月的新学年，开始用英文教导第一年的课程。与此同时，约500名南大科学、人文科学、会计和商管系学生，也和1500名新大学生一起上课。我们允许华校生先集中精力把英文搞好，延迟一年再开始上课，不及格的学生也可以留级重修第一年课程。

这是痛苦的调整。我同南大学生两次交谈，表示理解他们的困难，也鼓励他们坚持下去。当联合校园的英校生埋怨他们的进度被加入的华校生拖慢时，我斥责他们的态度。我说，帮助同班的华校生是他们的社会责任，如果彼此的处境对调，有一天，新加坡的经济必须依赖中国跨国公司，有强烈互助精神和对中国文化感到自豪的华校生，一定会义不容辞地向英校生伸出援手。

最后，约七成的南大生的英文通过他们的联合校园终期考试，我向毕业生进行了调查，问他们要拿新大文凭、南大文凭还是联合校园文凭。他们大多数说要新大文凭，这是比较务实的选择。这批学生也庆幸能及时转到英文源流，否则到今天会更麻烦。

从联合校园到合并

联合校园计划只是暂时性的安排，它的成效让我开始考虑要不要合并两所大学。当时，华文源流高才生已经不再选择南大。1975年，在A水准考试中考获60—64分（潜在的一等荣誉学位毕业生），成绩最优异的七名华文源流学生选择进入南大。到了1979年，这个等级的所有10名学生都选择报读新大。

考获50—59分（潜在的二等荣誉学位毕业生）的华校生进入南大的人数也同样减少了。在1977年，这个等级的79.5%学生申请进入南大，然而，这个百分比在1978年和1979年已分别降低至38.7%和10.9%。对教职员来说，这个趋势令人沮丧，同时也让南大更难招募优秀的教师。许多讲师辞职或不再续约，他们认为新生人数下降的情况不会在联合校园计划结束后逆转。

1979年6月，我在英国伦敦会见了四位学术界人士，同他们讨论新大和南大聘请教师的问题。英国谢菲尔德大学（Sheffield University）名誉校长丹顿爵士（Sir Frederic Dainton）是其中之一。他于1979年10月访问新加坡，并从教育的观点，提出了理想的解决方案，那就是把两所大学合并，在单一的校园上课。他在报告中指出，合并可以让大学每个院系都有更大、更强的部门。他不认为南大能够在平等的基础上与新大一争高下，因为新大是大多数学生的选择，尤其是成绩好的学生都选新大。我同意合并是理想的解决方案，但出于政治考量，我愿意考虑把两所大学合并但维持两个校园。我的意愿需要得到南大理事会的同意才会进行。

南大理事会主席是华社领袖黄祖耀，他是大华银行的主席。他对合并持保留态度，1979年12月至1980年3月，在我同他就南大问题的四次讨论中，他的态度没有变。1980年2月8日，在我同理事会和11名毕业自南大的议员的会议上，理事会另三名成员林继民、连瀛洲和陈共存，也不支持合并。他们都是华社的知名商人。11名议员是庄日昆、何家良、蔡崇语（南大前财务主管，教育部高级政务部长）、潘峇厘（国防部高级政务次长）、李玉胜（国家发展部政务次长）、钱翰琮（内政部政务次长）、杨子国、饶柏华、黎达材、何振春、高立人等赞同合并两所大学的建议。他们之前已先召开会议并一致同意合并是解决南大新生人数下滑和毕业生就业前景黯淡的唯一途径。

我在1980年3月7日写给黄祖耀，同时也发给媒体的信件中，给南大理事会提出三个选择。选择一：把新大和南大合并为新加坡国立大学，两校迁在一个校园；选择二：合并两所大学但保留两个校园，南大校园有相当数目的院系；选择三：联合校园计划结束后，回到让南大在三年后重新出发的原定安排。

我说，决定权现在是在理事会手中，他们必须部署南大的未来。但我担保不论结果如何，南大教职员的工作都不会受到影响。我在信中说："南大将来如果因为没有学生而失败，那是因为家长的选择，和新一代学生的不同偏向。你需要对争取民众支持和捐款创办南大的那一代中华总商会负责，我却有责任在不激怒那些对南大感到自豪、受华文教育的老一辈的情况下，确保学生得到最好的教育。"

理事会主席黄祖耀在1980年3月18日写给我，也同样发给媒体的回信中表示，他曾希望把南大的教学媒介语改成英文和实行联合校园计划，从而缓和学生人数的减少。然而，他现在认识到"若不及早改变这样的趋势，南大将在一两年内面对自然死亡"。他也说南大在许多老一辈的新加坡人民心目中占有特别地位，"这种热爱南大的精神是不能轻易抛弃的"。但他个人认为"国家利益比这种依依不舍的情感重要"。他对合并提出两项反建议：一是南大可以和美国一所有名望的大学建立联系，采用同新大英国模式不同的美国式大学制度。他认为政府可以邀请一个美国学术团体来研究他的建议。二是南大和新大不必是两所互相竞争的大学，而是两所相辅相成的大学，即把各院系分配在新大和南大开办，比如，商业管理和会计系可以设在南大。如果两项建议都不能被接受，他考虑接受南大和新大合并的建议。

我于3月29日回复黄祖耀的信件中说，我同意他的两项建议，但却指出它们的局限。把南大变为美国式大学等于延迟对南大问题作出决定，因为这需要成立一个委员会来进行研究并提呈报告书。我也说，在转变成英国模式前，南大大部分时间，从1956年至1975年，实际上是以美国式制度运作的。我怀疑回到旧的制度会让南大对学生更有吸引力。至于他的第二项建议，我说南大可以把商业管理和会计作为它的主要学科，但新大却不能放弃其商业管理和会计系讲师，因为新大需要他们教导工程系学生的管理课程。如果新大停止这些学科，只会让优秀的学生选择其他科目，问题的关键是南大文凭已经失去价值。

我提出一项新建议：南大校园可以成为一所理工学院，作为合并后的新加坡国立大学的工程学院。根据专业和工艺教育理事会的估计，大学所招收的工程系学生应该从每年480名增加到1000名，在南大校园办工程学院可以减轻肯特岗校园的负担。到1992年，当我们能够确定南洋理工学院毕业生的水平可以媲美国立大学毕业生时，它便可成为一所正式的大学。我认为，这是既保留南大校名，又以对新加坡最有益的方式，来使用南大校园的最好做法。我告诉黄祖耀，“要挽救南大，就必须彻底摆脱以前的南大”。只有这样，才能鼓励雇主、学生和家长同等地看待新大和南大。

南大理事会在详尽讨论了我的建议后，于1980年4月5日决定南大同新大合并。理事会也接受了成立南洋理工大学的时间表。南大和新大合并后，新加坡国立大学于1980年8月8日成立。南洋大学的云南园成为附属国大的南洋理工学院校园，学院在国立教育学院（NIE）成为其一部分后，于1991年定名南洋理工大学，比预期早了一年。

南大与新大合并的消息一出，最情绪化的是南大校友，他们痛心疾首地猛烈抨击政府。我却为不能更早一点采取行动而难过，否则数千名南大毕业生就不至于成为一群吃亏的大学毕业生，为英文不精所累，而在就业上屈居下风。

名字的意义

24年来，南大总共栽培了1万2151名毕业生。一些校友表示希望南洋理工大学在增设了理学院、人文学院和设计传媒学院等等学院，成为一所综合性的大学后，可以复名为南洋大学。徐冠林教授在2003年出任南洋理工大学校长后，便想为复名设定时间表。我不认为有这个必要，因为南洋理工大学已经建立了良好的声誉。我告诉他复名的事必须在内阁讨论，并要他做个调查，看看学生是否同意复名，我不认为在籍南洋理工大学学生会欢迎这个改变。雇主也知道南洋理工大学的文凭同国大和海外知名大学的文凭一样有价值。

我的华文老师周清海教授是南大生。他在自己的回忆录《人生记忆》中对复名提意见说："我对这所大学（南大）是有感情的，但我也必须考虑现在南洋理工大学学生的感受。将自己对南洋大学的感情，强加在南洋理工大学学生的身上，是不合理的。"

南大的故事对于新加坡作为一个国家有重大的启示。

新、马两地的华人移民，从三轮车夫、出租车司机、小贩、文员到商人和银行家，为维护自己的语言、文化和传统，热烈响应为华人子弟建设一所高等学府，他们慷慨解囊，完成了一个共同的愿景，尽管这个愿景有着与生俱来的缺陷，尽管南洋大学注定会失败，但它创立的精神却值得新加坡人珍惜并世代传承下去。

第四章

时势造就了特选学校

特选学校是新加坡教育史上的特别产物。70年代，在华校风雨飘摇的日子里，我们保留了几所历史悠久、校风优良的华校，给予特别支援，成为特选学校。它们传承了传统华校培育英才的精神，延续了华校的特别使命。

2000年8月我为南洋女中83周年校庆和新校舍主持开幕仪式时，举南中的校训为例说："你们的校训'勤慎端朴'是永垂不朽的美德，它不会因为新加坡成为一个富裕的消费社会而变得过时。"

我这样的话并没有过誉。我有10个子孙，其中八人都接受南洋幼稚园、南洋小学的启蒙和基础教育。我的女儿玮玲中学升读南洋女中，儿子显龙和显扬中学升读公教中学。南洋学校和公教中学都是华文学校。我对华校能培养学生具有传统文化价值观和工作道德 (work ethics) 一向深具信心。

1977年8月23日，南洋大学的教学和考试媒介语改为英文之后，就引发了对往后华文中小学继续学习华文的意义和最终有什么用处的思考和应对。

在过去，华校生最终可以到南洋大学深造，毕业后做次等工作。这个形势，已经由于政府要改革南大成为更适合现代社会需求的高等学府而改变。南大改革后，整个中小学教育制度随之调整已是势在必行。

1978年，我们终于把南大的教学媒介完全转成英语，并且把南大搬到新大联合校园。这样一来，表示我们国家已经没有华文大学。一旦做了这个决定，就要从小学往上调整，才不会再浪费太多批学生的时间和他们的生命。

我们当然可以什么都不做，让事情自然发展，这是最容易不过的。但是，如果这样，就损害了成千上万学生的利益。

1965年建国，为了政治独立、经济发展和社会融合等种种目标，我们确定了以英语为国家工作语言。但是，当时我不能运用行政力量强迫全国学校只学习英文。那样做，只会引起受华文、马来文和淡米尔文教育的家长、教师和报章的强烈情绪化的反应，那是我招架不住的。

你只要看看马来西亚，他们试图强行推动马来文为唯一语文，华人和印族人的反应就非常激烈。他们坚持把孩子送进自己的母语学校，现在他们的族群已经分化了。怎样把他们再结合在一起？所以，当时，我只能说："英语是我们的行政语言，但是家长可以选择任何语文让孩子学习。"在英语是行政用语的形势下，掌握好英语的人当然比掌握好华语的人更有优势。

我们于是开展了双语的教育制度，让学生既学英语，也学母语。英语是共同语言，人口占多数的华人没有优势，马来人和印度人因此感到自在和平等，我为他们提供了一个公平的竞争环境，任人唯贤，唯才是用，跟语言、种族无关。

政治是一门"只做可能做的事"的艺术，所以当时我唯一的办法是"等"，等到绝大多数的家长都看清形势，都把孩子送进英校，以英文为主导语文。这样一等，就等了13年，没有办法，有些事情必须耐心，假以时日，不然不可能做成。

1977年，报名进入1978年华校的小一新生，只有10%，比1976年的14%，又少了4个百分点。华校逐渐受淘汰的趋势可说越来越明显，这是我动手把英文列为第一语文、华文列为第二语文的时刻了。很多人说我要消灭中华文化和华文教育，这句话能相信吗？我花了几十年时间学习华文，把三个孩子送进华校，费了那么大工夫，我会消灭华文教育和中华文化吗？

英文教育有它的优点，它给我们这个多元种族社会一个共同的沟通媒介，共同的语言环境，甚至共同的价值概念，但它同时也令我们的新一代在没有母语的文化底蕴下，失掉了民族气节，失掉了来自母族文化的原动力。

我的孩子在华校读书，侄儿外甥在英校读书，我在自己的孩子身上看到他们有别于堂表兄弟姐妹的特质，这加强了我对华校和英校差异的认识。我担心新加坡学校完全转向英校后，我们的教育系统会失去华校的特质，例如丧失了有礼貌、守纪律、责任感等优良品质。我担心如果再不保留一些学校来维系华族传统行为准则，这些价值会流失殆尽。我要我们的年轻人见到师长，会起立敬礼说“老师早安”，而不是大声说“嗨！”在华校，学生很小就学习打扫厕所，从很多生活细节塑造优良的品德，这是英校所没有的。我们一定要保留这些华校优良的传统，并且逐渐把它转移到英校去。

于是，我们重新安排学校的华文教育，要确保新一代具有文化素养，我们以英文为主导的语文政策绝不是要消灭华文教育或中华文化。

这时候，一个严峻的事实摆在眼前，华校除非能够把英文水平提高到同英校相等，否则不会改变家长送孩子进入英校的大趋势。大力提高华校英文水平，并且确保优秀华校继续存在的课题已经迫在眉睫。

1978年对华校的救亡运动

我展开了对华校的救亡运动。1978年，教育部宣布了十多项与语文相关的改革项目。1979年1月国会进行总统施政方针辩论时，有后座议员甚至批评教育部的改革“操之过急”。如今回头看，1978年的确是语文教育改革进行得最轰轰烈烈的一年。

在多项改革计划中，如何保留优秀华校、如何提高华校英文水平，成为最关注的焦点。

1978年1月，我们增派120名优秀英文、数学和科学教师到28所华文小学加强教学。虽然这还是难以阻挡学生从华校转向英校，但是，我们设法保留好的、有历史的华校，希望从加强学生的英文教学、提高英文程度来保住这些学校。28所华文小学是：公教、工商、崇福、兴亚启蒙、圣婴女校、凤山、启化第一分校、启发、擎青、光华、光洋、联华、菩提、海星、弥陀、南侨、南华、南洋、培群、培华（武吉知马）、培华（杨厝港）、培青、卍慈、立化、圣尼各拉、端蒙、养正、育四。

1978年7月，我们再宣布为14所华文中学每所提供两名额外英文教师，让学校可以减少上英文课学生的人数，给英文程度较差的学生补课，多组织校内各项英语活动，从而提高学生英文阅读、书写及会话的水平。

14所中学是：公教中学、圣尼各拉女校、圣公会中学、海星中学、海星女中、南洋女中、华侨中学、南侨女中、中正总校、中华女中、立化政府华文中学、德明政府华文中学、华义政府华文中学、黄埔政府华文中学。它们有历史有传统，会考成绩和课外活动都有优异表现。

这可以说是特选中学的雏形。

特选中学概念的缘起

特选中学的明确概念来自1978年4月，我在一场关于双语教育的电视座谈会上的谈话。当时我说："那些有办法精通两种语文的学生，可以继续留在华校，可以进入比方说12所特别好的华文中学。这样一来，以后我们的领导人，不管是政府部门或各行业的领导人，都既有传统的东方思想，又精通西方的科学技术。能够进入这12所华文中学的学生，都是优秀的，是能进大学的。这样，必能吸引父母把儿女送进这12所中学。英校的优秀学生，能精通两种语言的，只要父母愿意，通过校长推荐，也可以转去这12所华文中学读书。"我认为杰出的华文中学，有了高素质学生，就有卓越的毕业生，能在社会为学校奠定好名声。好名声的学校当然能吸引更多优秀生，这是良性循环。

当时我是这样想的：如果家长会讲英语，为什么把孩子送去英校？孩子的英语一定没有问题嘛。在家里讲英语，在学校里也学英文，这样，不是就失去学华文的机会？何不送他们进优秀华校，把华文学好？

如果我们能成功地把优秀的学生送进英文具有高水平的优秀华校，三五年后，就能改变人们对华校生的印象。这就像战前的日本产品，并不精良，可是日本人不服输，他们努力改进。战前没有人看好的日本汽车，到了七八十年代已经是顶好的，非常有竞争力了。

同样的，当时很多人并不看好华校。我却认为只要在五年内，把一批优秀的教员送进12所优秀华校去教里面的优秀生，提高他们的英文水平，他们的成绩一定是好的，人们自然会改变原本对华校的偏见。但要扭转这个局势，需要四五年的时间。

我原想保留12所华文中学，教育部却认为12所太多，担心会吸引不到足够的优秀学生，他们最终建议九所。起初被列进更早的14所中学、最终未能获选进九大的南侨女中、中华女中、海星女中、华义政府华文中学、黄埔政府华文中学，后来的发展都比不上获选的特选中学。其中易名为黄埔中学的黄埔政府华文中学，更在1993年就关闭了。幸好南侨女中在成为男女生中学后，勤奋不懈，终于在2012年被选进特选中学行列。

2007年，德明政府中学前任校长林乃燕曾经这么说："当时政府是在没有办法的情况下推行特别辅助计划，否则让华校自生自灭，最后再也招不到学生。传统华校是在穷途末路，接受了政府的特别辅助，才生存下去的，这在当时是不能不走的路。"

他的话说出了当日华校风雨飘摇的状况。的确，我们给了九校特多支援，这些特别支援到现在还有，我不清楚拨款的数目，但肯定是不少的。

我考虑设立特选中学，并没有为后来中国崛起做准备的概念，当时主要是为保留华校的优良传统，以及照顾华社平日的牢骚，我是仔细想清楚这个问题才做的。我的孩子从华校教育受益，他们和读英校的堂兄弟姐妹的不同是很明显的，所以，华校的优点，我们必须保留。后来特选学校为国家累积了大量和中国打交道的人才，发挥了特殊作用，是之前没有预见的。

果如我所愿，由9所具有着悠久历史和优良校风的传统华校组成的特选中学，肩负着为新加坡培养双语人才以及传承华族传统文化的使命，挑起了为华文教育薪火相传的重任，它们在校长刻苦经营和全校师生努力下，后来都发展成为新加坡的名校。华侨中学和南洋女中是自主学校，其他7所均是自治学校，成了家长心目中的好学校。特选中学行列于2000年增添了南华中学，2012年南侨中学再加入成为第11所。

“特别辅助计划”扶助九所优秀华校

1978年11月30日，教育部宣布从1979年起，在“特别辅助计划”(Special Assistance Plan) 下的9所优秀传统华校开办华文英文都为第一语文水平的特别源流。

特别源流只接受小学会考最优秀的8% (即及格考生的10%) 的华校生和华文第二语文达到一定水平的最优秀的8% (及格考生的10%) 英校生入读。这九所特选中学是：圣公会中学、公教中学、华侨中学、中正中学（总校）、德明政府华文中学、海星中学、南洋女中、立化政府华文中学、圣尼各拉女中。

选这9所华文中学，主要是看学校的校长和教师的素质，还有它们悠久的历史和优良传统，能为学生提供有利于学习华文的良好环境，又注重培养道德和灌输社会伦理观念。它们一贯被视为有纪律、有干劲、学业成绩卓越、设备完善、教职员忠于职守，是备受社会人士看重的好学校。

我们认为只要提高九校的英文教学水准，使学生精通两种语文，以后就有更好的深造和就业机会。在这项计划下，教育部对九校的“特别辅助”是：

★给予较优良的学校设施，如设备更好的语音实验室、电脑室、图书馆等；

★给予较优秀和更有经验的教师；

★容许一班学生人数较少。

当时我们实行这项计划的目标有二。一是长期性：要协助九校成为真正的双语学校，让学生在良好的传统华校环境里受到中华文化熏陶和纪律训练，英文水平又能同英校生媲美；二是短期性：为了给英语环境还不够完善的九校加一把力，九校学生，每天上完本校正课后，下午再进英校的正规班上三四节课或接受附加英语训练课程。

安排是这样的：九校来自华文源流小学的中一学生，放学后或上课前，到英文源流中学参加英文的浸濡课程，起初是每星期五天，每天上四节课，共20节。后来学生感到负担太重，改为每星期12至14节。至于来自英文源流小学的中一学生，则安排在校内参加华文辅助课程。

为了达到短期目标，当年把华校生派去英校上课，受到种种阻力。英校校长觉得突然要大费周章地把课室腾出空位来容纳华校生，这很是麻烦。而要华校校长把学生送去英校，他们有“对学生慢慢失去控制”的顾虑，也很不高兴，他们宁愿在自己学校增加英文课程。

我为什么会非常坚持呢？我根据自己学语言的经验，发现环境非常重要。我认为学习语言需要语言环境的配合，语言要学得灵活自然，流畅自发，不只要靠老师的指导，还要靠同学之间的互动。当年的华校必须依赖英校给学生制造一个能自发说英语的环境，才能让他们在克服说英语的害臊和忸怩不安后，自然而然地脱口而出，朗朗上口。

我们用尽种种办法来协助九校加强英文，重新赢得家长对它们的信心。

至于决定只让会考最优秀的8%的学生进入九校，修读第一语文水平的华文和英文，原因是考虑孩子如果不够聪明，没有办法掌握双语。而录取这些优秀生的学校都是好学校，虽然这些学校要和莱佛士书院相比，还有一段距离。

我设计了这项保留优秀华校并且大力提高它们英文水平的“特别辅助计划”，老实说，当时能不能被家长接受，心里完全没有底。我不知道会有多少家长愿意把孩子送去特选学校。对家长来说，做出这个选择是有风险的，但他们是勇敢的。谁愿意把天资聪颖的孩子放在以第一语文水平学习两种语文的“特选中学”——加重孩子负担，让孩子处于不利的位置呢？这是何苦呢？

特选学校初期反应并不热烈

我们的大学生是靠有卓越的英文成绩来赢得奖学金的，华文只要及格，达到普通水平就可以进大学，那何必花太多时间学习？特选中学的华文课节数不少，势必减少学习其他科目的时间。新加坡的家长是很现实的，是精打细算的，他们会算一下，然后说："哦，不，不，这样不行，对我的孩子没有好处。"因而拒绝让孩子进特选中学。即便教育部宣布特选中学将得到最好的教师和设施，小班教学，初期反应也并不热烈。

1978年的小六毕业生，共有4万1000人及格。第一批8%优异生，有3200余人之多。其中1056名华校生，有938人（89%）进入特选中学。2050名英校生，只有507名（25%）入读九校。另外378名原要求转入英校的学生，则有260名（69%）改变主意申请进入特选中学。

因为进入特选中学的人数不够多，我们立刻分两步骤灵活处理。一是决定让开设小学部的4所特选中学（南洋、公教、海星、圣尼各拉）的小六优秀毕业生（非8%）能升读中学部。二是让其他华文小学成绩优良的学生（非8%），也能获准进入这九校就读。不过，这两组学生所修读的课程与最优秀的8%学生不同。他们读的是以英文为第一语文，华文为第二语文的快捷源流。于是，在特选中学，有了双语都为第一语文的特别源流，和英文第一语文、华文第二语文的快捷源流并行。

1979年特选中学在没有前例可循的情况下开课，教育部和九校校长都是战战兢兢的。这一年7月，教育部高级政务部长蔡崇语为中正中学主持创校40周年的讲话，很有代表性，他说："中正中学（总校）是今年设立的9所特选中学之一，对我国华族传统教育的成败，负有很大使命。这9所特选中学所招收的学生，都是英华两种源流最优秀的小学毕业生，只要校长指导有方，教师教导得法，是一定可以教出一批精通华英文，兼备东西文化精华的人才。

"今年因为是第一年，没有前例可循，老师在教导语文时应该特别小心，随时酌量加减，调整进度，务求学生能应付裕如，而不影响数理科的学习。对于来自英校学生的华文程度，应该以三四年的时间来逐渐提升，千万不可要求太高，想在一年内把华文从第二语文水平提高到第一语文水平。

“操之过急的做法，只会吓跑学生，道理很简单，在今日的新加坡，华文对于华裔学生只是做人的语文，在很大程度上不是做事的语文。有一些不懂事的学生，甚至一些太过计较经济利益的家长，对华文依然抱着可有可无的态度，学习的动机不强，因此华文老师们必须面对现实，迁就这种心理，才能水到渠成，完成教会两种语文的目的。

“来自华文源流的学生，他们的英文水平参差不齐，程度好的已接近第一语文水准，程度差的，恐怕第二语文水平还够不上。这些学生的英文程度虽然差别很大，不过却不太难教，因为他们每人都有一股强烈的愿望，要以最短的时间提高自己的英文水平，并学讲一口通顺流利的英语。这种学习的热忱和他们追求将来美好生活的动机是分不开的。老师应该充分利用这股学习的热忱，教导他们自动自发地学习英文。”

家长担心子女同时修读第一语文水平的双语会加重负担，影响其他科目，致使1979年至1983年进入特别源流的学生，人数一年比一年少。1980年中正中学（总校）13班中一，只有两班是特别源流。圣公会中学八班中一，只有三班是特别源流。

为了鼓励更多学生进入特选中学修读特别源流，1983年教育部宣布允许学生只要证明无法应付华文第一语文的要求，可在中三转修快捷源流。教育部还让凡修读双语第一语文成绩及格的学生，报读初级学院，能获得两分优待，申请大学先修班奖学金，也能获得优待。

种种优待，都不及特选中学第一届毕业生于1983年3月7日放榜的O水准会考成绩来得有力。9所特选学校毕业生考获三科及格率达94%。其中来自英文源流学生的O水准英文第一语文及格率是91%，华文及格率是93%，其中37%考获特优。华文源流学生的英文第一语文及格率为55%，华文第一语文及格率是97%，其中60%考获特优。

这个亮眼成绩，使得从1984年起，进入特选中学特别源流的学生人数逐年增加。1985年起，华侨中学中一13班和德明政府中学中一13至15班，都能收到全部特别源流学生。1987年立化中学11班中一生也全修读特别源流。其他特选中学特别源流的学生人数，也越来越多。

1992年教育部首度为新加坡中学排名。全国十大中学，特选中学占了六所，这个成绩让很多家长震惊。他们开始了解特选中学的实力。这六所特选中学按照排名先后是：德明政府中学（第三）、华侨中学（第四）、立化中学（第五）、圣尼各拉女校（第七）、南洋女中（第八）和圣公会中学（第十）。至于公教中学（第十一）、中正中学（总校）（第十六）和海星中学（第二十一），表现都不俗。根据当年全国139所中学的成绩，特选中学可说是出类拔萃。

当日排名十大的四所英校是莱佛士书院（第一）、莱佛士女中（第二）、新加坡女子中学（第六）、丹绒加东女校（第九）。

1992年吴作栋总理在国庆群众大会上分析特选中学成功的原因。他说，一，师生富有斗志和应变能力，能在逆境求存。教学媒介不但必须全部从华语改为英语，还必须把英文从第二语文提升到第一语文水平。这个改变很艰苦，九校却能逐步克服。二，校长和教师勤劳苦干，具有群体协作精神，各校都立有明晰目标，全体师生能朝着目标努力。三，九校是传统华校，校风淳朴，纪律良好。在“特别辅助计划”下，他们有了更多好教师，更充足的设备和更良好的学习环境，学校的读书风气因此变得更浓郁。四，年年进步的成绩，逐渐消除家长的偏见，转而获得他们的信任。不少家长后来不但争相送子女去特选中学读书，自己也积极参加学校的各种活动。

吴作栋说，从9所特选中学能在全国十大占其六，与顶尖英校平分秋色，可见华校传统精神，应该加以保存、鼓励和发扬。特选中学的成绩，也显示双语教育行得通，应该加以推广，并落实到其他中学去。配合《王鼎昌报告书》，1995年起，我们让非特选中学开办双语第一语文的特别源流，让更多学生修读高级华文。

把华校跟颠覆活动分开

新加坡的华校从被人利用，通过罢课、罢考及在校园集会等行动，来对付殖民地政府及过后的民选政府，到接受政府特别辅助，发展成为新加坡的顶尖名校，走过了一条艰辛坎坷的路。

新加坡最早的华校是一所私塾——创建于1854年的萃英书院。1898年中国戊戌变法后，兴办学堂、启发民智的风气传到新加坡，民间创设了养正、崇正、端蒙、应新、道南、启发等几所学堂。后来这几所学堂改为学校，接着育英、爱同、广福、中华、南洋、南华、崇福等小学程度的学校陆续开办。1919年开学的华侨中学是新加坡第一所华文中学。

新加坡的华校，一般都由民间团体如宗乡会馆或教会开办和管理，1957年后才获得政府津贴。在高峰期，新加坡曾有283所华校。政府华文学校是在反英国殖民地的声浪中，在社会动荡的50年代中期才陆续创建的。

1954年5月，镇暴部队强行驱散为反对国民服役法令、在总督府附近集合的900名华校生，引发暴动。1955年5月福利巴士公司工潮，2000名华校中学生去车厂增援工友和警方发生混战，政府强行关闭华侨中学、中正中学总校和中正中学分校三所华校后，首席部长马绍尔随即召开了“立法议院各党派华文教育委员会”研究华文教育，建议平等对待四种语文源流教育，尊重及扶持各族文化，这才使政府兴起开办华校，同时收容被停课学生的念头。

1956年1月政府开办第一所名为“新加坡政府华文中学”的华文中学，之后再定名为立化政府华文中学。之后德明政府华文中学、华义政府华文中学和黄埔政府华文中学陆续开办。1959年人民行动党执政，华校生人数只有6500人，到了1965年新加坡独立，华校生人数已经达到3万5000人。这就是说，在人民行动党主政后，政府华文学校的学生名额在六年内增加了四倍多。鼎盛时期，政府华文学校有60所，其中28所中学，32所小学。

我对华校教育，一向抱有好感，否则不会把自己三个孩子都送去华校。我认为殖民地时代，英国人设立英校，是有深谋远虑的考量。殖民地政府需要的只是书记文员、仓库管理员、教员和少数医生，都是非政治性的助手，他们所受的教育，只限于充当下级职员。可以这么说，早期受英文教育的教师是被故意解除了政治意识，英校教育是削弱了群体认同的意识以及民族自卫求存的感应能力。

相反地，华校教师则是1911年推翻清朝的辛亥革命的产物。新加坡早期华校教师连同课本都是20世纪20年代从中国输入。华校教师是一个被践踏的民族决心摆脱落后所掀起的救亡运动的重要分子，华校课本讲述各种故事以激起爱国心，恢复自信心，并激发民族自尊，以便能赶上西方。他们组织的各种团体活动，从合唱团到集体游戏，都为了培养孩子以群体的成就为自豪的精神。因为殖民地政府很少照顾他们的福利，华校教师指导学生为了集体的生存，大家必须互相帮助，并且有共同效忠的对象。

正因为这样，在40、50及60年代政治不稳定的情况下，新加坡每一所华校都有积极分子。他们以华族文化和文明作掩护，进行煽动及颠覆活动，把华文教育、语言、文化及文明等问题，同他们颠覆的目的结合在一起。有些学校，连校长都同情他们，这是很可怕的。幸好当年政治活动没有取得成功，否则今天新加坡的面貌会完全不同。

我一向认为华校生具备的优秀素质同当时华校生的政治倾向无关，因为这些优良素质是源于华校的传统和校风。华校生坚忍不拔和刻苦耐劳的素质，为60年代和70年代的新加坡社会带来了一定程度的稳定。如果当时我们社会的人民是易变的，政府是难以实行不受欢迎、却对国家长远有利的政策的。

人民行动党于1959年执政后，花了很长时间，来防止有人利用华文教育问题来达到颠覆的目的。当时我们面对的难题是怎样使华校的课程更符合新加坡的发展要求，怎样把华文教育问题同颠覆活动分开，因为只有这样，华校才能在新加坡的发展中继续发挥作用，并生存下去。

要一个原本用华语的学校，完全变成用英语作为媒介语，而把华文降为第二语文是相当困难的，很多人从心底里反对。但是自新加坡华人银行内部的簿记员都改用英文书写的那天开始，在新加坡学校教导英文就成为每所学校最先要做的事，这是任何一所华校都必须接受的事实。改革华校是一个漫长与艰巨的过程，这个问题一直到1978年我们成功把南大和新大合并成联合校园才算是初露曙光。

这一年，我也考虑废除从60年代实行的大学入学准证措施。因为，涉及颠覆活动的中学生已经减少到微不足道的程度，仅有的几个反动分子也不再是聪明的学生，在学校里煽动并且为革命招兵买马所造成的动荡时代已经过去。我对南洋大学政治活动的减少感到快慰，那是具有不同历史的另一种学生政治活动，当时他们是很认真从事的。因此，60年代我们通过颁发大学入学准证来阻止某些华文中学里面某些组织进入大学的任务已经完成。

1977年我在新加坡大学演讲，甚至鼓励大学生积极参加政治活动，我只建议他们最好避免同工人和职工工会发生牵连，把大学校园外的煽动、纠察、罢工和示威让给真正在搞政治的成年人去进行。

9所特选中学具有优良传统

对华校来说，校长个人的教育哲学和理念，对学校的发展影响最大。幸运的是，获选成为特选中学的九所优秀华校，在早年创校奠基时期，都有饱读诗书，接受过中国或西洋优秀高等教育的教育家掌校。他们都具备了令人钦佩的人格素养，有着深厚的文化底蕴，并且长时间执掌校政，为学校树立了良好而又独特的校风，奠定了扎实的文化基础。

九校的校训，都凸显校方重视修身，致力培养学生具备文化价值观的期许。前面我提到南洋女中的"勤慎端朴"，还有华侨中学的"自强不息"、公教中学的"亲爱忠诚"、中正中学的"好学力行"、德明政府中学的"诚信勇忠"、圣尼各拉女校的"坚义纯德"、立化中学的"立德立功，化愚化顽"、海星中学的"勤勉忠勇"和圣公会中学的"圣洁公义"等等，都着重建立学生的良好品德。

南洋女中是由中国革命家孙中山于1910年倡导，1917年由孙中山的本地同仁陈楚楠发起创办的女校。后来这所学校的幼稚园和小学也收男生。

我为家里三个孩子选读南洋学校，其中一个重要原因是尊敬曾为南洋掌校40年的刘韵仙校长。刘校长是一位伟大的教育家，从1927年到1966年，她带领南洋中学、小学和幼稚园成长。

刘韵仙在中国燕京大学毕业后，曾横渡太平洋，到古巴担任当地《民生报》记者和编辑。一年后离开古巴，经欧洲到缅甸仰光，担任《晨报》总编辑。1927年，她游历欧洲回中国的途中，途经新加坡，受南洋学校董事主席李振殿之邀，留下出任当时只有小学的南洋学校校长。后来，她为南洋开办从幼稚园、小学、中学至高中的全面教育，是一位见过大世面的教育家。

1940年，她在40岁生日那天对南洋全体师生说："我人生的首20年为自己而活；第二个20年，一半为己，一半为人；从现在开始，我将完全为他人而活。"她的这种精神非常可贵。

2009年11月中国国家主席胡锦涛到新加坡访问，选择去南洋女中了解她们的双语教育。那天，他和将到英国、美国以及马六甲进行浸濡学习的南中学生交谈，又和在上海复旦附中浸濡的南中学生进行远程视频交流，之后再参观南洋校史馆。教育部兼国家发展部高级政务部长傅海燕在场接待胡主席，傅海燕是刘韵仙校长的孙女，也是南中校友。

我的两个儿子，显龙和显扬在南洋学校完成幼稚园和小学教育，后转到公教中学继续学习。在南洋小学和公教中学接受华文教育后，显龙和显扬身上已经有了抵御西方颓废之风的力量。

70年代，在每个人都长发披肩的英国大学要剪短头发，是需要莫大勇气的。显龙1971年去英国读书，我等着看事情会怎样发生。之前，我并没有跟他谈过。我等了六个月、一年，看到他寄回来的照片，还是一头短发，这是十分不寻常的。在剑桥大学大约一万名学生当中，他可能是仅有的一个短发生。五年后，他弟弟显扬也是一头短头发去。一年后，他寄回来的照片，还是一头短发。

为什么他们有这个“不从众，不受大环境左右”的勇气呢？这是因为他们有了一整套的价值观念体系。他们深信：“我就是我。我是来学你们的科学，学你们的工艺，学你们怎样进入工业化时代的。我并不是来学留长头发，学穿肮脏的牛仔裤，学赤着脚走路，还有学穿那些印有古古怪怪口号的汗衫的。这些东西跟你们在太空上的成就是毫无关联的。”我的儿子能做到这一点，是因为他们具有两个价值观念体系，还有那道德精神的调节器，那是他们在华校承接好的。

公教中学成立于1937年。创办人是法国天主教会神父劳爱华，他在建校之初，就高瞻远瞩地看到新加坡社会发展的未来需求，为这所华文学校设下中英文并重的办学宗旨。他说：“公教中学好像双轨火车，中英并重，脱然无累，直向它的目的地驶去，谁跟它走的，真是幸福，必能获得健全的教育。”

英殖民地时代，受政府支持的英校，根本不重视华文；而华人社团创办的华校，也排斥英文，劳神父能在那样的时势下，决定中英文并重，培养双语人才，这个办学方针，是具备了智慧过人的远见。公教中学首任校长姚国华是中国北京大学毕业生，出掌公教15年，为公教奠定坚实基础。

姚国华校长曾提及劳神父和李斯德望神父一次让他无法忘怀的对话。这位李神父有一天来探望劳神父，问他说：“你办华文中学有什么用？毕业生连做政府部门一名书记也不行。”劳神父说：“我们办华英混合中学，目的是使学生明白做人的道理。”姚国华认为这句话“切实有至理”，值得深思。

他说：“使学生人人善用理智，求明理，在校做好学生，在家做好子弟，长大做国家的好公民，就是劳神父所说‘使学生明白做人的道理’的意思。”公教中学就在两位具前瞻性办学理想的领导人带领下，以中英并重的课程，走上最宽坦的大道，成为新加坡最有名气的中学之一。

1957年，我在合乐路华民政务司署，同一名负责华人事务的英国官员会谈。这个英国官员在厦门受训，对华人社会情况相当了解。他告诉我，华侨中学在东南亚华人心目中的地位，就好像英国最著名的伊顿公学在英国人心目中那样重要。

于1919年3月21日创建的华侨中学，是新加坡第一所华文中学。它是陈嘉庚率领16所小学董事长协力创办的。他们都是侨领，财雄势大，所以，华中的第一任校长涂开舆是委托上海江苏教育协会会长黄炎培代聘的，教师则由校长在中国聘请南来，不少都是名师。

新加坡先驱画家刘抗1925年曾在华侨中学读书。他说，当时华中的校长鲁士毅是北京大学理学士，经常在物理室做实验。刘抗的两位科学老师也都是北京大学出身。1937年中日战争全面爆发，刘抗从中国回到新加坡华中母校任教。当时在华中担任美术教师的还有陈文希、陈人浩、陈宗瑞、钟泗滨，都是技艺高超的大师级美术教师，这在新加坡中学校史上，可谓极一时之盛！

中国知名作家老舍1924年到英国伦敦大学东方学院教中文，1929年回中国途中，在新加坡逗留五个月，也在华侨中学教书。而在华中任校长接近20年的郑安仑则是中国清华大学毕业生，在他掌校期间，1959年华中学生曾以自制的两磅重的火箭，升空1000多英尺，来纪念母校建校40周年。

由于华中是新加坡华文中学的老大，学生组织力强，校园宽大，从1925年还未搬入武吉知马校园开始，它便是学潮与学生运动的中心。1925年的学潮、1950年的“五卅一事件”、1951年的初中罢考事件、1954年的“五一三事件”、1955年的“福利工潮事件”、1956年的“中学联事件”、1961年的“中四罢考事件”等，华中学生都被卷在中心。

然而，正是政府花了很多年时间，防止有人利用华文教育问题来进行颠覆活动，说服了家长把教育问题跟政治及颠覆活动分开，华侨中学才得以凭“特选中学”的身份和其他华校被保存下来。

1994年3月21日，我到华侨中学去为他们主持新校舍揭幕仪式，我在演讲里说，华中是新加坡老一辈华人移民决心为子女提供教育的象征，它在新加坡的历史上永远占有一个特别位置。

华中今天的成功，和他们能适应这几十年新加坡经济所经历的种种变化，能接受以英语作为教学的主要媒介语，并以最好的学习环境来教育青年人，应付21世纪的工作需求有关。否则华中今天不可能继续成为新加坡最优秀的学校之一，也不可能保存它灌输华族价值观与文化、使华文继续生存下去的能力。

1939年开办的中正中学，它的校长庄竹林博士，抱着“有教无类，所过者化”的精神，要把中正发展成为一所“万人中学”。1938年他辞去中国中山大学教授之职，到新加坡出任中正中学校长一职时，罗致了18位毕业于中国、美国、日本、法国等著名大学的专才。他自己是美国密歇根大学政治学博士，随他前来的刘强博士是美国爱阿亚大学哲学博士，刘望苏是美国密歇根大学经济学博士。1945年战后复课，庄竹林打破华校“中学单性”传统，中正中学成为新加坡第一所兼收男女生的华文中学。

至于经庄竹林“四顾茅庐”，继任中正中学校长的邱新民，则是中国清华大学地质系毕业生。这位邱校长，曾经以最短时间，向我展示了他的工作魄力。

1968年2月6日，我到中正中学参观。他们花了165万元兴建、有2400个座位的大礼堂即将竣工，却连一个像样的草场也没有。当时我对邱校长批评中正设备不及格。没想到他竟然能赶在我6月再度到中正主持大礼堂落成典礼前，以不到五个月时间，砍去中正湖边105棵树，以2000车泥土和从树胶园锄起的草皮，铺出一片绿意葱葱的大草场来。

海星中学创校校长孙光汉修士，也是一位奇人。这位中国北京天主教辅仁大学毕业生，凭着一腔热血和热心教育的赤诚，在既没钱，又没地，也没有校舍，东借西凑，借用过六所学校上课，寄人篱下长达八年的情况下办学，展现了惊人的意志力。

为了找地建校舍，从1957年到1964年，孙光汉在新加坡看了61块地段。很多地段是在交涉几乎成功之际，却功败垂成。有一次他还单枪匹马，在完全没有预约的情况下，跑到政府大厦的总理办公室来找我，要求我协助他处理有关校地的事。他运气好，等着了我，我给他帮了忙。

海星师生就是在种种不便、种种麻烦的磨练下，从一无所有培养了艰苦奋斗、勇往直前、克服重重困难的意志力。

圣尼各拉女校是另一所由天主教会于1933年创办的学校。原称“维多利亚女校”，首任校长是法国籍修女。1945年日军投降，各校复课后，接任的李芳济校长把校名改为“圣尼各拉女校”。

李芳济修女自1933年开校就在校任教，1940年出任校长。她精通中英文，通晓法文、日文和马来文。在她掌校的31年期间，圣尼各拉女校推行两种语文教育并偏重科学工艺。1969年起，小学部的科学与数学均采用英文课本。是一所既注重发扬东方优良传统，也兼顾传授西方科技知识，采用中英文并重教学方针的女校。

圣公会中学是基督教会办的华校，1956年1月，向圣安德烈英校借了几间课室，下午就开始上课。早期它的学生多来自樟宜郊区一带中下阶级，遇上雨天，很多学生手提着白鞋来上学。

他们第二任校长陈德能，于1959年12月出任直到1976年退休，为学校树立了庄严校风，他对学生的严格管教是出名的。上任后的1960年，他决定兼收女生，打破了教会学校男女分校的保守传统，在此之前，圣公会中学只收男生。

该校早在1972年就实行单班制也是这位校长超前的识见。当时圣公会中学四周都是偏僻的乡村，学生人数不多，陈校长预见单班制能带给学校和学生更大的益处和归属感，于是就大胆实行单班上课制，这显示他是一位有远见的教育家。

除了民办华校，立化中学和德明政府中学两所优秀政府华文中学也入选为特选中学。

立化中学创立于1956年1月16日，当时命名为“新加坡政府华文中学”，是新加坡开埠136年来，政府开办的第一所华文中学。当年开办这所华文中学，与1955年5月12日华校生参与福利巴士车厂暴动，之后华侨中学、中正总校、中正分校被令停课，政府必须安置停课学生有关。

1956年1月开办时，校址设在成保路一所小学，校长孙一尘博士是在开学那天才临时受命，匆匆上阵掌校。当时学校的规模不大，只有119名中一学生。同年5月，学校搬到女皇镇史达摩路新校舍，易名为“女皇镇政府华文中学”。1958年10月31日，新校舍在里峇峇利路（River Valley Road）落成，迁入上课，才以路名译音正式定名为“立化政府华文中学”。以“立化”为名，蕴含着“立德立功，化愚化顽”的教育使命与意义。

首任校长孙一尘曾经撰文说，作为第一所政府华文中学，在那个时代的特殊情势，并没有受到家长信任和好感，招生很困难。直到1960年，录取了已经关门的“黄昏中学”约500名学生，立化的班数及学生人数才大为增加。

同样为了收容因为学潮、学校遭停课的学生而开设的德明政府中学也是以所在的德明路（Dunman Road）的译音命名。它于1956年10月开校。第二任校长是书画家陈人浩，他在掌校短短11年里为德明奠下了深厚的中华文化根基。

陈人浩出身中国福州官宦世家，饱读诗书又工书善画。他在上海美术学院学习西洋画和水墨画，之后又到巴黎美术研究院专攻油画五年。巴黎学成，回上海美术学院担任西洋画教授。他是因1937年中国战乱，才南来新马。出任德明政府中学校长之前，是马来西亚麻坡中化中学校长。

我的儿子显龙于2006年10月14日，以总理身份受邀出席德明政府中学建校50周年晚宴时，特别赞扬了已故的陈人浩校长。

显龙说：“德明政府中学创办于1956年，那是新加坡历史的关键时刻。当时，新加坡还未独立，社会动荡不安。某些人十分活跃，他们制造各种事端，策谋暴动事件，并渗透多所华文中学，组织罢课和示威活动，使学校无法正常运作。当时的政府于是决定开办几所政府华文中学，以容纳受影响的华校生，德明便是其中一所。开始时，德明只有100名学生和10位教师，还得借用一所小学作为临时校舍。幸运的是，有一批优秀和富有献身精神的教育工作者负起建校的工作，特别是德高望重的第二任校长陈人浩。在他们的领导下，加上历届师生的努力，德明迅速建立了扎实的学习风气以及良好的校誉，进而成为新加坡一所杰出的学府。”

1979年出掌九所特选中学的校长中，海星中学校长孙光汉是唯一一位创校校长。华侨中学杜辉生、南洋女中蔡亮、圣尼各拉女校李宝丝、德明政府中学林乃燕、立化中学梁环清、圣公会中学邓佩茹、公教中学叶昆灿、中正中学（总校）吴绍洲等都是南洋大学毕业生。他们凭着坚忍不拔的意志力和毅力，克服种种困难，把原是风雨飘摇的传统华校脱胎换骨，走上了特选中学双语兼优的坦途。

杜辉生1979年出任华中校长，在出掌华中的21年里，他把华中的学业水平从谷底带到能与莱佛士书院平起平坐的高度。华中从前虽然曾经辉煌一时，但整个70年代，华中的会考成绩很差，据杜辉生说，是排在特选九校最末一两名。幸好1983年九校联合公布第一届特别源流毕业生成绩，这样使华中蹩劣的成绩还不太显眼。那时九校成绩，圣尼各拉、德明和立化最好，后来华中才慢慢赶上。他一直坚持华中学生必修高级华文，努力争取恢复华中成为新加坡的华文堡垒。

李宝丝1972年到校，出掌圣尼各拉女校29年。在她领导下，圣尼各拉女校毕业生能同时掌握双语，不少在政府和民间企业身居要职，成为国家栋梁。李宝丝通过学校活动、校园环境、课程内容和课堂学习，不断灌输东方传统的价值观，保留传统华校的精神。她说，常有家长去谢她为家里培养了孝顺的女儿，有社会人士去谢她为他们培养了肯侍奉公婆的媳妇，她认为这是从小播在学生心田里的东方价值观，生根、发芽、滋长的成果。

林乃燕1978年出掌德明政府中学，前后16年。他说，1982年德明第一届特别源流毕业生的英文及格率只有60%。他当时向全校师生定下在三四年内英文及格率要达到90%的目标，不少人认为他的目标是梦想，只有奇迹出现，才能实现。然而在上下一心的努力下，这个目标很快在1986年实现。1989年，德明英文及格率已达到100%。

我们可从对特选中学第一届学生黄明德的访问，了解到当时华校优秀生的英文有多差。从事辅导工作的黄明德是圣公会中学学生。他说：“记得中一第一堂科学课，班上全是小六会考成绩前8%的同学。科学老师随手点到其中一名男同学，要他念出课本里的一段文字。男同学站起来，只会读‘a’和‘the’，所有其他的单词都得请教身旁的同学。”

由此可见，九校的英文水平后来能达到与英校“媲美”的程度，而且成为全国名校，被家长追捧，是真的发挥了传统华校坚忍不拔、自强不息的精神，这样才能完成使命。

抗拒成为伪西方社会

我一直担心新加坡人接受了以英文为主流的教育后，会成为“伪西方人”，误以为英文至上，一切与英文俱来的东西都是优越的，包括西方的一切典章制度、伦理道德、风俗习惯，然后在不知不觉中形成崇洋媚外的心态，完全忘记了学英文的原来目的，也忘记了学华文的目的，甚至觉得华文没用，没有学习的价值。

我非常担心老一代挣扎求存，艰苦奋斗建立起来的新加坡，会毁在好逸恶劳的年轻人手上。我忧虑他们认为新加坡一切成就都是理所当然，自然而然，从而步上西方社会讲求舒适享乐，一切要求政府照顾的后尘。这是我最忧虑的。

记得我在初任总理迁入官邸时，一天带着孩子到那儿玩耍。孩子的皮球滚下坡，服务人员跑了数十公尺去捡球。这让我和妻子突然意识到如果在那里住上五年，孩子会把如此舒适的生活当成理所当然，这是我们不愿意看到的。我们后来决定住在自己的旧家。

新加坡华人社会和中国大陆及中国香港、台湾地区虽然有着相似的文化、生活态度、价值观以及很稳固的家庭结构，但是，我们教英文、用英文的范围很广，学生从小学一年级就接触英文。新加坡人能够不经翻译就接触美国的书籍、传媒和歌曲，年轻一代百分之百都懂英文。美国那套模式很快改变新加坡社会的性质，使新加坡人变得更倾向个人主义，也削弱了新加坡人把团体利益置于个人利益之上的共识。从前多数新加坡人接受华校教育，“大我”比“小我”来得重要，进入80年代，我们进入国民型教育，全国是英校，在英校教育下，学生受到个人主义的广泛影响，这是很危险的。

1979年1月24日，我召开了一个集中了24所华文中学和99所英文中学校长、副校长和高级教师的会议，谈华校生到英校上课的问题。为什么会召开这个会议呢？是因为我较早前曾到联合校园和新大、南大生讲话。事后，我觉得非常担心。因为我发现大多数的怨言并不是来自那些有问题的华文源流学生，而是来自英文源流的学生。

他们对我诉苦说学习的进度，因为英文不行的华文源流学生的加入而缓慢下来。讲堂上的授课和导师的指导进展缓慢，这是由于华文源流的同学不明白很简单的字眼和词汇，结果授课必须中断，以便让他们发问。

他们的投诉使我很担心，因为它显示随着英文而来的是美国和西方个人主义的思想。我这么想：假设有一天，英文源流的学生必须进入华文大学，或中国的跨国公司，假定中国是工业和工艺资本和知识的主要输出国，那情况可能就会大不相同了。如果到那一天，华文源流的学生仍然保留强烈的互助精神，我相信华文源流的学生会尽他们的力量帮助英文源流的同学克服困难，而不至于会因为学习进度缓慢下来而对他们有所抱怨。华校生和英校生待人处事的态度就是这样不同。

进入80年代，我发现我们的新镇有了老人院，这使我震惊不已！这绝不是让人感到自豪的事，是不应该受到鼓励的。奉养父母难道不是为人子女应尽的义务吗？三代同堂分裂成两代小家庭的数目越来越多。年轻人不管是否真有居住空间的需要，都认同结了婚就必须有自己的组屋，彻底奉行“一个老婆、两个孩子、三个房间”，而把老人留在旧组屋里孤零零自己生活的生活哲学，这个趋势必须扭转。

我们为了谋生而采用英文，也面对着被一种完全不同的生活哲学所吸收或渗透的极大危险。新加坡新一代人的思想将决定新加坡是继续像过去那样充满活力地去战斗，取得繁荣，还是步西方国家后尘，安逸放纵，失去目标，过着再也看不到奋斗意义的生活。这场可怕的东西文化拉锯战，我们一定要打赢，否则新加坡可能变成另一种民族。身为东方亚洲人，怎样对东西方文化来一番去芜存菁就显得越发重要。

例如，我们必须强调五伦——君臣有义、父子有爱、夫妇有别、兄弟有序、朋友有信——的东方价值观。但是，我们也必须给予这些价值观一种现代化的表达方式，不容许这些关系沦为裙带风或偏袒行为，以致破坏我们任人唯贤、唯才是用的制度。我们尝试维护大多数的儒家传统价值观，但同时做出一些修改，例如不重男轻女，以适应今日工业社会的需求。

西方文化固然有它的好处。如果没有学到西方的科学与技术，以及他们用理性的态度来解决问题的文化习惯，我们的经济和社会还会很落后。不过，我们不需要盲目地拥抱西方的一切。

新加坡的历史不是在一百多年前，华人祖先初到新加坡才开始，而是早在五千多年前中国文明创始时就开始。中华历史是我们的一部分，我们继承了这个传统和文化。

所以，尽管到了80年代，新加坡没有了华校，除了特选中学，全国都是英校，华文只是第二语文，我们还是可以向华族学生灌输华人的传统价值观。我担心一旦失去这种意识，我们将无法再像过去那样成功。

我开始缅怀传统华校向学生灌输忠、孝、仁、爱、礼、义、廉、耻，八种修身美德和治国之纲的教育。华校课程里的儒家思想和哲学，包含在华文、中华文学和中国历史课本里，这也是老一辈华校教师的教养、训练和思想的一部分。但是，它们已逐渐消失，我们无法走回头路，重开华校。我于是决定在中学课程加入儒家思想，重振道德教育。我们的任务是在孩子思想还未定型而且还可以熏陶时，把正确的价值观念灌输给他们。

1982年，副总理兼教育部长吴庆瑞到美国邀请对于儒家思想素有研究的熊玠、唐德刚、杜维明、余英时、许倬云、吴元黎、许烺光七位学人，把孔孟学说，撷取精髓，融进中学课程，并把它翻译成英文，用英文来传授儒家的价值观念。我认为重视以崇高品德作为个人行为准则的儒家思想，适用于急速发展中的新加坡。

但是，在学校灌输儒家思想，是一项很困难而且漫长的工作。因为这不单是教科书的事，还得靠师长的典范，家长的影响，潜移默化，就如把枝干放进水中，水分慢慢渗透到叶子一样，是一项长期和多面性的工作。

如果因为困难而不做，那么到90年代，新加坡可能变成另一个社会。到时，物质上新加坡是一片繁荣，却失去了或弱化了关键性的文化力量和家庭神圣不可侵犯的重要性，那新加坡就有大麻烦了。

增设特选小学　从小灌输传统价值观

被誉为四小龙的中国台湾地区、中国香港地区、韩国和新加坡，都拥有同样的中华文明，都深受儒家思想的影响。儒家的人生观，统治者与被统治者、父子、朋友、夫妇等伦常关系，在中国、韩国、日本以至越南都是一样的。

1986年我和教育部长陈庆炎到韩国访问。陈庆炎看到韩国人民为国家及社会发挥群体精神，相互合作苦干的情形，深深觉得我们有必要让更多年轻人以第一语文水平学习自己的母语，他明白了提高华文水平有助于传扬儒家的伦理和灌输传统价值观念。而做这个工作，最理想的时间是在小学，因为小学是塑造性格的重要时期。

我们一致认为华文课不只是让学生掌握语文能力，同时也是使学生保有母族文化传统及价值观的工具，这第二个目标显得非常重要。当时很多人说，我把华文教育用来作为阻挡西风压倒东风的“文化防腐剂”。是的，没有错，我的确用华文教育作为学习文化容忍、自尊和自我认同的重要武器，我们逐渐明白在小学以华文作为第一语文，有助于扭转华族传统文化逐渐丧失的局面，能防止新加坡变成一个伪西方社会。

1989年3月我在一次接受台湾记者的访谈时表示，如果在教育问题上时光能够回到1965年，我一定会保留华文小学，以华文为第一语文，同时增加英文第二语文的节数，并鼓励家长，尤其是讲英语家庭的家长，在小学阶段就把孩子送进华校。因为，6至12岁的小学阶段是孩子成长的最重要的时刻，性格与态度都在塑造中，是灌输华族核心价值观的最好时期。

虽然时光无法倒流，华文小学已经没有了，但是我们还是可以改善，让更多有华校传统的小学以特选小学的形式，以第一语文程度学习英文和华文。

我这样想是因为华校的教师及校长更能向学生灌输华人传统价值观，例如：谦让、守秩序、尊重长辈、礼貌、正直、具有献身精神和把社会利益置于个人利益之上等美德。这些工作以往他们都做得好，希望发展特选小学教育，将来的新加坡人能够跟过去一样，有自尊心，敢作敢为。

陈庆炎于是在1989年3月于国会提出“保留传统，从小开始”，重视培养和传承核心价值观。他宣布把教导华文及英文第一语文的特选小学，1990年起从原有的4所增至10所，它们是原有的公教中学附小、海星中学附小、南洋小学及圣尼各拉女校附小，及新加入的六所学校——爱同学校、培群学校、卍慈学校、菩提学校、南华小学及道南学校。

陈庆炎说：“这10所小学是传统华校，都是办学完善、井然有序的学校。校长受华文教育，师生的关系良好，校园内有浓郁的华族传统文化校风，它们将为学生提供一个传承华校精神和价值观的环境。这是最后一个保留华校的机会。如果我们无法成功保留这些学校，我们不会有另一个机会，因为这些学校的校长和教师的年纪已经越来越大。政府希望通过设立特选小学，实践与传递华族核心价值观，保留华校的优秀传统并为学生的华文水平打下良好基础。”

为了给学生打好华文和英文第一语文的扎实基础，这10所特选学校都在学前一年开预备班，根据学生入学时的语文掌握能力和家庭语言背景，调整华文和英文的教学时间比重。学生升上小一，小一至小三学习华文和英文第一语文，完成小三后，没有语文能力、无法掌握两种语文都是第一程度的学生才转去英文第一语文、华文第二语文源流。

特选小学非常受欢迎，1991年我们决定再增五所到15所。新增的五所学校是宏文学校、光华学校、培青学校、圣婴小学和培华学校。

在一些初院推出“华文语文特选课程”

1990年还有一项重要措施。我们在华中初级学院和淡马锡初级学院为对华文和中华文学有浓厚兴趣的学生设立了高中阶段的“华文语文特选课程”，让有语文才华的学生修读更高水平的华文。后来，这项课程再扩展到南洋初级学院（1999年）、裕廊初级学院（2006年）和德明政府中学（2008年）。

这个课程为期两年，学生除了修读华文为主修科外，还可以报考着重文学欣赏和创作的“华文特别试卷”。学生可以到海外参与华文学习的浸濡活动，参加华文创作营，出版文学刊物，出席讲座、研讨会，和名作家交流等。这个课程是要培养一批对中华文学和语文有深入认识的双语精英。

1991年2月，一份以中学生为读者对象的华文学生报《星期5周报》在我的主催下诞生。我寄望新加坡的华族学生从小培养阅读华文报的习惯，从而使华文成为新加坡华人生活中的语文。我认为只要华文能成为新加坡华人生活中的一种推动力，即使只作为第二语文，也能使新加坡的华族社会成为一个更有朝气和更有自尊的社会。另一份以小学生为读者对象的华文周刊《大拇指》则在2000年1月创刊。

后来，我们也把从1984年展开，最初只锁定在英校的高才教育，扩展到特选学校。南洋小学、道南学校、南华小学、德明政府中学、华侨中学、公教中学、南洋女中等自90年代陆续开办高才班，为的也是给新加坡的顶尖高才生接受更好的中华文化熏陶。

对特选学校的质疑

设立特选学校后，印族部长丹那巴南曾以“政府正建立一个不和非华人接触的精英阶层”来责难教育部。我说：“我从没说过要消除国家所有的差异，如果你们要读马来文特选学校或淡米尔文特选学校，教育部都可以照办。这是公平待遇，但不是说我们不能有华文特选学校。”我还说：“关闭特选学校将是一个错误，因为这是弊大于利。”

像这样的质疑，从1979年推出九所特选中学到1990年、1992年设立10至15所特选小学，到2000年多设一所特选中学，从没有间断过。在每年国会财政预算辩论中，特选学校的课题，经常被华族和非华族议员不厌其烦地提出来。

他们不停地说：“特选学校是给予传统华校特别待遇。”我也不停地说：“我准备给你们同样待遇，只是你们不要罢了，这是你们的选择。”所谓“特别辅助计划”，我们的确是给了特多支援，如给予更好的教师，更多学华文的时间，更多华文教师。这些特别支援到现在还有，我不清楚拨款的数目，但肯定是给予特多的资源。

1978年12月，新加坡马来教师公会通过《献身报》批评教育部开设启蒙班和特选中学两项措施，说是“旨在保护一种语文源流而忽视其他语文源流，未能一视同仁对待四种语文源流，对其他官方语文也未予平等对待”。该会认为政府这些“不一致”的措施，“是玷污了新加坡教育政策，新加坡维护和培育四种语文的教育政策已经变了质”。

该会说：“教育部以冷淡的态度对待马来文和淡米尔文源流学校新生锐减的窘境，直到华校也遭遇同样命运时，才如梦初醒。教育部声言，特选中学计划间接保存亚洲价值观念和文化。这个说法不能使全体新加坡人信服。我们无法看到只有九所华校才能保存亚洲价值观念和文化的逻辑。是否教育了这8%优秀生，我们就能够保证保存亚洲文化和价值观？这是否意味着我们可让其他92%的学生失去文化价值观？”

教育部随即回应说，启蒙班计划在五年内推广到全国小学，至于特选中学计划，“只要学生和家长有要求，教育部也将为最优秀的8%马来文和淡米尔文学生设立马来文特选中学和淡米尔文特选中学”。这个建议并没有被马来和印度同胞接受。

1990年1月推出10所特选小学计划后，全国还引发了一轮将近四个月的“文化大辩论”。

当时不少国会议员和公众人士表示“担心特选学校的特殊环境会造成学生日后无法了解种族和睦共处的重要性，和无法对其他种族的文化采取互相谅解的态度”。

6月，国立大学政治学系讲师胡欣博士表示“担心特选学校的学生，日后可能无法与他族沟通”。静山集选区国会议员詹达斯则吁请政府“检讨特选学校的政策，因为从长远来看，这个政策，可能会出问题”。连华族议员陈清木也说：“我国小学目前以英文为第一语文、华文为第二语文的政策，面临改变。政府有必要谨慎研究这个改变会对人民和社会产生的冲击。我们应把学校视作学习技术和知识的场所，而不是学习亚洲人传统价值观念的场所。”

对教育部早于1979年表示在有需求的情况下，为马来与印度学生开办马来文及淡米尔文特选学校的建议，詹达斯却认为，“这完全没有必要”。他说，教育部该做的，是提供一个让各族优秀学生一同学习的环境。他认为，特选学校制度和学校在执行政策时所产生的偏差，是种族隔离的两个主要原因。

九所特选中学校长因此曾就特选中学的运作方式是否会造成学生生活在多元种族社会中，却缺乏对各种族的价值观、文化和敏感性的了解和意识，以及是否有必要修改特选中学目前的运作方式的问题，在报章刊登致教育部长的联合声明。

校长们表示特选中学学生除了华文，也能掌握流利的英文，这使他们能轻易地与其他学校的学生交流。在特选学校的活动项目中，有许多教导学生生活在多元种族社会，各种族之间必须和谐与容忍共存这一道理的机会。国家重大节日庆祝会、艺术品展览和三大种族风俗与宗教讲座等活动，在特选学校都备受重视。

教育部长陈庆炎在这一年7月国会的部长声明中说，特选学校的运作方式，并不会使学生在和其他种族相处时，产生隔离感或不了解种族和谐的重要性，因此教育部不准备改变九所特选中学的运作方式。

他说："设立特选中学的目的虽在于保存华校的传统与价值观，但特选学校和传统华校很不同。特选中学学生必须同时学习华文和英文，他们的英文很流畅，这使他们和其他学校其他种族学生接触，完全没有沟通上的困难。其次，特选中学大部分学生毕业后都会升上初级学院。他们在初院和其他非特选中学的同学相处，并没有沟通上的难题。"

对于"特选学校享有特别资助，只有华族学生才能享用，对其他种族学生不公平"的说法，陈庆炎指出，新加坡的教育制度对各种族学生一视同仁，这个立场是非常明确的。学生愿意修读马来文或淡米尔文第一语文，可以到语言中心修读，如果有需要设立马来文或淡米尔文特选学校，以第一语文水平教导英文和马来文，或英文和淡米尔文，教育部都乐意支持。

回应教育部再度提出开办马来文或淡米尔文特选学校，淡滨尼集选区议员雅迪曼表示："特选中学是为了保存华族传统而设立，马来社会并没有面临传统价值观被腐蚀的问题。马来学生的问题在于提高数学和英文水平，而不是马来文水平。成立马来文特选中学，反而对提高马来学生数学与英文水平产生不利影响。"

雅迪曼的说法是马来社群领导人的共识

曾任环境发展部高级政务部长的施迪解释马来社团无法接受这个建议的原因也说："设立政府辅助伊斯兰教学校的建议虽然广受伊斯兰教社群欢迎，但这解决不了伊斯兰教学校的英文和数理科教学水平较低的问题。我以多年教书的经验了解这个建议是行不通的，伊斯兰教学校因为师资问题，造成英文和数理科的教学水平欠佳。要让马来学生把英文和数理掌握好，最好是在国家体系学校受教育。"

他举从前本地一所淡米尔文伊斯兰教学校为例说，它就是因为印度裔伊斯兰教徒不愿到那里就读，而以关闭收场。

1999年1月，《李显龙报告书》提出华文教学新政策，宣布培养华文精英计划，把南华中学列为第十所特选中学，并且把可以进入特选中学选修高级华文的小六会考生的比率，从最优秀的10%增至30%。这一来又引起异族同胞的议论纷纷。

三巴旺集选区议员尚穆根在当年国会辩论财政预算时表示："政府在发展文化精英时，虽然也鼓励少数种族培养自己的文化精英，但是因为印族的人口少，实际做到培养各族文化精英是不可能的事，因此，到头来大家真正谈到的只是发展华文精英。这个政策虽然并不改变新加坡作为多元种族的原则，但是实际的情况是，长此发展，社会上的精英将会沿着种族路线发展。而这可能导致以后领导新加坡的华人，对少数种族的感受更难有共鸣。"他同时也"担心特选中学制度使华人人口中成绩最好的30%的学生，在经过四年的传统华校经验后，与其他少数族群之间产生隔阂"。

当时的副总理李显龙在国会回答尚穆根的提问，强调新加坡在建立具有新加坡特色的文化的同时，也有必要保留各种族的文化优点和传统。

他说："我们的社会不是一个日益分化的社会。相反地，我们的社会是一个越来越团结的社会。但在这团结中，我们也要保留各族的特色。我们建国之初就不是一个单一种族的社会，现在也不是。多元化的现象也许是新加坡的问题，却同时也是一股力量的源头，是国家生存的重要因素之一。若要完全单一化，将使国家变得更脆弱。因此我们要做的是，保留这些不同种族和文化传统的特色，同时建立国人对新加坡的认同感。"

谈到特选学校学生，李显龙说："在小六会考表现最好、有资格进入特选中学的首30%学生当中，只有三成到特选中学就读，公共服务委员会奖学金得主也有三分之二来自非特选中学。由此可见，许多顶尖的非特选中学是同时拥有优秀的华族和非华族学生的。有才华的新加坡华人，多数人是到非特选中学就读。这使特选中学的学生不可能组成一个以种族为基础的精英群体，而把其他新加坡人排挤出去。"

他劝请非华族同胞不必担心政府的华文精英政策，他说："所谓华文文化精英，是指一群对中华文化有深刻了解，能够成为作家、艺术家、社团社区领袖、教育工作者或新闻工作者的人。他们不仅能欣赏文化，还能将它发扬并传承给下一代 。政府永远不会让‘受华文教育的新加坡人，占据社会最重要位置’的事情发生。人才和种族和谐对国家非常重要，我们没有条件背离任人唯贤、唯才是用的原则。我们的工作是让能干的人来竞争，而一个人的事业能够取得多大进展是取决于他的能力和贡献，而不是他的种族、语言或信仰。”

异族同胞对特选学校一方面虽然很有意见，一方面却很想让自己的孩子进去读书。我们决定让非华族的学生进特选学校，却很清楚地告诉他们，要进特选学校不只要掌握华文，还要能接受特选学校的校风、传统和文化。特选学校录取异族学生不是要他们来改变学校的传统、校风，而是给他们浸濡在一个华族环境里的机会，这是特选学校为什么和一般学校不同之原因。异族学生不能期望在特选学校就读几年后，完全不受学校的校风和价值观影响。

至于培养“华文精英”的问题，我认为人们其实无需对政府不满。因为现在的华文精英和50年代的华文精英实在有极大的差别。在50年代，新加坡有超过一半的学生在华校以华文上课，后来一些升上华文大学，他们接受的是完整的华文教育，与以英文为教学媒介语的特选学校的学生大不相同。新加坡再也不可能培养出像20世纪50年代那样的华文精英，政府也不可能再复办过去的华校，因为家长不会再让孩子接受12年的华文教育了。他们知道在今天的新加坡，这么做将使孩子处于不利之境。政府现在要培养的新一代华文精英基本上是受英文教育，却对华文和华族文化有深一层了解的人。

一位署名依斯迈卡辛的读者于该年4月2日投书《海峡时报》说，他对特选学校存在的逻辑以及政府领导人就这个问题的解说感到难以信服。他认为，新加坡的少数族群和许多华人都觉得特选学校的存在使得社会失去凝聚力，这是无法弥补的，而华人族群当中的华文精英与新加坡精英可能会出现意见分歧现象是最大问题。

我的新闻秘书杨云英在《海峡时报》上回复这名读者时说："新加坡政府从来没有根据一个种族、一种语言、一种文化和一种宗教来建立单一的社会；相反地，政府主张的是多元种族、多元语言、多元文化和多元宗教的新加坡。这是因为政府认识到新加坡的每个社群都想保留他们一些固有的特性。因此，我们的种族和谐政策，是'求同存异'，是基于接受各族之间的差异以及扩大彼此的共同点而加以制定的。

"1999年新加坡有152所中学，特选学校只有9所，而英语是学校传授知识的主要媒介语。许多华族家长希望孩子到特选学校去尽量学习儒家的价值观。废除特选学校，不会因此使国家更加团结，或使社会更有凝聚力。新加坡的马来社群也有专门教导阿拉伯文、伊斯兰教教义和文化的宗教学校，它让马来与伊斯兰教社群保有自己的特色和独立性。这名读者并没有建议也废除这些宗教学校以便使新加坡社会更有凝聚力。"

这一年5月，我在国会辩论《新加坡21》报告书的时候说，每一个种族都希望保留自己的特质，作为多元种族的新加坡，因此不可能变成一个单一民族社会。我们要以彼此宽容、忍让、求同存异的精神来建设多元种族、多元语言、多元宗教以及多元文化的社会。在这个过程中，我们要承认各族群之间存在差异，同时鼓励他们通过接触和交流建立理解和互信，这才是新加坡实现民族国家目标所选择的道路。

2006年6月教育部长尚达曼在一次教育研讨会上说："我国的特选学校，比一般学校更主动做促进种族和谐的工作，与非特选学校有更多来往。我们希望特选学校就是特选学校，有它跟一般学校不同的特色。"尚达曼是印族同胞，他的三个儿子一个女儿在南洋小学毕业后，都到华侨中学和南洋女中继续学习。这三所学校都是特选学校。

特选学校的挑战

我是莱佛士书院校友，1997年10月我出席莱佛士校友会晚宴时作了演讲，在演讲中我解释了我作为校友却没有把儿子送回母校读书的原因。

我说："莱佛士书院在60年代还是纯英校，不可能让我的孩子掌握好华文。我们家是讲英语的家庭，所以得把孩子送到华校去，那里不只有说华语的环境，而且纪律严明，讲究礼貌谦逊，重视塑造品德。华校教育体系使我的子女受益良深。莱佛士书院必须加强华文、马来文、淡米尔文等第二语文的教学实力，创造有利的语言环境和氛围，鼓励学生使用母语。要推动课外活动，使学生在课余时间，自然使用母语交谈。哪一天莱佛士书院能做到这一点，我会鼓励两个儿子把我的孙子送到母校念书。"

事实上，自90年代，无论莱佛士书院或莱佛士女校都加强华文，开办了华文和英文为第一语文的特别源流，我的孙女（修齐）和孙子（绳武、韶武）在莱佛士女中和莱佛士书院接受教育。很可惜，我的七个孙辈没有一人在特选中学读书。他们会说华语，在家却不愿意说华语。孙女修齐在华中初级学院读高中，她能说华语。可惜，高中毕业后，她的同伴都说英语，她已经很少说华语了。我想，如果最终莱佛士书院、莱佛士女校、美以美女校都在假期里把学生送去中国浸濡，那么将逐渐拉近它们和特选学校的距离。我们是一个小国家、小社会，大家是互相影响的。

我的朋友告诉我，有英校传统的圣若瑟书院、英华中学、莱佛士书院、莱佛士女中的学生与公教中学、华侨中学或南洋女中等特选中学的学生现在在社交场合或工作场所，已经越来越难分辨出来，他们的差别是越来越小、越来越少，而不是越来越大，越来越多。在报业控股工作的朋友告诉我，《海峡时报》和《联合早报》20多岁的记者，就没有什么差别。即使在《海峡时报》，来自传统英校与特选中学的记者，也没有两样。因为名牌英校现在也加强华文教学，送学生到中国浸濡，他们正试图迎头赶上。

特选学校不再"特"？

2000年华中初级学院华文语文特选课程负责老师余平光就对记者说，有越来越多传统英校生进华中初级学院，选读高深的华文语文特选课程。这个课程在1990年开办之初，学生全来自传统华校的特选中学，只偶尔出现一两名英校生。这现象后来有了很大改变。以1999年华初报读这个课程的55名学生来说，单是传统英校莱佛士女中的学生就占了五分之一。再加上其他传统英校如新加坡女子学校、美以美女校、莱佛士书院的学生，人数接近20人，占36%。曾是这项课程最佳学生的邱思妤和沈颖（现任教育部兼律政部高级政务次长），便来自新加坡女子学校和莱佛士女中两所传统英校。如果传统英校正不断注重推广华族文化和鼓励更多学生修读高级华文，那么特选中学还有什么存在价值？

一名进入开办双文化课程的特选中学，而没有进入莱佛士书院的学生说，他是为了多学华文而作了这个选择。可是当他入校后，发现学校在升旗礼时通常使用英语，学校也没有庆祝一些华族传统节日如端午节，同学之间又常用英语，这让他非常懊恼。

1995年起，教育部允许快捷源流的学生也能修读原本只属于特别源流学生才能修读的高级华文，修读人数后来越来越多。到2007年，在特选中学读高级华文的学生有58%，人数一直维持在1万人左右，在非特选中学读高级华文的则有42%，人数从2000年的5700人，激增至2006年的7100人。既然如此，教育部认为把学生分为特别源流和快捷源流已经没有意义。教育部于是在2007年8月宣布从2008年起，把特别源流和快捷源流合流，从此没有了只供最优秀的10%的学生修读高级华文和英文第一语文水平的特别源流。这又引起了华社忧心忡忡。

他们忧虑即便教育部表明特选中学“传承中华文化和价值观”的使命依然吃重，特选中学的地位不变，教育部所给予的特别援助计划内容也不变，加上李显龙总理在群众大会上说的，“教育部将全力支持特选学校，协助加强华文教育和文化的传授，以肩负薪火相传的使命。我们要下一代学习华文，是天经地义的事”等等政府保证，但没有了特别源流，那原本专为容纳最佳8%特别源流（后来增加至10%）学生的特选中学，还有什么存在意义？

不少人又认为现在特选中学毕业生讲英语朗朗上口，读起华文却结结巴巴，跟英校生没两样，他们认为经过30年特选课程的“洗礼”，华校传统已经非常淡薄。那特选学校还剩下什么?

2007年7月德明政府中学前校长林乃燕在检讨特选中学的表现的时候说:“特选中学有两项使命:一要把英文提升到第一语文水平;二要保留华校的优良传统。第一项任务的评估可以每年会考成绩作为客观测量,是容易的。第二项任务的评估是困难的。首先‘华校优良传统’的内涵,本身就不明确。什么是华校优良传统?讲不出来也衡量不到。英文达到英校水平,很快就有数字显示,但是华校传统到消失的时候,却是无声无息的。”他的话显示特选中学的第二个目标“传承华校传统,接受中华文化熏陶”的工作并没有做好。

2007年8月我还发现有几所特选中学出现了学生不学习华文的现象,这让我非常震惊和气恼。8月24日,我在和教育部官员的对话会中指出,学生不读华文对特选学校专门培养国家未来华文精英的文化环境有很大损害。特选学校只能以录取学习华文的学生,来确保特选学校独特的精神、气质、氛围和文化环境。我告诉教育部必须指示特选学校不应该这样做。这样做显然违背了设立特选学校是为了保存华校传统文化的基本宗旨。

我提醒教育部,必须防止特选学校浓郁传统华校特色的特质遭到腐蚀或淡化。教育部应该更进一步帮助特选学校在现代社会恢复从前华校的特色,如传扬礼义廉耻、尊师重道的精神等等。

虽然传统英校如莱佛士书院和英华中学正在努力提升华文水平,但是与特选学校相比,有些事是他们做不到的,也不可能做到。例如在特选学校的任何时间、任何地点都可以高层次地学习华文,但在非特选学校,下了华文课,就必须用回英语了。非特选学校的校长要以华语讲话,学生会回家告诉父母,第二天,网络论坛里就怨声载道了。这就是非特选学校和特选学校的差异,这个差异将一直存在。

随着中国经济崛起,越来越多特选中学学生来自讲英语的家庭,因为家长想让孩子浸濡在中华文化氛围浓厚的环境里。特选中学的独特,在于它既能维持优异的学术水平,又能营造中华文化气息深厚的环境。这是因为它们拥有悠久的华校传统，并且同华人社会保持密不可分的联系。它的学生除了语文的掌握能力不同，行为、价值观、人生观都很不同，这些都是吸引更多家长把孩子送到特选学校的原因。特选学校以华族学生为主，以传统华族价值观培养学生的礼貌、纪律等校风是其他学校没有的，所以，我们会让特选学校继续保留下去，并且继续提高学生的双语水准。

过去40年，新加坡已经发展出一个独特的双语社会环境，这是中国或其他地方所没有的。我们的教育部要确保所有学生都能好好掌握英文，只有这样，新加坡才会比中国或其他国家更有优势。在掌握好英文的同时，我们要为学生营造更多在课室外多说华语的环境，因为中国经济崛起，华文华语的经济价值日渐高涨，我们的特选学校因此不仅不会消失，而且还会增加，特选学校的华文课程还要加强。

教育部已经让好些特选小学在美术、音乐和体育课上以华语授课，使华语授课时间增加到40%。我指示教育部给予特选学校更多人力资源，还有按学校特色设计课程内容，从中国大陆或中国台湾地区招聘美术、音乐和体育教师来。我也告诉教育部的官员，为了确保学生学习华文的持久冲击力，华文课程最好能扩展到学生17岁至18岁的初院时期。这将能确保学生有更长的时间学习华文，打好稳固基础，并且受用终生。

特选学校加强特色

根据我的建议，教育部政务部长颜金勇在2008年2月发表了《特选学校须保持特色追求创新》的演讲，宣布特选学校将采取一系列措施，让华文、华族文化与传统的学习更为丰富，特选学校学生也有更多学习华文与接触华族文化的机会。

他同时敦促特选学校在越来越多学校都重视华文的情况下，绝不能失去自己的特色，变成一般招收优秀生的学校。特选学校要认清特选学校的价值就在于它与众不同。虽然在过去30年，特选学校都办得非常成功，成为名校，但是，不能因为现有的成就而陷于安逸，固守现状，特选学校必须谨记与时并进，自觉创新，在课程、深广活动及浸濡计划等各方面进行适当的试验。在以英文为第一语文的基础上，尽全力培养通晓双语及双文化的学生，让学生的华文能力及对华族文化的认识都达到一定水平。只要我们的学生对双文化有了更深入的认识，就能更有信心地去与中国这个亚洲的重要国家进行沟通。这就是特选学校在演变中的新加坡所应扮演的角色。

颜金勇强调说："特选学校若不坚守岗位，新加坡的教育成效将会被削弱。特选学校要充分发挥作用，就必须自觉，不断试验和创新。所谓'逆水行舟，不进则退'，特选学校若只是固守现状，就会日趋式微。"

他宣布教育部会全力支持特选学校通过深化课程、课程辅助活动，通过让学生到中国交流和浸濡的活动来扩大有利于学习华文的环境，为学生提供更多学习华文与华族文化的机会。

特选学校同时致力加强学生的品德教育，包括通过公民与道德课给学生灌输华族传统价值观，其中包括"推己及人"、"己立立人，己达达人"以及"修身、齐家、治国、平天下"等传统价值观，这些都是教育部支持的。

特选学校不会凋零

虽然新加坡说英语的家庭越来越多，但是选读高级华文的学生也越来越多。这跟中国崛起有关，家长明白把华文掌握好，对自己是额外的优势。中国崛起的态势未明朗之前，新加坡许多家长都埋怨政府的双语政策，认为自己的子女花了太多时间学习华文。中国国力日益强大，给了新加坡的双语政策很大鼓舞，因为家长都意识到如果子女没有好好掌握两种语文，或对中国的文化和国情不甚了解，他们将错失很多机会。他们都希望自己的孩子能讲好普通话，取得优势，左右逢源。他们知道，一个会说华语的律师，会有更多机会、更好的生意。会计师、银行家、建筑师，不管什么专业，都是一样。

现在特选学校招收好学生比从前容易很多，因为家长都看到进特选学校的价值。从前他们会说，学中华文化对我的孩子找一份好工作有什么帮助？现在情况改变了，很多家长要把孩子送进特选学校，特选学校不可能被取消了。

2007年8月我到南洋女中出席建校90周年晚宴时说："接下来的20年对特选学校来说，是一个很重要的发展时机，我相信南洋女中和其他特选学校会利用这个契机，去为新加坡培养更多优秀的双语和双文化人才。"

在亚洲迅速崛起的年代，为了确保我们的竞争力，特选学校有了更艰巨的任务，我们必须培养一批华文精英，很好地掌握华语华文和中华文化，在各领域和中国合作来往，有效对话。让中国人认为新加坡有一个对他们友善的环境，使他们在新加坡经商或旅游感到愉快。我很确信我们能在中学和大专院校找到优秀、能读双文化的学生。

因此，我认为我们的特选学校不但不会凋零，而且还会越来越多。为了经济价值，我们要让更多学校成为特选学校。多一两所，或多五六所是没有问题的，目前已经有了需要更多特选学校的形势，问题是如何维持特选学校的高水平。

跟以前华校相比，特选学校的华校优良传统的确已经不如从前，中华文化的氛围正在不断削弱，过去那种华文的环境已经不存在了，这是无可避免的。设立新特选学校的困难是怎样再去找如同旧日华校的校长和教师？怎样建立好像旧日华校的校风？

尽管面对这些困难，要重拾华校宝贵的优良传统还是有办法的。我们可以把特选学校的教师和有潜能的校长送到中国顶尖学校去观摩，去看他们怎样教育学生，到他们的制度中浸濡，去研究他们办学的特质，然后把优良的中华传统和风气带回我们的特选学校来。又或者把中国的资深老师、校长请过来，请他们来帮助新加坡的特选学校营造重视传统和华族价值观的氛围。让我们效仿中国学校如何教导学生重视纪律、谦卑有礼，培养有异于其他学校的有礼貌学生，有价值观学生，而不是目无尊长，拿着枪指着老师的学生。世界上的这些坏风气，全是向美国人学的，现在连英国人也这样，英国学生现在带着刀子上学，简直疯了。

现在的年轻教师接受的都是双语教育，他们能用英语教华文，学生不明白的华文，用英语解释，容易让学生理解，跟从前华文教师从不说英语很不一样，从前不讲英语的华文教师容易让学生敬而远之。现在的问题是这批年轻华文教师即便来自特选学校，所接受的华文教育也和从前华校生不同，他们能掌握的中华文化是已经被“稀释”后的华文。所以，我们有必要把他们送到中国的名校去浸濡两三年，把中国的好老师也请到新加坡来，协助我们的学校继续保有传统华校校风。我很清楚特选学校和其他学校的差异，除了语文的掌握能力不同，学生的行为、价值观、人生观都很不同。

现在的特选中学校长不少是纯粹受英文教育，但我相信他们会好好学习的。他们懂双语，一般都能说华语，读华文也许比较慢，书写能力更差，但一般都能说。有个医生，我最近因为指甲生菌去找他。他告诉我他跟家人到中国旅游了10天，导游为他能说一口流利华语，但看着一副对联，却读不出来感到惊讶。这名能说流利华语的医生，其实从来没在华校念过书，他的华语，都是在华校读书的哥哥姐姐教的。他能说却不识字。我呢，识字，却说得不好。我起步得太晚了。到现在我每天还是争取跟保镖说华语。我告诉他们：“我们讲华语。”只有这样，才有机会天天说。语言这事，必须天天用，没机会使用的语言，很快就会从记忆中消失。

有关特选学校的前途，我让现在的领导人去决定。中国崛起，学华文的情况已经跟从前很不同了。华文有了经济价值，已经变得很有力量，但是我还是要奉劝新加坡的家长，学华文不要学过了头，对新加坡人来说，英文还是最重要的，新加坡人不能掌握英文，还有什么价值？新加坡人的价值，不在于我们能说和中国人一样好的华语，而在于我们能掌握英文，能够用英文和世界联系起来，这是我们必须牢记的。

第五章

华语运动32年细说从头

2010年新加坡年轻人的三项统一考试，无论小六会考、O水准中学会考或A水准高中会考，成绩都考得不坏。

4万5049名参加小六离校考试的小学毕业生，有97.3%能升读中学。3万7655名参加O水准中学会考，三科或更多科及格者有94.9%，五科或更多科及格者有81.2%。至于1万4280名参加A水准高中会考的考生，有90.8%考获最少三科主修和英文（GP或KI）及格的成绩。

新加坡学生的成绩能够走到这一步很不容易。很多人认为这是因为新加坡得天独厚，地理位置优越，成就是自然而然的。事实并非如此。我们这里的每一盆植物都是苦心栽种，经过悉心培育、修剪和施肥。这里的人也是一样，培育过程是心力交瘁的。

1959年，人民行动党上台执政，我们认真推行四种语文平等的教育政策。华文、马来文和淡米尔文等母语学校继续存在，同时发展第二语文的双语教育。我们的理想是华人能讲华语和英语；马来人能讲马来语和英语；印度人能讲淡米尔语和英语。可惜这只是个美好愿望，和实际发展相差很远。

1974年全国小学离校考试，7万1049名考生中，只有4万2152名及格，及格率仅59.3%，六年的小学教育，只有六成能升读中学。1971年至1974年，小一同龄生只有71%参加小六会考，其中36%在中学O水准会考中达不到三科及格，另35%只有14%进入高中大学先修班，最后只有9%通过A水准会考及格。这样的教育耗损率，实在惊人。

我们两种语文的成绩，不论是小六会考或中四会考，六成以上的学生有一种语文或两种语文不及格；在中四会考两种语文都及格的，只占同龄生人数的19%。这样的成绩可说是非常失败。

当时国防部对受英文教育中四O水准会考及格的国民服役人员的英文识字水平进行调查，发现能应付日常英文需要的人，只有11%。

我到军营去视察，听到年轻服役人员说的英语，感到非常刺耳。他们受了10年到12年的教育，却说不出一口符合文法、句子通顺的英语，叫人非常失望！

1975年6月我兼任教育部长，在教育部的四个月，我了解到事态的严重。于是我请副总理吴庆瑞负责找出教育问题的症结和解决方案。经过四年的努力，1979年，吴庆瑞提出了一份对新加坡教育发展具有分水岭意义的报告书，他指出新加坡教育问题的根源是20年（1959年至1978年）来“不合自然规律”的语文教育政策对新加坡整体教育造成的纠缠。

他说：“我们现有的教育制度是非常不合自然规律的，极大多数的学校是用英语和华语两种语言教导学生，而85%的学生在家里说的却是方言。”

方言阻挠华英双语教育的问题于是浮上台面。方言既然阻碍了双语教育的推行，放弃方言，减轻学生学习的额外负担，自然成了无可奈何的选择。

我在电视里看到华校毕业生，接受访问不能用华语妥当表达自己，他们的华语掺杂着方言，结结巴巴的，让人难过。于是，我决定推动讲华语运动来改变这种现象。1979年起，我先在所有公开场合，停止说方言，转说华语。

发现问题决定“快刀斩乱麻”

新加坡早期华人是来自中国南方不同省市乡镇的移民。他们各自带着乡音来到新加坡，一代传一代，方言成了最自然而然的文化传承。新加坡华人社群内所使用的方言至少有12种，各个方言群住在不同的地区，建立起各自的方言势力。不论是住在马来甘榜，或琼州人聚居的海南街，或广东人聚居的牛车水区，左右邻居都使用同一种方言沟通。学生在学校里学英语和华语，回家就讲自己的方言，和朋友碰面时讲方言，到店里买东西也用方言，方言成了新加坡人的生活语言。这就是导致两种语文教育失败的根本原因。

我们的学生在学校既要学英语、华语，生活用语又要学方言，实际上是在学三种语文的。根据语言专家的研究，普通资质的学生，是没有能力同时应付三种语文的。结果，我们大多数学生只能讲英语和方言，华语成了没有用的语言，学习华文成了浪费时间的负担。

当我们发现这个问题后，决定要"快刀斩乱麻"。

对新加坡人来说，英语既然是要谋生、求存、发展的语言，选择于是只有一个：要华语还是要方言？而人脑的极限立刻是我思考的问题。

一个人无论怎样聪明，头脑的"兆字节"是有限的，不能无限量储存记忆。方言学得越多，占据的记忆容量越多，能储存华文字、英文字、乘数表、数学、物理或化学公式的空间也就越少。要以英语、华语和方言牢记足够的词汇，在必要时立刻应用，这对资质中等的学生来说已经非常困难，更别说资质差的学生。即使是接受过12年华文教育的年轻人讲起华语来，也不够流利，这是因为他们在工作上用的是英语，而同家人和朋友交谈时用的是方言，华语派不上用场。

通常，一种语言用得越多，就意味着其他语言用得越少。用得多的就变得流利，用得少的渐渐生疏。这是个"零和游戏"的概念。人脑不像电脑，可以随意删除不再需要的东西，来为新资料腾出更多储存空间。烙印在人脑中的字句，并不是那么容易删除。深植在脑中的语言，特别是那些自小学习的语言，不可能完全除去。从小学习的语言，是特别容易唤回记忆的。

因此，如果一个孩子从小讲方言，在白天醒来的14至16个小时中，只有在学校五个小时中的两节，大约每天一小时的时间学华文，而其他时间不是讲方言就是学英文，难怪学习华文成了负担，学习华语变成在浪费时间了。

新加坡有25%的人口是非华人，政府不得不采用英语作为各种族之间的共同语言。如果我们让方言普遍使用的情况继续存在，那么英语势必成为新加坡不同籍贯的华人之间的共同语言。大家讲一种语言当然比讲两种语言方便，但是当时我们考量的要点不是方便不方便，而是要怎样才能生存，怎样才能保留传统，让人民活得有尊严。

新加坡自1959年两种语文政策实施以来，到1979年，估计大约只有3%至5%的学生能够有效地掌握两种语文的听、说、读、写。50%至60%的绝大多数学生只能掌握一种语文，第二语文只达到勉强的水平，最后是约30%没法升上中学，只懂得一种语文。

1977年，小学会考不及格的学生中，华校生约28%，英校生约32%。全国大约有30%不能升上中学的学生，如果通过更好的教学法，或许可以把不及格率减到20%。

我们的关注点是这20%社会最底层的人，要让英语成为他们的日常用语是不可能的事，这是永远做不到的事。既然他们只有掌握一种语文的能力，那么，与其让粗糙的福建话成为他们的日常用语，为什么不推广华语，使华语成为包括他们在内的全体新加坡华人的通用语呢？而且新加坡的杂碎方言没有文字系统，只会说方言的人，几乎就是文盲，这是我绝不想看到的事。

所以，我决意要让这20%最底层的人民放弃方言，只说华语——最少让他们掌握一种具有国际价值的语言。掌握了华语，他们能和全国其余80%的人沟通、交往。他们是我推动讲华语运动的目标之一。

方言对我曾有过特别意义

方言其实对我有过特别意义，因为它是“竞选语言”，既普遍又实用，是我赢得选票的重要武器。竞选期间，为了争取民众支持，我说的话，必须深入民心，赢得民心。

1961年，行动党立法议员王永元因为对我做出连串毫无根据的人身攻击而被革除党籍。我针对他指我亲英的指控提出挑战，他愤而辞职，迫使我们必须在芳林区展开补选，行动党派出易润堂竞选。这是历来最长的一场补选，整整持续了三个月。为了打动选民的心，我非得说福建话不可。我暂停了所有华语课，像发了疯似的学讲福建话。三个月后，我已经能用福建话发表简单的演讲。之后，我持续学习福建话，以福建话发表公开演讲，毕竟福建话在当时要比华语或其他方言更普及，更多人听得懂。我的福建话因而突飞猛进。到了1963年大选，我已经不只说得一口流利的福建话，还能引经据典了。

1963年新加坡并入马来西亚，行动党在隔年参加马来西亚大选，我这才发现马来亚半岛上各个市镇里的华人，其实都说着各种各样的方言而不说华语。我以客家人的身份参加竞选，许多客家乡亲设宴支持我，我却一句客家话也说不出来，这迫使我开始学客家话。我买了几本由英国传教士写的学习客家话的书，找了一位客家老师来教。客家话与福建话很不一样，比较接近华语。1965年新马分家以后，我的客家话课程才停了下来。

在新加坡华人社会最常使用的方言，多达12种以上，这些方言除了干扰双语教育，还起着分裂华人社会的负面作用。华人因为不同方言就出现了不同帮派，讲同一种方言的华人组成一个帮派，同声同气，往来密切，和其他不同方言不同帮派的人，就有了隔膜。

以华语来取代方言，重组华人社会，使它由分裂变为团结，也是我推广讲华语运动的目标。当华语成为华人的共同语，成为各籍贯华人的交谈媒介语以后，过去的各种帮派、小集团就会逐渐分化、消失。

1979年以前，举凡国庆群众大会或各种社区活动，我都以福建话演说，毕竟福建话是最多新加坡华人听得懂的言语。可惜新加坡的福建话并非厦门话，不是标准福建话，只是“巴刹福建话”（菜市场的福建话）。它没有书面语作后盾，不是一种组织严密、规范化的高层次语言。因为多元种族和多语言的环境，它夹杂了马来语、英语还有其他方言，成了新加坡土话。

情况为什么会这样呢？这是因为新加坡原本是各个方言群聚居，讲各自纯正方言的环境，到了建屋发展局大量兴建组屋，各个不同方言群的人搬进组屋，大家同住一个屋檐下后情况就改变了。讲福建话的家庭，周围邻居有马来人、印度人，来自中国的广东人、潮州人。为了沟通，就讲起夹杂了大家词汇的语言，它成为极其富有新加坡特色的新加坡土语了。来自中国的福建人或台湾人根本听不懂新加坡人说“去马打厝叫他多隆”（去警署求情）的福建话是什么意思。

我曾经带记者去毛里求斯和卢森堡了解那里的语文教育。两个国家都有多种语言和方言，语文教育非常复杂。两个国家的人民都声称通晓多种语文，但是水准有多高呢？毛里求斯的学生在学校学法语和英语，在家说名为“克里奥语”的混杂方言。卢森堡学生在学校学习德语、法语和英语，在家说名为“卢森堡语”的不纯正德国方言。他们在学校学多种语文，下了课大多数时间却在说方言的情况和新加坡很相似。他们学习多语文和方言，导致一般人除了方言，并无法真正掌握任何一种语文。这是学校用语和生活日常用语不同一的弊病，我深深引以为鉴。

新加坡人说新加坡土语的状况和远在非洲的毛里求斯和在欧洲的卢森堡，有很多相似之处。这两国语文教育失败的教训，使我对新加坡语文的未来，忧心忡忡。

毛里求斯和卢森堡的语文状况让我明白不论是单一种族的社会，或是多元种族的社会；不论是讲两种、三种语言的社会，或者是像新加坡这种讲20种不同方言和语言的社会，都会因为人们必须沟通交流的相互作用，产生一种混杂的共通语。许多讲不同语言的人相聚在一起，必然就会出现毛里求斯人说的“克里奥”混杂语、卢森堡人说的德国方言，或新加坡人说的新加坡土语了。

我这大半生，一共学了六种半语言。英语是婴儿时代最先接触的语言，也是六岁以后的学校用语；拉丁文在十五六岁学习，18岁学认华文字，

19岁学日文，32岁在读写基础上学习听说华语，38岁学说福建话，41岁至42岁学说客家话。

为了学好六种半语言，我付出了沉重代价。无论是个人的亲身经历、或者见证子女、侄儿侄女、外甥外甥女的语言学习经历，都让我领悟到人脑不可能同时应付多种语言。当然也有例外情况，有些人特别有语言天赋，但对绝大多数人来说，掌握好一种语言已经需要落足心力，要同时通晓两种语言，真是谈何容易？第二种语言的水平，因此不能要求过高。女生的语言能力一般比男生强，这是专家研究的结论。语言只要能从小学习，工作上又派得上用场，那么日后要丰富词汇的内容并不困难。

1979年，我56岁那年，为了推动讲华语运动，鼓励新加坡人放弃方言，把华语说好，我以身作则，放弃20年来说的一口流利的福建话，这对于一个深明方言是赢得选票武器的我来说，是一项痛苦的抉择，但有什么办法呢？因为我看清了方言只是地方性的语言，它有很大的局限。虽然方言过去曾在新加坡不同的时代和环境里，扮演了非常重要的角色，但是，环境不可能一成不变，时代是一直向前进展的，新加坡粗俗的方言受到了时代、环境及其他多方面因素的限制，而被停留在后头，甚至成为新加坡社会发展和进步的绊脚石。我就必须当机立断，采取果断的行动。

在我们这个迅速发展的社会里，如果还迷恋方言的"亲切感"，那是很不明智的。假设我继续以福建话保住我的政治资本，让新加坡人到今天还说方言，新加坡今天将是一个怎样的局面？我不敢想象。

当科技进步，交通工具和通信器材越来越发达，世界越变越小的时候，人类其实需要越来越少种类的语言，每个国家都在减少需要学习语言种类的数目。前几年，一位中国学者敬文东说："在IT浪潮和全球化浪潮的双重夹攻下，方言被揍得鼻青脸肿。因为在全球化的时代，世界需要的是一种共同语言。而在世界很多地方，英语已经成为一种支配语言。"他的话说得很对，方言的消亡是大趋势。我早在30年前就已经看清方言是种"穷途末路"的语言，它绝不是时代的对手。

我绝不要像在毛里求斯或卢森堡使用方言那样，让一种难懂的福建话成为新加坡华人的共同语，让它干扰我们努力推行的双语教育，让它分裂新加坡的华人社群。我明白，新加坡只要一天让福建、潮州、客家、广东、海南、上海或其他方言继续存在，要学生同时学习英语和华语就非常困难，因为那是两种对他们完全陌生的“外语”。

对受方言干扰的双语教育来说，学英语是没有问题的。因为英语是办事处和工厂的用语，是国家行政用语，是要过好生活的语言，非常重要。结果，华语变成只是课堂语言，下了课，没用、没听、没讲。听的、讲的，是各种各样的方言、粗浅的马来话。如果我们任由这种情形继续发展下去，未来的新加坡将变成讲英语，以及讲混杂着马来语和英语的福建话的地方，华语根本沾不上边。

华文如果变成只为升级去应考的科目，考过了就算了，忘了，这是很可惜的事。唯一的办法只有以华语代替方言，给华语在社会中一个重要的角色，否则，读华文就成读死书了。

华语有前途有生命力

很多人对我说，既然英文是新加坡人谋生的用语，中国福建话是新加坡人的生活语言，我为何不就顺其自然，让中国福建话像中国香港的广东话，成为新加坡华人的共同语呢？而事实上，自战后，中国福建话已经逐渐成为新加坡华人的共通语。但是，它不像中国香港的广东话，水平很高，整个中国香港讲的只是广东话一种方言，我们却是讲12种方言混杂在一起的福建话。香港人在学校用广东话读书、游戏、开会、辩论、创作。如果我们的福建话有中国香港广东话那样的水平，也许任由它留下来是一个选择，因为那是高水平的语言，可是，新加坡的福建话却是粗俗的，是没有文字的。

新加坡华人要发展，必须选择一种有价值、高素质的语言，这个语言当然是华语而不是方言，华语是唯一能团结新加坡华族的语言。

自“五四运动”以来，今天的中国大陆地区有13亿人，加上中国台湾地区2300万人，每天应用的、发展的、研究的是华语。语言是有生命的，不是一成不变的，中国人创造华文新词汇来形容新形势、新局面，来吸收新知识，华语因此变得非常缤纷，多姿多彩，所以华语是有前途的，有生命的。它具备高度系统化的语法结构，有条件负起新加坡文化建设与发展的重任。所以，我要华语成为新加坡华人的共同语，在学校里好好学习，在生活上普遍应用。

华语是一种充满活力的语言，它不但能传递文化价值观，同时也能为我们带来无数的新机遇。一个人能够讲华语、读华文、写华文，那么，他就能开启古今以至将来的大门。

华语①也是联合国使用的五种语言之一，是这五种语言中的唯一亚洲语言，其他四种联合国官方语言是英语、俄语、法语和西班牙语，都是欧洲语。华语是中国13亿多人所使用的语言，也是世界上最多人使用的一种语言。

从另一个角度来看，我们很幸运，我们所使用的英语和华语都是世界上最重要的语言。新加坡人只要有效掌握这两种语文，可以说就掌握了能接触到世界大部分国家与社会的文化思想和历史的工具，开阔视野，拥有了世界观。

但是当时新加坡的情况，华语却是没有办法学好的。学生到学校上课花70%的时间学英语，30%的时间学华语，回到家，却用全部时间和家长、兄弟姐妹、朋友及邻居用方言交谈，那么他们花在学习华语上的时间精力都是白费。只要他们一整天不需要讲华语而能过日子，那华语对他们的生活就没有任何重要性了。这样一来，华语就变成一种课室里和考试的语言，尤其是在英校，它不会成为学生生活的一部分，不会成为他们在家里、在玩耍、在杂货店、在戏院、在游泳池和操场上所用的语言，华语会和我当年不得不学的拉丁文一样，等我一考完罗马法后，就再也没用了。我绝不让华语也遭遇像拉丁文的命运，学生为了考试而学习，考完试后，就把它忘掉。

华文华语既然是能引起我共鸣，触动我心弦的语文和语言，我难道

① 这里的“华语”是指汉语，而开头讲的“华语”是特指汉语普通话。

会眼睁睁让它就这么失去吗？绝对不会。我们一旦失去这个语言将是一个大损失。新加坡人学习英语，只有很少人能讲得标准，能深入了解英国人、美国人的思想和哲学。如果我们连自身的传统文化、文明也丧失了，那将是很不幸的事。

但要新加坡人放弃方言，在情感上却是痛苦的。幸好新加坡人凡事都会权衡轻重，他们看到华语的国际政治地位及经济价值，将随中国现代化的成功而相应提高。为了这种种更重要及更多更大的好处，我认为略作感情上的牺牲是必要的。更何况华语是中华优秀文化和灿烂文学所依据的语言，要吸取华族文化的精华，必须掌握华语、华文。

我们必须通过英文吸收科学工艺、经济等等的知识，并且和美国、英国、澳大利亚、新西兰、加拿大，和共和联邦[①]的英语世界来往，了解他们的社会和政治思想，与此同时，我们不能丧失自身的文化。我们不是西方人，英语文明世界的文化、精神、价值观念和人生哲学，并没有根植在我们的环境里和生命里。如果我们只从电视上学到西方肤浅层面的习气，以及无聊的流行文化而丧失了自己的文化，那么我们所付出的代价就太大了。

所以，我们必须保留固有中华文化的价值观念、制度和社会风俗。为了要做到这一点，我们必须教导子女懂得华文，必须教他们讲华语，懂得看书，了解成语、寓言的含义，明白在中华文化里，怎样才算是个有正义感的好人。

因此，讲华语运动的更大使命，是通过华语来保存和传播传统的文化价值观，加强华族新加坡人的认同。因为语言、文化和价值观是息息相关、代代相传的。

当时我推广华语的预期目标有两个：

一、在5年内使所有的新加坡年轻人，中小学生和大学生及刚离开学校的毕业生，都放弃方言，转而讲华语。

二、在10年内，使华语连同英语以及马来语，成为咖啡店、小贩中心、

---

① 即英联邦。

商店、戏院等公共场合的通用语。

1978年，南洋大学开始跟新加坡大学在联合校园用英语上课，初级学院的大学先修班，也改用英语为教学媒介语。我曾担心新加坡的学生和家长可能因此看不清楚长远的目标，误以为华语是没有价值了，结果弃华语而掌握英语和混杂的福建话。这样的后果，对国家的发展是不利的。

后来我发觉除非重新检讨新加坡教育的基本原则和目标，不然的话，50年后，新加坡一定成为一个只讲英语的社会。如果政府真要新加坡成为一个只讲英语的社会，我就不必提出方言和华语的问题，我会让人民自由使用方言，最终，华语失去了它在社会上的角色，英语就成为最方便的共同语言了。讲华语运动要努力的，就是要让华语继续在新加坡存在，而且在社会上有它存在的意义。

推行华语运动艰巨且高度敏感

在一个多元种族、多元文化、多语言的社会，推展一个改变新加坡华人从出生第一天就开始听和说方言的习惯，这个任务说有多困难就有多困难，说有多敏感就有多敏感。这一场石破天惊的运动，在1979年9月7日展开，从第一天起就困难重重。方言习惯是那样根深蒂固，要不是通过一场雷霆万钧的运动来改变大家的语言习惯，是根本无法使华语成为华人社会的共同语的。

然而，在一个华人占多数的国家，突然用英语为共同语，用英文为工作语文；一个讲12种方言的华人族群，突然被政府以行政指令，被要求"多讲华语，少讲方言"；新加坡人突然发现熟悉的乡音消失了，大家突然要讲起感觉不自在的华语，这个过程是绝对艰难的。这大概是人民行动党执政头20年（1959年至1979年）所碰到的最艰难工作。因为，在逻辑上说，放弃方言是明智的；但是在感情上，这项选择实在是痛苦的。

1980年，新加坡进行的人口普查，第一次调查了新加坡人民使用语言的习惯。调查的结果显示：5岁以上的华人，有87%是用方言来和父母亲交谈的，只有7.5%用华语，5.2%用英语。兄弟姐妹交谈，用方言的占72%，只有13%用华语，15%用英语。

社会用语方面，也以方言为主。新加坡巴士公司1979年的一项抽样调查显示：华族售票员和华族搭客之间多数以方言交谈，其中福建话占75%，其他方言占13.2%，用华语的只有3.6%。另一项对小贩的抽样调查显示：虽然他们当中有33.6%能应用华语或英语，但绝大多数仍以方言和顾客交谈。福建话占53.2%，潮州话占20.9%，广东话占14.3%，以华语交谈的只有1.2%。

在方言当道的年代，我发起了向方言挑战的行动。最初，可说迎来了全国人民的不满和抗拒，在政治上碰到不少阻力，即使在内阁中，也有不同的声音。

某些内阁同僚在情感上并不支持这项政策，不过，却没有反对。因为在逻辑上，他们知道我们别无选择。大家都明白说三种语言是很难成功的，当时情况是要么维持现状，使我们的语言一败涂地，不可收拾；要么立刻采取行动，停止说方言。我们当然不能保证一定成功，只能肯定的是，成功的概率很高，因为少了方言，学生学习的负担可以减轻了。

就以林金山和杜进才两位同僚为例，他们的方言比华语说得好。他们和我讨论这件事，论点很有说服力，没有反驳余地。杜进才说："我们是中国南方移民，很自然说的是南方方言，何苦要迫使自己学习中国北方话呢？"他还举出一个尖锐的例子，说明两三代之间的联系将随方言消失而丧失。他说，他的女儿在学校学习英语和华语，却不会说福建话，当她到马来西亚太平去探望祖母的时候，两人不能交谈，这是很大的损失。我告诉他，我承认这是损失，但这是无法不付出的代价，是没有办法避免的。我们不希望孩子们因为语文问题，失去优势。

林金山的想法也一样。他说，何必要迫使孙子学习华语呢？他们会说方言，通晓英语，生活上完全没有问题，没有必要学华语。然而，在理智上，他被我说服了。

林金山根据自身的经验，知道方言和华语不能兼得。他花了几百个小时，甚至几千个小时学习华语，可一到联络所，和基层领袖见面，又恢复以方言交谈，把华语忘掉。他的两个孙子，一个孙子家里的用人能说华语，另一个家里的用人只会说福建话。结果前一个孙子学习华语没有问题，后者的华语则错误百出。错误百出是必然的，因为他每天到学校花五小时学习，实际上只有一两节学华文。如果他在家有六七个小时的时间和用人以福建话交谈，和家里其他成员以英语交谈，他怎样能把华文学好？结果，学习华文便成了一种负担。可是，他的华文考试又必须及格，不然的话，他就要进入单语源流。所以，把华文学好的压力是有的。

林金山很清楚我们永远无法使英语成为最底层人民的日常用语，我们只有努力推广华语，使这些人所掌握的唯一语言是有文字的华语而不是没有文字的方言，尽量不成为文盲，这是推广讲华语运动的目的。

南大毕业的国会议员帮了我很大忙。他们虽然没有大张旗鼓地为这个运动摇旗呐喊，却是默默支持着我。这个运动是我倡议的，是我全力推动的，我必须承受来自各方的攻击，否则，我们的双语政策就要面临失败。其他议员大致都很支持，他们明白不这样做的后果是什么。唯一有顾虑的是马来和印度族议员，怕他们的族人会认为这个运动强调说华语，给了华语很高的地位。我说，不要紧，你们可以同时展开讲马来语运动、讲淡米尔语运动。我们没有要他们讲华语。

我们家的情况呢？我三个孩子都在华校接受超过10年的华文教育，他们的语言状况很有趣。老大显龙，在跟老同学交谈时用华语，跟大学同学、军队里的官员交谈用英语，有时也讲福建话。

老二玮玲，电话对话，老同学就讲华语，新同学就讲英语。我问她在大学医学院有没有说华语的同学？她说有三四位。我问，是老同学吗？她说，不是，是华校毕业的，一见面大家就讲华语。为了看病，现在她还需要学福建话、广东话，因为病人讲方言，她必须听得懂。结果她问我："我是要当医生还是要当翻译家？"这的确是个很头痛的问题。

老三显扬也跟显龙一样，会讲福建话。当兵回来，有时在电话里讲福建话。我说："为什么？"他笑笑说："不要紧，为了方便，不然的话，他们以为我很骄傲。”新加坡人有个特性，他们会把一个缺点变成优点。在我们军队里面，从兵士佩戴牌子的颜色，可以看出他们讲什么语言。华语不通、英语不懂，只讲福建话的兵士佩戴红牌子。显扬跟我说：“你们犯了很大的错误。”我说：“为什么？”他说：“这些红牌兵现在很聪明，吩咐他们做事，他们会说：我是红牌的，听不懂。如果我说You can take a day off（你们可以放一天假），他们一听就全跑掉了。”所以我们逐步强迫他们上轨道。在学校、军队、政府部门，我们都在强迫他们学华语。

我自己呢？我是很刻意学习华语的。每次出国，我一定把一个能每天跟我讲华语的人带在身边，我们见面，一定以华语对答，让我不会忘记华语。每天我还一定拿一本华文书来读上20分钟，活动我的舌头，不然，出国回来，华语生疏了，那就麻烦了。

排斥华语运动的四类人

当时社会反对和排斥这项运动的，有四类人士：

第一是坚持讲方言的人，无论是年纪较大或年轻的华人，由于情感因素，他们不愿放弃方言；

第二是受华文教育者，他们认为只强调讲华语不重视学写华文，华文的程度还是很低；

第三是受英文教育者，他们不重视华文华语，因为平时工作根本不需要华语。在他们看来，华语是低层次的、没有经济价值的语言；

最后一种反对声音来自非华族人士，他们感觉不安，觉得这个运动要是成功的话，他们会被边缘化、被疏远隔离，有一部分人甚至以为他们将来会被逼着学华语。

坚持认为方言有价值的人，认为放弃方言是“忘本”的表现。我认为“忘本”两字是很严重、很尖锐的指责，它是不讲道理，是感情用事的。一个在新加坡出生的公民，他的“本”就在新加坡。其实一个人如果因为不认识自己的文化，不能掌握自己的语言，缺乏了自尊心，失去自信心，那才是真正的“忘本”。

说起“忘本”，让我想起多年前去访问卢森堡时拜会首相的一件事。拜访他的时候，他还是反对党领袖。在告别时，他说：“我能问你一件事吗？”我说：“当然，是什么事？”他带我到门口，门上面有一块石头，雕着一个汉字，他问我那是什么意思。因为他住的那间屋子是一位工程师所有，后者几十年前曾在中国开工厂，回国时拿了那块石头回来。我告诉他，那是个“福”字，“福气”的“福”，我解说给他听，他很感激。如果那时我回答不出，是很惭愧的，是无地自容的，那才叫“忘本”。

一直有人说方言具有经济价值：广东话到中国香港有用，潮州话到泰国有用。我认为只要是个聪明人，能跟曼谷和香港做生意，那当然可以保留方言。只要你是可以买得起飞机票，常常飞来飞去，就是我们社会顶层的百分之五、百分之三的人，这样的人可以掌握两三种方言，这些人不是讲华语运动要推广的对象。我们的目标是超过90%只能掌握最多两种语言的新加坡人，我们希望他们掌握英语和华语而不是英语和方言。其中10%和15%只能掌握一种语言的人，我们希望他们掌握华语而不是方言。

对华语运动不满的第二类人，是南大生等受华文教育者和华社。他们要求华文成为第一语文，那是我们没有办法做到的。华校生认为只强调讲华语而不重视写华文，那没有意思。他们不明白华语要说得像老华校生那么有水平，英文就不够好了，这是没有办法的，是无从选择的，这是他们不明白也不想去弄明白的事。他们认为我一心要消灭方言，所以，他们也反对讲华语运动。他们的观点是方言是母语，必须保留；华语非常重要，必须保留；至于英文嘛，却是可有可无，没什么要紧的，这种态度是不正确的。

受华文教育者对讲华语运动的态度还有两极化的现象，一边是由于吃了华文的亏，以致宁愿说方言而不说华语；另一边则是有意无意地误解这项运动是要用华语来取代英语，这就跟运动的原意有了出入。

对于这样一群人，我们必须经常解释英语是新加坡科技发展的语言，是国际商业贸易的语言，也是现代管理的语言。新加坡踏进80年代，国家社会方方面面都需要用英语。所以，英语是我们谋求生存、温饱、发展的语言，我们不会放弃英语而以华语取代它。

至于受英文教育者，对这个运动则根本不屑参与。不会说华语？没什么大不了，他们继续在家说方言，出外说英语，无往而不利。在他们看来，华语是低层次的、没有经济价值的语言。

当时在英文报《海峡时报》担任采访主任的冯元良对讲华语运动很有意见。他认为这个运动给受英文教育者负担和压力，好像他们不学华语就是不尽公民的责任。他受英文教育的朋友都表示根本不明白自己为什么要学华语。政府的理由说服不了他们。他们认为在新加坡，用英语就可以了，没有必要用华语，那为什么要学华语呢？如果说是被环境所迫，非自愿，那更不健全。而且他跟朋友都觉得当局在推广华语运动上，做得有点操之过急，这并不好，因为压力越大，反抗力也越大。

冯元良说，他到政府大厦去办事，即使一声不出，也照样可以把事情办妥。去建屋发展局付一张账单，不用开口也可以把账付了。他问，那为什么要学华语呢？

对这一类人，我的看法是，如果他们没有孩子，他们的确是没有问题。因为，当方言没有用的时候，他们已经进入老年，仍旧能靠英语过活。可是如果他们是有孩子的人，则必须为孩子或孩子的孩子着想，只要他们在家里还讲方言，他们就学不好华文和英文。方言是加重孩子学习语文的负担的。

这三类人之外，讲华语运动还要面对异族同胞的疑虑。

我很早就估计到这个问题。所以，在第一届推广讲华语运动的开幕礼上，我就单刀直入说："推广华语，并不是要用华语来取代英语。"直接道出鼓励讲华语只为取代方言，而非取代英语，不要给异族同胞造成压力。

拉惹勒南是我的好战友，我们一起创建新加坡，1966年他为新加坡人写下了至今每个新加坡人都耳熟能详的公民信约："我们是新加坡公民，誓愿不分种族、言语、宗教，团结一致，建设公正平等的民主社会，并为实现国家之幸福，繁荣与进步，共同努力。”

正因为这样的信念，他对我推动讲华语运动，感到不能理解，他一向认为我不应该强调母语教育和种族之间的差异。但是，即便如此，1979年讲华语运动开展，他是第二副总理兼外交部长，他在自己的选区，还是尽量为这个运动做解释工作。他说：“政府目前所推行的讲华语运动，并不是如许多非华族人士以为的那样，政府要把华人统一起来，或是使他们变成更纯粹的华人，那是不确实的，政府是要使他们成为真正的新加坡人。”

我另一位战友蒂凡那是安顺区国会议员，他也向印度同胞保证，政府推广华语绝不是提倡沙文主义。

由于异族同胞对这个运动一直感觉受到威胁，感到不安，于是我们必须不断解释推广讲华语运动的目的，强调和重申运动绝不是要以华语取代英语，不是要把新加坡变成一个华人化的国家。这项解释工作在过去30年不曾停歇过。

1992年反对党议员詹时中说，假如新加坡各族都保持本身的语言、文化和生活方式，他不认为新加坡可发展成为一个团结的社会。他以加拿大的魁北克省为例说，由于该省人民一直沿用法语，保留法国生活方式，结果甚至要闹独立，脱离加拿大。他希望新加坡在这方面汲取教训。

他的话没有错，但这显示他并不明白我们要推广讲华语运动的原因和目标。

1994年第一次由一位受英文教育的企业家何光平担任推广华语委员会主席。他接受记者访问时说：“只要有推广华语运动委员会存在的一天，一些非华族人士就会觉得不自在或不安。因此我们的一项任务就是不断向他们重申推广华语的目的，让他们明白这并非要他们也得学华语，才能赶上华人。我们在拟定运动标语时，会非常注意非华族人士的感受，避免引起他们任何误会。”

1994年伊斯兰教社会发展理事会的代表巴斯特曾说，推广讲华语运动不应该给人华语将取代英语，日后将成为新加坡最主要官方语言的错误印象。在办公室积极推行讲华语，会让非华人有被遗弃和不安的感觉。他建议，推广讲华语运动委员会应该划分一条清楚的界线，只强调华语有助华人了解华族文化及其商业价值。此外，推广委员会在制定标语或宣传上特别强调提高华语的地位，会制造其他种族同胞感觉不安的气氛。

新加坡印度人发展协会代表拉妮也表示，推广华语运动被非华人群众理解为华语不久后会取代英语的地位，这使他们有一种很强烈的恐惧感。

1955年大选时曾经向我发出挑战、要我跟他以华语或方言进行辩论的民主党候选人蓝天，24年后却在讲华语运动上大力支持我。

1979年时，蓝天是广东会馆会长。他在一次演讲时说："一种语言没有文字或丰富的文化作骨干，就缺少精神和灵魂。语和文是互相关联、相辅相成的。要达到华语和华文并肩发展，就必须扫除方言的包袱。要维持母语的水平，一定要把会话的素质提高，否则，粗浅的谈话，将使母语沦为次等的会话。要提高素质的唯一办法，就是把方言统一，一律用华语，使中华的语和文合一。"

当时即便面对全国人民种种的抗拒和疑虑，我还是以大无畏的精神去开展讲华语运动。无论工作有多艰巨，我还是全力以赴。因为，大家都明白，推广华语的成败，将决定华语是否能够成为新加坡华人的共同语；将决定我们是否能够真正实现建立双语社会的目标；它也将决定我们是否沦落为讲洋泾浜英语或"克里奥式"福建话的社会。从更广泛的意义来说，推广华语的成败也将决定新加坡人的素质，以及新加坡是否能够成为一个和谐、团结、进步以及独立的共和国。

1979年8月15日，新加坡中华总商会联合教育团体、报业机构和南洋大学毕业生协会，组成"全国推广华语工作委员会"，大规模而有组织地向全国各个角落推广华语，目的是要使华语成为华人社会的共同语言，向"华人社会，都讲华语"的目标迈步。

华语运动第一个十年（1979年至1989年）

我们最初的目标是在五年内以华语取代方言，以华语为华族的共同语。从这首个十年的标语可以看到运动对人民的要求："多讲华语，少讲方言"（1979年，1980年）；"学华语，讲华语"（1981年）；"在工作场所讲华语"（1982年）；"华人讲华语，合情又合理"（1983年）；"请讲华语，儿女的前途，操在您手里"（1984年）；"华人·华语"（1985年）；"先开口讲华语，皆大欢喜"（1986年）；"会讲华语，先讲常讲"（1987年）；"多讲华语，亲切便利"（1988年）；"常讲华语，自然流利"（1989年）。

为运动掀开序幕的是1979年7月开始在12所中小学推动的讲"学校语"运动。所谓"学校语"，除了马来族和印度族同胞，一般指的是英语和华语。讲"学校语"运动是要把方言赶出校园。

当日的华文源流学校，学生一跑出课室就说方言，尤其在乡村学校，说方言的风气更盛。而在英文源流学校，华族学生之间，主要都以方言沟通。这些学生如果中途离开学校，就把英语忘得一干二净，华语又因不常讲，结果就出现了只会讲方言，不能阅读也不能书写的"受过教育的文盲"。我们的教育制度所以需要大规模的改革，"学校语"运动和推广华语运动所以要展开，原因就在这里。

为了提升教师的华语发音水平，教育部特地开设语音培训班，聘请海外专家担任顾问，策划协调相关事宜。整个培训计划从1981年到1985年，共培训了2879名中小学的教师，占华文教师人数的65%。

讲华语运动让学校校长和教师鼓励学生，在校内校外积极使用华语，对巴士售票员、出租车司机、学校餐厅和小贩中心的小贩，不论他们会不会讲华语，只要他们会听，都应该以华语跟他们交谈。

政府机构推广华语运动的措施，第一项是立刻为公务员开办华语会话班。并为小贩局、车辆注册局、建屋发展局、卫生部、邮政局等等的公务员开办实用词汇的华语课程。他们能够开口说华语后，我们要求华族公务员在柜台和华族公众接触时尽量以华语交谈，减少说方言。我们还规定和40岁以下的公众，只以华语交谈，40岁以下不会说华语的人，必须排在最后，他们的事情最后才受处理。

我们为什么这么做呢？问题不在于这些人不明白学习华文的意义，而在于他们觉得能够用方言把事办好，那又何必学华语呢？我担心的是，如果一切可以用方言应付，人们将对学习华语感到没有意义，那是我们进退两难的处境。所以，我们不会给任何人在和公务员接触时有借口用方言讲话，所有和公众人士有接触的公务员都会讲华语或正在学华语。

当时柜台服务的公务员以及警察、护士、小贩稽查员，都佩戴“我会讲华语”的牌子，一来使公众能够直接跟他们说华语，二来让他们为有了讲华语这个“额外的能力”而感到光荣。单是1981年，政府就发出了五万个讲华语徽章给会讲华语的公务员，以及推广华语运动的工作委员。

十年后，到1989年，已经有超过4000名公务员参加华语课程，其中有3373人参加由教育部主办的非强制性的华语会话考试，及格率有75%。我们规定华族公务员必须华语口试及格才能获得擢升，曾引起他们激烈的反应。当时负责讲华语运动工作的欧进福议员告诉他们，政府已经提供学习华语的机会，如果他们没有好好把握去学，那是咎由自取。

后来，我们陆续出版多种附有中英文对照并有汉语拼音注音的词汇手册，如警察部队的《警察常用词汇》手册、银行公会的《英华常用词汇》、中元节上标价出卖福物的《华语吉利词汇》，还有包括商业管理常用词汇、互联网与电脑词汇、政府部门职衔名称以及家庭和办公室用品名称、食物及福物名称的《时代英汉专用名词手册》，帮助向全民推广华语。即使到了2005年，为了配合讲华语运动，《海峡时报》还出版*Cool Speak*手册，以中英文解释时下最流行的华语词汇。

当时还有通过电话热线“打电话，学华语”的热潮。它让人民按照自己的时间，随时随地拿起电话来学习华语。1984年讲华语运动期间的纪录是每小时有2000人次，每天至少有3万4000人次打电话学华语。

中元节电话华语课程也相当受欢迎，1987年7月中元节期间，一星期收听这项课程的人次，达到14万2000人次，平均每天有2万人次。

1981年起，推广华语工委会定于每年10月为推广华语月，以便更全面、更深入地把华语推广到民间各个角落。

配合华语运动，中华总商会在1982年耗资10万元在大厦七楼创设一个现代化的语言中心，之后四年开设的华语课程共135项，学员共达3400人。

从1979年至1984年的五年内，政府为了推广讲华语运动，为公务员举办华语会话班，在聘请教员及预备教材方面，共花了45万8208元。

禁止方言剧和普及汉语拼音

除了采取这些"软措施"，我们还采取了一系列"硬措施"：如新加坡电视台先在1978年7月停止播出方言广告；1979年11月把当时很受欢迎的中国香港广东话电视连续剧《倚天屠龙记》配成华语；文化部同时要求新加坡各影片发行机构减少播映外地的方言影片。

至1981年，电视台在不到三年的时间里，淘汰了所有方言节目，第8频道成为一个纯华语频道，整个转型过程比政府所预定的限期提前两年。

这些"硬措施"都引起民间争议。他们写信到中英文报馆去表达他们认为这样是"残忍"、"不近人情"、"多此一举"的愤怒。

我们采取这一连串"硬措施"的原因是我们发现电视的力量极大，我们为人民制造一个讲华语环境的努力，不能让讲方言的电视连续剧来抵消。

1980年公布的统计数字显示，新加坡90%的家庭有电视，65%的人每天收看电视节目。电视在所有大众传播媒介当中，是最有效的推广工具，当时新加坡15岁以上的观众有83万7000名，连同15岁以下的学生观众，则有超过100万人每天在看电视。

既然如此，我们就一方面借助电视的传播力量达到为讲华语运动宣传、普及和推广的目的，一方面为了制造一个"大家讲华语"的有利环境，决定逐步取消电视的方言节目。

我们当时的决定虽然被人们称为是残忍、不近人情，但还是正确的，要不然，讲华语运动不可能深入到家庭里面去。这十年，讲华语运动通过各种大众传播媒介，包括报章、广播电台和电视，大力进行宣传，鼓励新加坡华人多讲华语，在社会各个角落营造了有利于使用华语的环境。

另一项“硬措施”是普及汉语拼音，用汉语拼音来拼写名字，消除由来已久的用方言拼音姓名的混乱局面。譬如一个“黄”姓，根据不同方言，就有Huang,Wong,Ng,Wee,Ooi等；“陈”姓，就有Chen,Chin,Chan,Tan等，非常混乱。教育部从1981年1月1日起，推行华族学生姓名汉语拼音化的政策。所有启蒙班和小学一年级华族学生的姓名都必须采用汉语拼音，学校的点名簿里，先列汉语拼音姓名，再列报生纸[①]上的方言拼音姓名。

教育部虽然这样做，当时生死注册局并没有硬性规定父母必须以汉语拼音来为孩子的名字拼音。

我们还建议把街道的方言名，改成汉语拼音。根据街名咨询委员会的估计，当时3600条街道，约有500条是以方言拼音，如金声路Kim Seng Road，改成Jin Sheng Road；陈桂兰街Tan Quee Lan Street，则改成Chen Gui Lan Street。

但是这些建议，碰到一些困难。首先是要面对行政上的问题：街名、姓名改成汉语拼音后，街牌、个人身份证、名片、公司及官方记录都必须修改，既耗时又费事。其次是历史及感情问题，一些以方言音译而又具有历史性的街道名，如果改用汉语拼音，会给人“文化遗产遗失”的遗憾。另一些以人名取名的街道，改用汉语拼音，如文庆路Boon Keng Road，改成Wen Qing Road，林德金路Lim Teck Kim Road，改成Lin De Jin Road，也引起剥夺了人民怀旧的“感情问题”。

我们推行把姓名和街名汉语拼音化后几年，发现华人对方言仍然怀有深厚的感情，这种感情妨碍了大家全面接受华语。从1982年8月到1984年7月，为孩子登记出生的家长，有五分之一只用方言拼写孩子的姓名，这表示他们完全拒绝用华语。有超过三分之一的家长用方言拼写孩子的姓

① 相当于中国的出生证。

名，但同时用汉语拼音加在方言姓名之后，用括号括起来，这表示他们愿意放弃和讲其他方言人士的认同，暂时勉强接受华语。有大约四分之一的家长以方言拼写孩子的姓，孩子的名却用汉语拼音，这表示他们部分接受华语，也就是说，他们不愿放弃与父亲和祖父的认同，但却愿意通过汉语拼音的名字放弃和讲其他方言的华人认同。有五分之一的家长完全用汉语拼音登记孩子的姓名，这表示他们全面接受华语，但是人数不多。我孙子的姓名就都是汉语拼音。

我们发现这个问题很敏感。人民说，你要我的孩子的姓从Tan（福建音的陈）改成Chen（汉语拼音的陈），那我的孩子还跟我有什么关系呢？他们不肯，我说，好吧，就保持你的方言姓。结果，就像我的保镖，每个人都有方言和汉语拼音两个名字，再加上英文名，三个名字，有多混乱！为什么要这样？有什么意思？我想，既然方言姓名是情感问题，很多人坚持，反正不会影响我们的语言政策，也就算了。

对我们想把街名、地名全部汉语拼音化，当时的异族同胞也有意见。他们说，他们认识这个地方是Ang Mo Kio（红毛人的桥），而不是Hong Mao Qiao，为什么要改变？这样的改变，给他们麻烦。方言姓名、街名都是情感问题，很多人不愿意改变。结果，只有少数地名改了，例如，义顺的英文从方言的Nee Soon 改成汉语拼音的Yishun，后港从Ow Kang改成Hougang。

教育部在发现大多数家长在为新生孩子报生时，在感情上不愿放弃自己的方言姓氏，后来也决定从1992年起全面恢复使用学生的方言拼音姓名，而不再坚持必须汉语拼音化。

保留方言姓名和街名带有浓厚的情感因素，有牢记历史和祖宗的意义。我原本建议汉语拼音化，只为规律化、一致化，如果因为我的坚持，而引起麻烦，那就没有必要了。但是，我们的方言姓名，到了中国，变得很怪异。我对翻译员说Goh Keng Swee（吴庆瑞），她听不明白，我说Wu Qingrui，她才懂。我明白了她是不懂福建话的。

首十年全国上下辛勤耕耘的讲华语运动，在政府政策软硬兼施，不遗余力的推展下，它的成绩是有目共睹的。

人口统计数字清楚显示：以方言作为主要家庭用语的人口，从1980年的76.2%急剧下降至1990年的48.2%，以华语作为主要家庭用语的人口则从1980年的13.1%急速上升至1990年的30%。教育部华族小一学生最常用语调查也显示相同的趋势：以方言为主要家庭用语的人数由1980年的64.4%锐减至1989年的7.2%，以华语为主要家庭用语的人数则由1980年的25.9%剧增至1988年的69.1%。

更广泛使用华语显然有助于提高华文作为第二语文的考试成绩，特别是中学O水准会考成绩。1980年，在O水准华文科的考试中，及格率是84%。1985年升至92%。即使是小六会考，及格率原本就很高的华文第二语文科的成绩也有进步，及格率从1980年的96%增加到1985年的99%。

英文成绩也有进步。小六会考的英文第一语文及格率从1980年的83%增加到1985年的90%。O水准会考，英文第一语文的及格率则从1980年的41%增加到1985年的64%。这些数字说明了英文第一语文的成绩并没有因为华语运动而受影响，相反，这项运动反而使英文第一语文和华文第二语文的考试成绩更好。这跟越来越多学生在家里和学校都讲华语，华语变成一种日常生活语言有关。此外，由于学生少讲方言，减轻了学习语言的负担，使他们有更多时间去学习英文第一语文。

十年前，一个人在牛车水，必须讲广东话，在直落亚逸必须讲福建话，到了桥北路必须讲潮州话，讲华语则肯定被人奚落，说他“炫耀”，可是经过讲华语运动十年的努力，已经不必大费周章，在全国什么地方用华语问路，大家都听得懂，也肯定不会被人嘲笑。这是讲华语运动十年努力的成绩。

1989年10月，我在电视台一部叫《推广华语——十年耕耘》的电视片里说：“华语是值得华族新加坡人保留的语言，它是华族与4000年历史的一种生活上的联系。新加坡历史虽然短浅，但华族新加坡人却和中国人一样，在文化、语言与道德观念上，拥有源远流长的历史，华人应以此自豪。”

十年推广，讲华语运动虽然成就非凡，但是这个运动还要继续，至少必须成功推广到整个社会都普遍接受华语成为华人的共同语言后，才会结束。

华语运动第二个十年（1989年至1999年）

20世纪在即将进入90年代的时刻，新加坡学校已经全面采用以英文为第一语文、母语为第二语文的国民型教育模式。我为学生一方面能全面掌握谋求生存、温饱、发展的英语感到安慰，另一方面却也担心人民如果因此对自己的文化无知，新加坡将沦落成为一个丧失自身文化特性的民族。我们一旦失去感情上和文化上的稳定因素，不再成为一个充满自豪的独特社会，而成为一个脱离亚洲人背景的“伪西方社会”，那这个代价就太大了。

讲华语运动的第一个十年，显然在取代方言的目标上，取得重大成果。运动的第二个十年，我们把重点从“少说方言”，转移至“认识文化”。推广的对象，从蓝领阶级转移到白领阶级。

第二个十年的标语是：“华人·华语”（1990年）；“学习华语，认识文化”（1991年）；“用华语表心意”（1992年）；“讲华语·受益多”（1993年）；“华语，多讲流利”（1994年，1995年）；“讲华语，开创新天地”（1996年，1997年）；“讲华语，好处多”（1998—1999年）。

白领人士都是受教育的一群，不少是讲英语的人士，他们正面对丧失讲华语能力的危机。通过这个高层次人士的带动，也希望能进一步推广和扩大应用华语的层面，让他们意识到，除了英语之外，也要多用华语。

当时许多中年以上的英校生对华语和中华文化毫无兴趣，觉得那是跟他们无关的东西。这使他们不知道自己失去了什么，这样的人在新加坡是很多的，而且，他们的地位都很高，这可说是推广华语工作上一个不容易攻克的关。

1994年起，每届推广华语委员会的主席都改由英校生担任，并以英语作为主要宣传媒介，协助受英文教育的华人掌握基本华语会话，运动的推广形式也因此和前十年大不同。

他们强调东西方文化和谐，掌握华语将如虎添翼，在丰富的东西文化中无往不利。他们的宣传是通过轻松、机智幽默的方式，使受英文教育者消除心理障碍，这和从前生硬的、说教式的方法有很大不同。他们印发英文《华族文化节节目指南》，鼓励受英文教育人士参与华族文化节的活动，观赏华族文化节的节目，并邀请名人、影视歌坛红星充当讲华语运动大使。还有，设立华文网站，介绍华人的节日风俗，引进中国大陆、中国香港和中国台湾地区的华语电影、华语戏剧相声等文化节目，这些成为推广讲华语运动第二个十年的特色。

讲华语运动开始并没有以华语的经济价值为出发点，但进入90年代，已经有明显的迹象显示，华语具有经济价值，会给新加坡人带来许多经济机会。中国经济迅速增长的趋势，使华语可能成为亚太区越来越重要的商业和金融业的语言。兼通华语和英语，能够用华语和中国人做生意，又用英语和其他国家的商人接洽生意，让新加坡比其他国家占更大优势。但是，即便如此，我们还是不断强调学华语不应该只为了经济效益。

讲华语运动来到第二个十年末，新加坡人在家里讲的语言选择，已经不再是华语或方言，而是华语或英语。1998年杨荣文为讲华语运动主持开幕演讲时说，1980年，新加坡讲华语的家庭只有26%，到了1988年，有69%的家庭讲华语，不过，到了1998年却只有56%，跌幅大约是每年一个百分点。照这个趋势，在家里讲英语的小一学生人数，很快就会超过讲华语的人数。如果大多数的华族同胞只在学校里学华语，却不在家里使用，这将对新加坡的社会造成负面影响。

他说，因此，讲华语运动接下去的目标不再只是推广华语，减少方言。更重要的是把华语提升为华族同胞的高层语言，与英语并驾齐驱，其他各族的母语也应该如此……因为新加坡是一个开放的城市，我们的年轻人容易受到好莱坞流行文化影响。有了民族的自我意识，就能产生一种内在的力量，使他们经得起灾难、政治动荡和战乱的考验。如果我们只注

我们家三个孩子1958年到福隆港度假。右起：显龙、玮玲、显扬。他们从小就到全用华语教学的南洋幼稚园，浸濡在华文环境里。

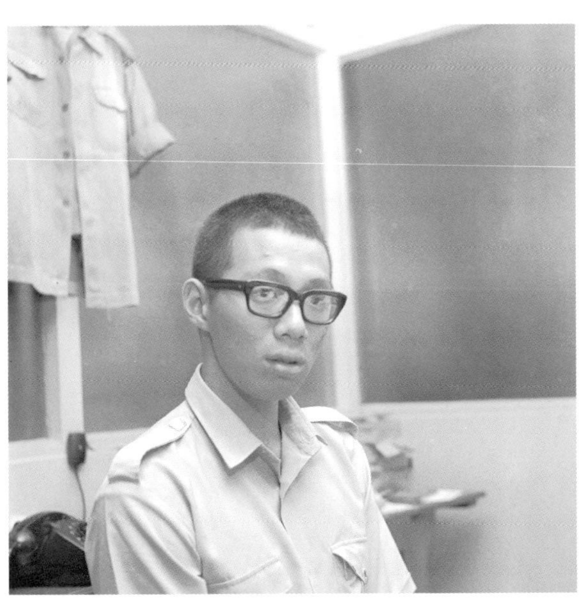

我的长子显龙在公教中学读完六年中学和高中后，1970年进入国家初级学院再读一年英校高中。他的平顶头形象并没有因为后来到剑桥大学读书而改变。70年代，在西方大学校园里学生都流行长发披肩。

1955年5月，福利车厂暴动，我和（左起）林清祥、方水双、首席部长马绍尔和工会的人见面。

福利车厂工人罢工期间，华校中学生不只为工人提供食物和金钱支援，还载歌载舞慰劳他们。

福利车厂工人罢工引起暴动，警察以高压水枪驱散罢工工人。

1955年5月华校生支援福利车厂工人罢工行动。

立法议院各党派委员会介入调停，政府终于让三校无条件复课。政府也指示福利巴士雇主接受罢工工人要求，被开除的工人重获录用。学生举行胜利游行。

1956年3月15日，南洋大学正式开学，举行升旗礼，左三是创校人陈六使。南大首届584名学生，集中了东南亚各国华校的精英，他们分别就读于文、理、商三个学院。

1958年3月30日，南洋大学举行校舍落成典礼，赶赴盛会的车龙，从裕廊云南园延伸到市区的纽顿圈。前往主持开幕的英国总督顾德爵士的汽车，即使在警察开道下也寸步难行，足足迟到了两小时。

1958年3月30日，南洋大学执行委员会主席陈六使在南大校舍落成典礼上致词。坐在他左边的是新加坡总督顾德爵士。

1959年8月，我在中华总商会庆祝自治政府成立的大会会场与陈六使握手。

1959年10月，我视察华义中学，到课室和华文教师交谈。我身边的是该校校长刘伯和。

1961年11月华校中四会考前，刚好碰上安顺区补选，反对党正跟我们进行激烈的政治斗争，结果，华校生第一次的中四会考，被人鼓动罢考。这是在师训学院的考场，由于罢考学生挡住了大门，去考试的学生和陪送的家长，只好由大门旁边推倒的铁网下钻进去。

罢考期间，家长在考场外悬挂布条，强烈谴责罢考者横蛮阻挡家长携带子女赴考场。

1963年2月，我访问巴耶利峇区，在大成巷欢迎会上，数千名群众冒雨来听我演讲。

1963年8月，我到中峇鲁访问，受到成千上万群众的欢迎。

1963年10月8日，南大学生和平请愿向政府提出六项要求。一、放弃取消陈六使公民权。二、保证不修改南洋大学法令。三、释放9月26日逮捕的南大学生。四、保证今后不许警方使用武力侵犯大学自主权。五、无条件资助南大。六、承认南大学位。

1964年6月，马来西亚中央政府派出千余名警察，在南洋大学经过六小时的搜查，对南大的政治组织采取行动，41名南大生被捕。这是警车撤离南大校门时的情景。

1965年9月《王赓武报告书》公布后，引发了南大生新一轮的抗议浪潮。报告书建议南大不应该只照顾华文源流的学生，应该把目标放在培养学生通晓三种或至少两种同国家发展相关的语言。

从60年代中开始，政府为南大注入大量政府资金，包括拨款100万元购买科学器材，另外100万元建新图书馆。这是1966年10月我为南大新图书馆主持开幕礼到校时的情景。左边是南大代校长黄应荣，右边是南大理事会财政黄奕欢。

1971年2月,《南洋商报》通过语文问题鼓动种族情绪。他们指责政府是“数典忘祖的二毛子”。政府后来援引内部安全法令逮捕了该报总编辑仝道章(左)、主笔李星可(右),还有总经理李茂成和公共关系经理兼发行部经理郭隆生。

南洋大学开设马来文系,吸引马来学生入校。这是1972年7月毕业典礼上的几名马来毕业生。

副总理吴庆瑞1979年起兼任教育部长，1979年2月他提呈的报告书，为新加坡的双语教育定下以英文为主、华文为辅的基调。

1979年9月7日，我为推广华语运动主持开展仪式。这是一场石破天惊的运动，要改变新加坡华人从出生第一天就开始听和说方言的习惯。

1979年9月讲华语运动启动后，新加坡小贩中心的小贩穿起这种宣传T恤，制造讲华语的氛围。

1979年9月讲华语运动热烈展开。全国各处，包括小贩中心，到处都张贴“多讲华语，少说方言”的宣传海报。

1979年9月讲华语运动开展后，华联银行女皇镇分行柜台贴上了“我会讲华语”的标牌，职员和客户都以华语交谈。

1980年1月，在新加坡广播电视台一次座谈会上，我和新加坡四位新闻工作者（右起：吴俊刚、卓南生、蓝大周、黎德源），讨论“语言的掌握和多种语言社会”问题。

为了彻底解决南洋大学根深蒂固的华文环境无助于学生把英文学好的难题，1978年7月新学年，我把南大师生搬到全讲英语的新加坡大学的武吉知马校园去，两校开办联合课程。

1980年8月，在南洋大学最后一届毕业典礼上，教育部长陈庆炎宣布了中学将分四年和五年的教育新政策。

这一场毕业典礼，莘莘学子脸上兴奋中带着离愁。

1995年5月，新闻及艺术部长杨荣文（左三）为在云南园重建的南洋大学牌坊主持落成典礼。左二是南大最后一任理事会主席黄祖耀。

在华校开办启蒙班的计划，受到家长热烈反应。教育部于1979年招收了6000名启蒙班学生，比原定的4000人增加50%。

现任总统陈庆炎的女儿陈淑明1979年11月在南洋小学启蒙班毕业时，代表毕业生致词。

特选中学之一的华侨中学的学生上课下课，都恭恭敬敬向老师弯腰行礼。尊师重道是华校的传统。

华侨中学经常有全校师生“用手劳动”清理校园的活动。

南洋女中附小学生看见老师，鞠躬行礼是基本礼貌。尊重长辈、谦让、有礼都是传统华校灌输给学生的价值观。

特选中学之一的中正中学(总校)学生在美丽的中正湖畔，研究湖里的生态世界。

有浓郁中华文化气氛的华中初级学院上千名师生，于1991年12月29日，在伴随着36头瑞狮与四条祥龙腾跃飞舞的锣鼓声中返回重修后的校园。

特选中学获得政府特别辅助后，学生的成绩很快就有了大进步。这是1986年3月O水准会考成绩放榜后，特选中学优秀生为自己骄人的成绩欢庆。

1994年3月，我为华侨中学新校舍主持揭幕后，在杜辉生校长（右）和董事会主席陈共存（左）的陪同下，观看石匾上所刻的文字。

特选中学之一的德明政府中学的华乐团是新加坡历史最久、规模最大的学生华乐团。

华社对80年代教育部实行偏重英文的教育政策存在不满。“沉默的大多数”的受华文教育选民中，不少人在1991年8月大选中把票投给反对党，这是其中三名胜出的反对党议员。左起：林孝谆、詹时中、蒋才正。

1991年8月大选胜出的另外一名反对党议员刘程强。

1991年2月，我为华文学生报《星期5周报》主持发刊典礼。我希望这份学生周报能使新加坡华族学生从小培养阅读华文的习惯，使华文成为新加坡华人生活的语文。

新加坡华人新年的文化气氛逐年浓郁起来。1992年2月新春期间，我在一个新春联欢会上，同欧进福（左）和华素（右）一起品茶。右边站立者是庄日昆。

1995年华人新年佳节，我和妻子欣赏柑树摆设。我认为华人新年如果能经过更好的商业包装，会增加更浓厚的节日气氛。

第二副总理王鼎昌于1991年6月领导成立华文教改委员会，1992年的《王鼎昌报告书》是继1956年《立法议院各党派华文教育报告书》后，对新加坡华文教育有深远影响的第二份重要报告书。

副总理李显龙于1999年1月宣布政府全面检讨华文教学、课程和水平后，为学生提供“量体裁衣，因材施教”的新华文教育政策。设立简单浅易的华文B课程是其中一项新措施。

2004年11月15日，在教育部公布华文教学改革报告书的记者会上，黄庆新（右一）说，通过万人调查，让人欣慰的是，尽管华文难学，却有92%讲英语的家长和87%的学生认为学习华文是重要的。他的身边右起是教育部长尚达曼、教育部政务部长曾士生、教育部常任秘书林泉宝。

2004年我全程参与由教育部前提学司黄庆新领导的华文教改委员会，委员会提出了“单元式教学”的建议。

双语政策培养的不少双语人才，如今在各行各业驰骋。像孙燕姿，懂得华文华语，这帮助她走出国门，成为受欢迎的畅销歌手之一。

特选中学之一的立化中学在2007年开办双文化课程。在四年双文化课程里，学生有两次海外浸濡的机会，一次在中国，一次在欧美。

2007年7月，我在孔子学院开幕典礼上，吁请新加坡的家长，无论孩子在学习华文母语的过程中遇到什么样的困难，都不要放弃。

2009年11月，我在新加坡华文教研中心的开幕礼上说，当前华文教学的挑战就是如何引导讲英语的学生对华文产生兴趣。

为了要求教育部不降低华文母语在小六会考中的分数比重，2010年5月9日母亲节，2518人自发到芳林公园签名请愿挺母语。

2011年10月7日，我在第11届世界华商大会闭幕仪式对话会上提醒大家，要在新加坡生活一定要学英文，否则无法在跨国企业谋生，不过要是放弃华语，你将失去对自己很珍贵的一部分，所以绝不应该放弃。主持对话会的是新加坡报业控股高级执行副总裁(华文报兼报章服务集团)胡以晨。

重英语，荒废了母语，我们的内在力量就会被削弱，我们也将沦为无根的浮萍。

杨荣文的话是对的。当那些住在政府组屋四房式或五房式的家庭也转向讲英语的时候，这趋势是我担心的。我们必须抗拒这个发展趋势，使华语在华人社群中仍然具有生命力，而不是在大家从中等教育提升到高等教育的过程中，不断让它流失。

1998年，推广华语委员会易名为推广华语理事会，以反映它推广华语所扮演的更大角色。

华语受"污染"

20世纪90年代，新加坡电视台有两部环境剧非常受欢迎，一是第5频道的英语剧《同在屋檐下》，另一部是第8频道的华语剧《敢敢做个开心人》。

这两部环境剧都以小市民为主线，故事围绕着他们的日常生活发展。剧集最大的卖点是运用本地色彩非常浓厚的生活语言。《同在屋檐下》说的是新加坡式英语，《敢敢做个开心人》说的是新加坡式华语，无论说的是华语还是英语，都混杂了马来语、方言、英语（或华语）。演员说这些"杂菜式"语言，起了搞笑作用，让普罗大众感到亲切。这也引起了当时"杂菜式华语"好和不好的两方论战。

支持"杂菜式华语"的人认为，反正生活在新加坡，说更贴近新加坡人生活的"杂菜式华语"已经是习惯，只要新加坡人听得懂就行。他们还认为新加坡的"杂菜式华语"是多元社会的"结晶"，是新加坡的特殊文化，只有在新加坡这样的社会才会出现。

反对者则担忧"杂菜式华语"会影响我们推行了多年的"讲华语运动"。他们认为必须尽快进行"语言净化"，说标准华语，否则新加坡年轻一代的华人将没有办法用纯正的华语表情达意，无法和其他地区的华族沟通，结果华语又变成取代其他方言的另一种低层次方言，最终在一个英语的海洋中，像一座孤岛般沉没。

这两部剧的混杂式语言，当时都引起身为总理的吴作栋的关注。在他的建议下，《同在屋檐下》的主角“潘厝港”去上英语课，修补他的破烂英语。《敢敢做个开心人》则重新配音，把方言词删去。吴作栋同时也建议推广华语理事会考虑在今后的讲华语运动中，把重点放在鼓励华人讲标准华语上。

我的意见是我们应该尽量提升华语水平，而不是停留在“新加坡式华语”的层面。这也是为什么我不赞成“新加坡式英语”的原因，它会使这个语言的错误使用方式持续下去。这对语言学者来说也许很有趣，但对社会发展没有丝毫价值。我们学英语是为了沟通，为了让世界了解我们，也为了让我们了解世界，为什么我们需要一个属于自己的特别语言？华语也一样。我们应该尽量达到标准的水平，让所有的人，不管是在中国香港地区、中国台湾地区、中国大陆地区，还是在美国的华人都听得懂，而不是保留一种只有新加坡人才听得懂的语言。

我不明白我们的华语为什么要标新立异？除非我们像美国，人口远远超过英国，才有说美式英语的条件。我们人口只有300万，没有必要编自己的华文词典。我们如果说除了新加坡人以外没有人能听得懂的新加坡式华语，好像说“暗语”那样，有什么意思？有什么价值？就像说新加坡式英语那样，那是极端愚蠢的，也是自我降低水平的做法。就像我说的英语是标准的，是全世界人都听得懂的，任何人跟我说只有他自己才听得懂的英语，我是不回答的。

所以，我们当然要净化华语，要学一种能让13亿多中国人以及全世界华人都听得懂的华语。现在全世界对中国有兴趣的人，并没有去中国台湾地区学闽南语、去中国香港地区学广东话，或到马来西亚、新加坡来学我们这里的华语，他们都到中国大陆去学标准的普通话，以便跟全世界的华人联系，就是这个道理。

华语运动第三个十年　(1999年至2009年)

讲华语运动的第三个十年，承继上个十年认识中华文化的工作，继续强调轻松活泼，使讲华语成为跟进时尚的象征。

这十年的标语是：“讲华语，好处多”（1999—2000年）；“华人·华语·华文”（2001年，2002年）；“能用华语是福气，别失去”（2003年）；“讲华语cool”（2004—2006年）；“讲华语，你肯吗？”（2007年）；“华文？谁怕谁？”（2009年）。

这个十年，推广的对象锁定在1965年新加坡独立后出生、受英文教育而且不太会讲华语的新加坡华人。这十年的标语都向年轻人表达出讲华语是自然而时髦、时尚的。推广华语理事会开始和国家图书馆管理局合作，在全国各地的区域和社区图书馆举办各种华文书展、华语课程、朗诵交流会等。

其他的活动，还有与名人网上双语聊天、“华语之窗”展销会、艺人讲华语宣传片、邀请歌手为运动宣传大使，邀请艺人为运动代言人等。2009年是讲华语运动30周年，这一年更以别开生面的“华文？谁怕谁！”全民互动华文问答游戏来推广。

要求放宽方言节目呼声又起

过去32年，要求放宽公共电视台的方言电影、方言电视节目的声音，可说从未停歇。支持者认为方言文化是中华文化的组成部分，不应该被视为洪水猛兽；让人民观看原音拷贝是对电影、电视创作者和演员的尊重；让老人观看方言电视剧可以解闷；而且不讲方言，会丧失三代同堂之乐等。

早在1981年，就有几位国会议员要我恢复方言电视节目。他们说，老人没有方言节目看，感到寂寞。我认为那是不对的，所以拒绝了他们的要求。1984年，我在讲华语运动五周年的开幕礼上就很坦率地对人民说，我很高兴在五年前展开了这个运动，感到遗憾的是，我没有更早、在10年前（1974年）就展开这个运动，因为我没有预期到要求人民放弃方言是这么困难的。

1997年5月，新闻及艺术部长兼贸工部第二部长杨荣文宣布政府将允许有线电视放映较多的方言节目，这是由于它有特定的市场。但是政府推广华语的政策保持不变，而公共电视台特别是第8频道，不会恢复方言节目。

进入21世纪，在讲华语运动的第三个十年，有更多要求在公共电视上放宽方言电视节目的声音出现。

南洋理工大学传播与信息学院院长郭振羽教授是电视与广播节目咨询委员会主席。2003年2月26日，他在检讨一年的电视与广播节目的记者会上说，华语运动已推广了二十多年，成果相当稳定，是适度放宽方言节目的时候了。他说："方言是新加坡多元文化中很重要的一部分，不少听不懂华语的老人对方言有需求，有亲切感。在不影响推广华语运动的情况下，可逐步增加方言节目，例如一些好的方言电影，让我们的电视节目更多姿多彩。"

新闻、通讯及艺术部于3月9日立刻回函表示，现在还不是公共电视台放宽方言节目的时候。讲华语运动虽然取得了不错的成绩，却不可忽视方言节目的负面影响，这样可能导致推行了二十多年的讲华语运动功亏一篑。

许多学生掌握两种语文已经不容易，如果还受到方言的干扰，学习的负担必定加重。政府了解一些年长新加坡人无法完全掌握华语的处境，为了照顾这群人，媒体发展管理局允许电台广播方言新闻节目，而电视"艺术聚点"频道也可播映方言戏曲和电影，有线电视则可播映一些方言节目。商家也可以售卖录制成光碟或录像带的方言电影和连续剧。政府在灵活处理方言节目的管制时，会确保这么做不会损害讲华语运动的成效。

新闻、通讯及艺术部高级政务部长许文远当时在国会回答议员对放宽方言节目的询问时说："我们在讲华语运动方面取得的成果并非永不会倒退，那是个有如推石上山的艰巨任务，我们成功地把石头推上了山，如今却有人要求暂时把手放开，去听以方言演唱的山歌。要是每人都这么做，石头马上会滚下山来。我奉劝本地华人要三思。"他的话是对的。

4月17日，东亚研究所所长王赓武教授领导的华文节目咨询委员会也在发布的报告书中，再度建议政府在限制公共电视台播映方言节目时，采取较灵活的方式处理，毕竟方言是中华文化里丰富的一环 。

王赓武说："这二三十年来，讲华语运动推行得相当成功，一般学生都会讲华语，也会看华文，基础已打好。在这环境下，如果还坚持完全不用方言，可能没必要。与其继续假设我们32年前的想法是正确的（指方言干扰华语的学习），不如研究这几十年来到底取得了什么成果。"

他的说法跟郭振羽所提出的适度放宽方言节目限制的建议，理由一致。他们都认为讲华语运动已经取得一定成果，所以吁请政府在不影响讲华语运动的前提下，重新检讨公共电视台播映方言节目的限制。

对两位学者的呼吁，我们当时并没有接纳。然而，不久因为萨斯病毒肆虐，为了告诉不懂英语、华语，只讲方言的长者，究竟什么是萨斯，萨斯怎样严重，怎样预防，怎样面对病毒，什么是隔离令等等，我们立刻采取了请艺人为方言亲善大使，用福建话、海南话、潮州话、广东话等四种方言，以轻松的方式在电视上传达抵抗萨斯信息的做法。我们的部长也参与了以方言向长者讲解预防萨斯之道。

这是自1981年电视台全面淘汰方言节目后，电视上首次出现方言节目。这样做，自然又引起一些民众的不满。一篇写给报章的评论说，政府这样做让人感觉"方言像是被假释了一般"，它们重新进入公共电视节目的声像空间，成为宣传短片和解说节目的语言媒介，他认为这充分表现了政府缺乏原则的实用主义。

6月10日我们在回复这名读者的信上说："政府用方言把至关重要的信息，传达给年长的新加坡华人的做法经常出现。例如，新传媒电台曾以方言广告，向年长的新加坡华人解释公积金填补计划。之后，在发生了一连串以老人为目标的电梯抢劫案后，'丽的呼声'也以方言播放防止罪案信息。因此，在萨斯危机时刻使用方言，并非缺乏原则。事实上，这正提醒我们华人使用一种共同语言（华语）的急迫性，而不是不同方言的重要性。"

即便到了2009年，南洋理工大学语言学与双语研究部代主任黄美清博士，还在南大举行的语言学研讨会上说："虽然新加坡人还能掌握多种语言，但在40年前，我们的用语更加多元化。年轻孩童现在已经不懂得使用其中的一些语言了，只不过一代人的时间就出现这种情况。正当许多语言面对消亡的危险时，如肯尽力保留现存的语言并加以创造，还是有希望的。"

我的首席私人秘书徐芳达立刻作出回应指出："人们更常使用一种语言，意味着只有更少时间学习其他语言。一个人学习多种语言，要能达到相同高度的流利地步，难度就更大了。尽管一些有语言天分的人可以掌握多种语言，但新加坡超过50年推行双语教育政策的经验，却显示大多数新加坡人很难同时应付华文和英文这两个语系不同的语言，这是政府不鼓励新加坡人再使用方言的原因。过去几十年政府推行双语政策已取得进展，许多新加坡人现在都能很流利地讲华语和英语。任何一个新加坡机构或是南大提倡学习方言，必然会损害新加坡人对华文和英文的学习，这是愚蠢的建议。这也是政府在1979年后，在电视和电台停止播出方言节目的原因。为了不发出自相矛盾的信号，当时的李光耀总理也停止以福建话发表演讲。那可是他自1961年以来便因不断使用而讲得很流利的一种方言。"

针对方言的问题，前国会议员吴俊刚说得好。他说："继续贯彻或加强双语政策，并不会妨碍那些对语言有特别天赋或兴趣的国人，去学习中英文之外的第三甚至更多种语文，包括各种华族方言。但放眼世界，我们应该看到的是华语的未来，而不是方言的过去。"

是的，我们应该看到的是华语的未来，而不是方言的过去。全世界每天有无数的语言和方言在消失中，方言在新加坡逐渐消失，那是不足惜的。我们同时不能放宽方言节目，否则便会发出错误的信号，让国人误以为政府已经改变了以华语作为全国华人共同语的政策。

未来的路怎么走？

讲华语运动32年后，面对最大的挑战已经不是方言，而是新加坡普遍讲英语的趋势。我在讲华语运动30周年的开幕式上，举了教育部在小一新生登记入学时所做的调查，发现讲华语的家庭自20世纪90年代以来便一直减少，到了2009年只剩下约40%的家庭仍以华语作为主要用语，而讲英语的家庭却从1990年的26%增至2010年的60%。

我说，随着越来越多家庭讲英语，要学好华语就成了大问题。所以，今天讲华语运动所面对的主要挑战并不是华语与方言的抗争，而是扭转华人家庭讲英语的趋势。

我鼓励华人家庭，从小跟孩子说华语，孩子长大了，到学校自然能把英文学好。美国华裔曾经做过一个调查，他们发现从小在家说华语的华裔子弟，长大到学校学华文很容易。从小在家不说华语的，长大学华文，其困难度，就跟白人没有两样。所以，我建议华族父母，从小跟孩子说华语，不要给他们可以说英语或华语的选择。家长现在虽然一时还不能接受我的建议，但是他们迟早会发现我的话是对的。我自己也是读到这个调查研究，才了解真相。

我希望家长明白先学华文再学英文比较容易，先学英文再学华文比较困难，这个次序不要颠倒，我希望家长最好从小和孩子说华语。现在的困难是怎样让家长明白，让家长从小跟孩子说华语，以便让他们以后有优势。我们没有办法强制家长在家和孩子说华语，只能告诉他们，在家只讲英语，对孩子是不利的，因为新加坡已经是个讲英语的环境，他们以后一定能把英文学好。这是我们唯一能做的事。只能把事实告诉他们，不断重复告诉他们。从前我们积极学好英文，是为了争取奖学金升读大学，现在情况不同了，现在的家长希望孩子能同时把华文学好，我们要告诉他们怎样帮助孩子掌握华文。

世界环境的急剧改变，使得华语和英语成为现代人必要的沟通工具。懂得英文，可在英语系社会及发达国家挥洒自如，懂得华语则可以和崛起的中国联系。英语既是世界上最通行的语言，也是新加坡最重要的工作语言，所以非学好不可。至于华语，则是全球华人的共同语文，不但是中华文化的主要载体，也是中国13亿多人口的通行语言。因此，如果孩子能够学好华英双语，必对他们的前途大有裨益。

讲华语运动32年，我们可以清楚看到两个明显的发展趋势。一个是华语已经在家庭中取代了方言，这是华语运动取得成功的最具体说明。我必须向作出牺牲的老一辈华人表示感激，是他们的合作，才使华语成功取代方言。另一个趋势则是英语作为家庭用语已经迅速超越华语，这是非常值得关注的，这也是讲华语运动接下来要面对的最大挑战。

回顾讲华语运动32年，我们集中了全国人民的力量，以灵活的、一致的、坚定的意志力来推展。这是个改变和重塑整个社群语言环境的浩大工程，它牵涉到文化、政治、经济和社会因素，是如此的复杂，它的过程是漫长和艰辛的。当初不少人质疑政府出面推广华语的做法，直到后来中国经济起飞，讲华语到中国发展能占尽优势，全球掀起学习华语热潮的时候，很多人又称赞政府高瞻远瞩，能领导潮流了。

32年后，这个运动的确已被很多人评为是新加坡最成功的社会与教育运动。它要求人们不讲方言，减少方言对学习语文的干扰，也可说已经成功达到目的。有人问我预见到了这个运动能持续这么久吗？我说，我有这个准备，因为这是一个改变整个社群语言环境的浩大工程，它不仅仅是教1000人华文的小事。

中国没有崛起的话，也许受英文教育那一群的学生和家长还不乐意讲华语，他们认为是浪费时间。直到中国经济崛起，向新加坡英文教育者证明通晓华语是有经济价值的，他们才知道学习华语的重要性。

新加坡在少了方言的干扰下，至少现在是个讲华语能走得通的社会，到中国去，也能走出福建广东，靠华语走遍大江南北。由于能说流利华语的关系，新加坡两所大学为中国高官开办的市长班也开得成了。

讲华语对新加坡人已经有了特殊的吸引力，新加坡人从中国移民和电视节目中看到中国崛起。观赏中国建国60周年国庆天安门大阅兵，他们明白这是一个不能忽视的语文，谁忽视，谁就是傻瓜。

事实上，32年前，我只想着华语是明天世界的语言，还没有想到后来我们会和中国有这么多商业来往。当时邻国对我们曾有很深的误解，其实只要英文继续是新加坡学校的第一语文，无论新加坡人说多少华语，英语永远会比华语更重要。我们的小学教学70%的时间用英语，中学教学80%的时间用英语，大学教学100%用英语，这是不会变的。即便我们自己的异族同胞，马来人、印度人和欧亚人，当时也以为新加坡会变成一个讲华语的社会，这是错误的。当时我虽然说了很多，他们仍然存疑，直到现在，他们才明白在新加坡可以说多少华语都不要紧，碰到生存问题，却是非要说英语不可的。

32年后，我们已经改变了新加坡的语言环境，从多方言改成说华语的环境，新加坡讲华语的风气已经不能逆转，新加坡的语言环境已经不可能再走回头路了。如果还有人要保留方言，那就请便吧，单靠方言是走不远的，因为整个社群已经说华语了，还能跟谁说方言呢？跟小贩中心的老人家说吗？跟同学说吗？大家都来自不同的方言群，还能说得通吗？最后，没有办法，还是要说华语。现在市面上虽然可以买到很多闽南话和广东话电影的影碟，老人家喜欢看，也许年轻人也看，他们懂得一点点，这不要紧。看了这些方言电影，他们会说回方言吗？不会的。除了跟家人，他们能跟谁说？再加上现在新加坡有越来越多的中国移民进来，方言值不值得保存的问题更明显了。当13亿多中国人都说华语，我们还保留方言有什么用？

新加坡人会埋怨听不懂中国人说的普通话，我说，中国人说的是标准华语，是全世界人能听懂的话，新加坡人要好好地学，不要结结巴巴地说着词语乱掺在一起、没有人能听懂的新加坡式华语。

但是对有意到中国投资做生意的人，我必须提醒他们认清一个事实：就算你曾在北京或上海的大学读书，普通话说得和中国人一样好，对中国文化了若指掌，但是如果英文不够好，不能了解西方的话，对中国来说，是没有用的。华文好的，熟悉中华文化的，中国有超过13亿人之多。新加坡以英文为第一语文和工作语文，习惯与说英语的西方世界和东南亚国家交往，中国才需要这样的新加坡人——既能讲流利的华语和熟悉中国文化，又能引导他们去认识说英语的西方发达世界和东南亚国家。用中国人的话说是“牵着中国人的手，走向世界”。

只有掌握好双语，才能为新加坡人增值。

因此，华族继续维持讲华语的家庭环境，才是最符合我国未来利益的。懂得双语的家长应该跟他们的孩子多讲华语，他们无须担心孩子学不好英文，因为随着年龄的增长，孩子在学校里接触英文的时间会越来越多。华语是我们要永远关注的重点，但不是方言。

第六章

调整又调整　改革又改革 1980—2011年

1988年，美国《风云人物》(*Top Guns*) 杂志的记者特里华·肯尼迪跟我做了一次访谈，他问我：作为政府领导人，最难做出的决策是什么？我回答说，最困难的决策是处理有关根植于人民心底的文化及感情问题，例如语言课题。

2009年人民行动党庆祝成立50周年，我回答记者的同样问题时仍旧这样说：双语政策是我这么多年的政治生涯中推行得最艰难的政策，我至今还在不停地解决问题！

没有任何政策像华文教学那样经过这么多次的调整与改革，自1979年以来，我们在教育制度上作了六次检讨，其中四次直接针对华文科的教学改革，最近的一次检讨是在2011年。这些变革、调整对平衡国家与个人、族群之间的关注点和轻重取舍是至关重要的。

到了1987年，不同语言源流的学校不复存在，所有学校的统一教学媒介语为英文，但这并不表示我们已经大功告成，教育政策尤其是有关语言的教育永远是"工程在进行中"，我们不只要不断寻求正确的平衡点，还得有能力鼓励国人朝有利于国家的方向前进。

回顾这些年来的政策，我对双语教育的思考经过了两个阶段：

第一阶段，在20世纪70年代中，我认为一个人是无法达到双语同样流利的地步，一个人只能全面掌握一种主导语言，也就是他用以思考的语言。我这个信念成为制定双语政策的基本思路。

第二阶段，后来我终于了解到一个人的智力跟他的语言能力并不相关，我曾经以为一个智商高的人有能力掌握两种语言，所以，我认为聪明的学生学习语文的水平应该比成绩一般的学生更高。我很多年都有这样的看法，一直到有一天我的女儿玮玲，她是一个脑神经专科医生，改变了我的看法。她告诉我，一个人的语言能力和智力并不相等，因两者关系到人脑的不同部分。

早期无法抵抗语文团体的压力

殖民地时代，英国人用英文管理新加坡，普罗大众在各自的小社区用各种不同的华族方言、马来语、淡米尔语及其他语言交谈。在巴刹里，不同种族之间用大家都听得懂的“巴刹马来语”沟通。

1965年新加坡建国，为了政治独立、经济发展、社会融合等种种原因，我们确定了以英文为国家工作语言，这样，哪个种族都没有占便宜，这给我们带来内部和平。当时我并没有运用行政力量强迫全国学校以英文为第一语文，因为那样做，一定会激起人民非常情绪化的反应，那是我招架不住的。

那段日子的政治斗争搞乱了我们的教育制度，我后来常因此感到内疚和痛苦。我内疚是因为我当时没有做好抵抗语文压力团体的工作，没有坚持以英文为第一语文。但是，要真那样做，所付出的政治代价是我承担不起的。

我们只好让家长自由选择孩子的第一语文和第二语文，英文、华文、马来文、淡米尔文四种源流学校平等地继续存在。理论上，这样的教育政策很公平，实际上，人力资源没有得到最好的培养。

到了70年代末，我们终于明白有些学生连一种语文也无法掌握，莫说要掌握两种语文。一个人即便读双语，也只能有一个主导语，没有办法把两种语文都学好。从前我不明白，因为我看到家里三个孩子在华校学华文，在家学英文，两种语文都学得很好。难怪我的同僚林金山对我说：

"你的孩子可以，不要以为我的孩子也可以。"我当时真就以为他的孩子也可以，最多是水平有点差异，其实，我错了。每个人的智力跟学语言的能力是不一样的，我以为是一样，后来才知道是不一样的。

我后来才明白一个人的脑力有限，要第二语文跟第一语文一样好，那是不可能的，即使是神童也办不到。刚建国的新加坡，以英文为第一语文是别无选择的，用更多时间来学好英文，也是不能置疑的。语文的首要作用，是协助使用者谋生求存，如果连温饱也不能，其他一切都是奢谈。

当时我们没把中英文课程比例调整好，教师的资历也不足，华文老师都以第一语文教法来教华文。结果，学生坐下来上课，老师说的话却没有一个字听懂，第二年过后就失去兴趣了。现在我们有了双语教师与单元制课程，按学生的进度学习，学生对华文的兴趣也提高了。

在60年代和70年代，我们的理工学院是以英文教学，造成许多华校生失去入学的机会，这使我们失去最少20%有潜能的学生。后来我们必须通过开办成人教育课程和设立开放大学，才能使这批成年华校生有另一个深造的机会。在建国的最初15年里，各所母语源流学校存在的双语教育造成了学生无法完成学业，中途退学的大量耗损后，80年代起，教育部全方位实践了以英文为主、华文为次的双语教育比重，全力提升学生掌握作为主导语言的英语的能力。如何让全体学生掌握好英文，是当时我们全力以赴的目标。

双语教育定调：英文为主　华文为辅

1979年《吴庆瑞报告书》为以英文为主、母语为辅的双语教育新比重作出定论后，终于为此后新加坡的教育发展定下基调。1979年确定用英文为主导语文，是因为时机到了1978年已经成熟，1965年还不行，新加坡人还看不到英文的重要性。1987年起，新加坡全国学校（九所特选中学，四所特选小学除外）统一成为以英文为第一语文，母语为第二语文的"国民型学校"，双语教育政策终于"体制化"。这为90年代以后的教育成就打下了基础。

我这样说是有根据的：1983年我们的中二学生首次参加由国际教育成绩评估协会（IEA）举办的"国际学生数学与科学研究趋势（TIMSS）"调查，当时名列世界第十六。12年后（1995年）我们中二生再度参加这项调查，无论数学和科学都排名世界第一。之后，在1999年，2003年和2007年的调查，数学除了2007年排第三，均排第一；科学除1999年排第二，均排第一。

2009年我们5000名15岁的中三中四学生参加经济合作与发展组织（OECD）举办的"国际学生能力评估（PISA）"，65个国家里我们取得了数学第二，科学第四，阅读第五的成绩。这一年中国参加了，上海学生无论数学、科学和阅读都名列第一。

致使新加坡教育成功的原因很多，80年代统一了教学媒介，我认为是其中一个重要因素。

进入80年代，为了不再浪费教育资源，我们认清了一个事实：儿童的智力是不同的，分上中下三等。儿童智力虽然不同，却都有学习的能力，我们必须改良教学法，尽量适应每个人的长短处，挖掘每个人的潜能。

我们随即在小学和中学实行分流制度，用不同课程来让不同能力的学生学习。小学分流的标准就看学生学习语文的能力，分普通双语课程，延长双语课程及单语课程。小学分流制度到90年代，改进为EM1课程（英文和母语均第一语文，人数约占学生的10%），EM2课程（英文第一语文、母语第二语文，人数约占学生的70%至75%），EM3课程（英文第一语文、母语第三语文，人数约占学生的15%至20%）。

后来，我们逐渐发现人的语文能力和一般能力并不等同，我们的双语政策和分流制度因此不断改良。我一向认为把华文作为第二语文的前提是，不能增加学生学习其他科目的负担。至于怎样调整，我们自1980年到今天仍在不断探讨和实践。

从1980年至2010年这30年里，我们进行了多次的华文教学研究和改革，发布了：

1992年《王鼎昌报告书》

1999年《李显龙华文教学新政策》

2004年《黄庆新报告书》

2011年《何品报告书》

我们不停地按社会发展改良华文教学，使它与时并进。不断的改进，意味着华文教学在新加坡永远被人关注，华文因此永远不会在新加坡消失。

语文科的考试比重重新调整

经《吴庆瑞报告书》定调，到了80年代，受人关注的第二语文，对华族学生来说，已经是华文而不是华校生的英文了。

英文既然已经是全体学生的第一语文，我们明白双语政策要维持下去，必须谨慎实行，华文第二语文不能让学生或家长觉得负担太重，而使学生产生厌恶。如果大批学生抗拒华文第二语文，我们的双语政策就有问题了。

华文第二语文的程度定的是比华文第一语文低一至两个年级的水平，有人说，这个程度太低。我的回答是，做什么都要付出代价，假如第二语文的程度太高，英文作为第一语文或别的科目的程度就要降低。

我们的华文程度，必须适应大部分学生，而不是只适应小部分的学生。我同意绝顶聪明的学生是有能力同时掌握华、英文第一语文的水准，但是，如果我们的华文水平只有一小部分聪明的学生，而不是大部分学生才能达到的话，那我们的双语政策就注定是失败的。

我坚信，只要华文能成为新加坡华人生活中的推动力，即使只作为第二语文，它也能使新加坡华族社会成为一个更有朝气和更有自尊的社会。

那么该怎样衡量学生有没有学好华文呢?

我认为要看这个学生在离开学校后对华文还有没有兴趣，还有没有应用华文的能力。就比如学生在学校的游泳池能来回游多少圈并不要紧，重要是能否培养起兴趣，离校后能否在充满机遇的汪洋里畅泳，取得收获，这才是学习华文第二语文的关键。

因此，我要求学习华文首先从功能性出发，掌握好听说读写的能力，在离校后还能使用，而不会忘得一干二净，这个学习的水平也绝不能高到成为学习过重的负担。因此，华文的水平偏低，其实并不是关键，重要的是要常用它，使它成为华人社会的活文字、活语言，大家喜欢说它，而不是抗拒它。

学习华文，沟通应用之外，另一个重点是寻求自我认同。我们是华人，那是无法改变的。出国在外，人家看我们身为华人，却不会讲华语，不会看华文，那是很难过很尴尬的事，我年轻时就有这样的体验。所以，对新加坡人来说，学习华文即使困难，也不能放弃。

华文第二语文既然是一个寻求自我认同的语文，它的内容就应该以传授文化为重。

理想的双语教育是通过学习华文和英文，把东方和西方的精粹融合在新加坡人身上。在去芜存菁的过程中，我们扬弃东方蒙昧主义与迷信的思想和习惯，排斥西方只流行一时的风尚。我们加强并巩固所有亚洲人社会中都具有的各种传统家庭联系，同时避开由照顾亲朋戚友观念所产生的“裙带风”等等。

我因此认为华文第二语文，不应该以“认识丰富的词汇和运用语文的高度技巧”作为教学目标。要学生把时间全部放在词汇、成语与文学性上，是过分苛求。华文第二语文，必须使学生产生兴趣，使它同生活息息相关。绝对不能像学拉丁文一样的死文字，靠死记硬背来应付考试，考试过后便完全忘记。

学习华文第二语文既然以精神文化为重，我期待教师以传播社会行为及道德行为的准则，教学生怎样做人、怎样贡献社会和国家。应该生动地讲述华人半历史半夸张的精彩故事、传奇、神话中所包含的道德教训，让孩子在最易受影响的童年，吸收进脑里，从而塑造他们的精神面貌。

如果我们失掉了这种传授方法，而集中在文字的熟练掌握上，程度的要求还要和第一语文相等，那实在是一件很悲惨的事。

以英文为主，华文为辅的双语政策定调后，华校的收生逐年减少，最后一所华校在1986年底，全国实行统一源流前关闭。淡米尔文小学和马来文小学则早在1976年和1982年关闭。

在全面过渡到英文第一语文的过程中，我们陆续采取了一连串为华校更改教学媒介语和考试用语的措施。20世纪80年代初，对于一名大学先修班文科生，华文以外，其他科目均以英语授课。在这种情况下，一个受了10年华文教育的高中文科生要考取一张A水准证书进大学，并不容易。我们这样做并不是故意为难他们，而是要他们先在大学先修班加强英文，以免进了大学才来追赶。当时华校高中生突然要完全学英文是很苦的，但现在，他们却说还好是这样。南洋小学校长王梅凤告诉我，如果没有当时的改变，她没有今天的成就。过渡时期的困难，是不可避免的。

这个时期另一项重要措施是我们改变了小六会考多年来对第一语文和第二语文双倍计分的做法。

我们很早就重视语文教育。1963年我们给小六会考第一语文（华校的华文、英校的英文）双倍计分，1973年对第二语文（华校的英文、英校的华文、马来文、淡米尔文）加倍计分（英校当时还没有规定华族生必修华文为第二语文，他们多选马来文）。我们小六会考四科的比重，英文（第一或第二语文）、华文（第一或第二语文）各占200分共400分，数学和科学各占100分共200分。

这种偏重语文的计分法，后来被批评为对语文能力较弱的男生不利，有重女轻男之嫌。1981年实行中学分流后，很多男生因语言能力较差而吃亏，这直接影响了他们的选校和日后的前途。

我们接受了各方意见，决定在1985年取消语文双倍计分，从此英文、华文、数学和科学均100分，即各占25%，这样做的目的是使按小六会考成绩做中一分流的工作更加准确，并不表示政府不再重视语文教育。

统一源流引起华社的担忧

因为英文的实用价值，使越来越多家长把孩子送去英校。1959年，小一报读英校的学生只占47%，到了1983年，报名在1984年读英文源流的学生已经超出99%，报读华文源流的学生只占0.7%。这个数字是惊人的。我们于是在1983年12月宣布全国学校在1987年实行统一源流。除了九所特选中学和四所特选小学提供第一语文水平的英文和华文课程，其他学校只提供英文第一语文和华文（或马来文、淡米尔文）母语第二语文课程。从此，新加坡学校再也不分英校、华校、马来学校或印校，而全是国民型学校了。

这项新政策引起华社忧心忡忡，他们认为如果华文只能扮演无关紧要的第二语文角色，50年后，华文必逐渐遭受淘汰，新加坡会变成无根的社会。

1984年2月我发表了“华校不再存在，不表示华文会在新加坡消失”的演讲，回答华社的质疑。

我说，华校衰败是新加坡经济发展无法避免的后果。但是华校不存在，并不表示华文会在新加坡消失。华语文是那么能够引起我内心的共鸣，触动我的心弦，我难道会眼睁睁看着它就这样消失吗？绝对不会。新加坡学校统一源流，只意味着我们必须接受一些调整。我不相信我们不以第一语文来教导华文便会失去文化的根。语言和文化是有关联的，却不是相等的。英语是英国、美国、加拿大、澳大利亚、新西兰、南非、牙买加和加勒比海等国家的语言，但它们的文化，尤其是加勒比海国家的文化，和英国的文化是完全不同的。

同时，语言和文化也不是静止不变的，它们会随着人民生活方式的改变而改变。以1949年和1976年时的中国作一比较，他们的语文是进步了，简化了。

英语和英国文化也出现同样状况。二战后英国的文化，已经不再像战前那样充满活力。生活在福利国家的英国人民已经养成了依赖性，他们争取成功的意志力已经变得很脆弱。为了解决新的问题，一个民族的语言和文化必须不断改变。就如日本自1868年明治维新后，语言和文化均经历了很大改革。

我指出新加坡在推行以英文为第一语文的国民型教育后，不会变成一个单纯讲英语的社会，因为我们社会还有很多人不会说英语。我们必须做的，是积极创造使用华文华语的有利环境。只有让华文华语在我们的社会还有用，还是生活语言才最重要。

大力提高英文水平

新加坡中小学生人数，从1959年的31万5348人，激增到1978年的47万6913人，增加了51%。学生人数激增的同时，学生不断从华文、马来文和淡米尔文转流至英文源流，也形成了英校急速扩张的大趋势。

1959年新加坡小一新生，进英校的人数只占47%。到了1979年，进英校的小一新生已经激增至91%。这导致有资格和有能力的英校教师严重短缺，英校师资素质下降，中学出现大量不够资格的教师。

70年代，我们只有35%的小一学生能在中四取得三科O水准及格，只有9%的学生能进入大学先修班。造成这么高的损耗率，主要是因为我们的学生要兼顾三语（方言、华文、英文），无法专心掌握英文。英文对大多数小一学生，是个陌生的外国语文，只有12%的学生在入学时懂英语。1983年一项调查显示，大约20%至25%的小学生到了三年级还不能掌握起码的英文阅读能力。

我的女儿玮玲是一名脑科医生。她在80年代曾经对八所小学2810名小一和小二学生进行调查，发现每五人中，便有一人的学业表现达不到预定水准。造成他们学业差的主要原因，不是因为智商出问题，而是因为英文太差，以致在功课上赶不上其他同学，这些学生并不是无药可救的。

我们的O水准会考，英文及格率一直是最低的，80年代初只有40%上下的学生及格，这时却已有超过90%学生进入英校，华文以外的所有科目都用英文。于是，其他科目不及格率也高，就不令人意外了。

英校教师水平不高是导致学生英文及格率低落的重要原因。英校教师英文不好，又跟没有足够的大学毕业师资有关。许多教英文的大学毕业教师，并不是英文系毕业。1980年，我们估计到1990年，中学和高中需要7400名大学毕业英文教师。这表示在10年内，我们还需要5400名大学毕业英文教师，而新加坡当时无法每年提供540名大学毕业的英文教师。

为此，我们立刻行动。首先是以高薪从外国招聘以英语为母语的英文教师，我们的目标是400名。

可是当六名英国籍教师于1980年1月到华中初级学院上任，为培养150名新加坡最优秀的学生进入英国牛津大学和剑桥大学深造做指导工作时，就引起了不满。新加坡人不能接受他们所享受的高薪待遇，还有教学法、行为举止等等。

我当时解释政府聘请外国教师的目的。我说，以英语为母语的外国教师能消除新加坡人把英语说得荒腔走板的弊病。说标准英语是重要的，可是新加坡人的英语，却是把福建话、广东话、潮州话、海南话、客家话、马来话和淡米尔话的辅音和元音变调，把句子构造和语言韵律乱套的"新加坡式英语"(Singlish)，这种古怪英语是其他讲英语国家的人听不懂的。

当时那场对征聘外国教师的辩论，幸好只局限在薪酬和文化格格不入方面，没有激起沙文主义和仇外主义。当时新加坡有两万名来自发达国家的专业人员，如果没有他们经验的转移，新加坡的经济不可能那么迅速取得成功。我们是因为具备了接受他们、没有排外的正确态度，才得以迅速发展和繁荣起来。

要新加坡人讲道地英语之外，我也决心要新加坡人讲标准华语。当时我把新加坡广播局的广播员和教育学院的华文教师送去南洋大学的语言中心接受语言再训练。

那时新加坡广播局刚从中国台湾地区聘请了三名讲普通话的广播员，这事也引起很多意见。本地广播员声称普通话听起来不自然，矫揉造作，我没有理会他们。可见当时的新加坡不只不欢迎讲道地英语的英国人，也不欢迎讲道地普通话的中国人。

我们从外国聘请400名英语母语教师，把他们分配到全国学校去，同时再展开重点培养更多优秀大学生、把他们吸收进教育界的计划。我们明白只有从根本上培训自己所需要的教师，才能彻底解决英文教师荒的问题。我们的“英文教学奖学金计划”——SALUTE (Scholarships for Advanced Level and University Studies, for the Teaching of English)，奖励年轻人到新加坡国立大学或海外大学读英文和英国文学，日后成为中学英文教师；还有“人文奖学金计划”——PROMSHO (Pre-University-cum-Overseas Merit Scholarships for the Study of Humanities in Oxbridge)，奖励年轻人到牛津大学或剑桥大学攻读文科。

另外，我们在1981年还提出了一个为在O水准英文、英国文学或数学会考中考得特优成绩的非大学毕业教师，每项特优常年加薪加一级的奖励措施。从前会考成绩不够好，我们鼓励重考，重考而能获得特优，同样可以享受这个额外常年加薪。

如此多管齐下提高教师水平，逐渐取得成果。1984年O水准会考，全国英文的及格率，达到52%，比1983年高出12%，这是前所未有的，从前的及格率都在40%或以下。

努力多年，到了2009年的O水准会考，我们的英文及格率已经提高到86.9%。自2005年起O水准会考成绩已经没有包括开办“直通车课程”，而豁免参加O水准会考的优秀学校[莱佛士书院、莱佛士女中、华侨中学、南洋女中、德明政府中学、立化中学、英华中学（自主）、国立大学数理中学]，如果把它们也包括在内，英文成绩肯定会更好。

大力提高全国英文师资的英文水平，同时，我们也致力于提高华文教师的英文水平。在全国学校转为英文源流后，为了避免华文源流教师失业，我们协助他们掌握英文，用英语教导从前用华语教导的科目，或重新受训，转为教导华文第二语文，或转为其他非学术性科目，如体育、美术或音乐老师。

如何提高英文水准，一直让我们煞费思量。1975年，我当教育部长的四个月期间，我对学校培养学生说英语的水平感到不满。学生的英语是那么蹩脚、差劣。三十多年来，英文是我们的主导语文，但是到了几乎所有年轻人都会说英语的今天，我们的英文不只不够标准，而且还是低水平的新加坡式英语。今天，很多小学低年级学生还在说直接从方言或华语翻译过来的新加坡式英语，这是必须改正的。如果我们要成为一流的国家，人民必须说一流的英语和一流的华语。我们学生说的华语比英语标准，英语结构显然受到华语和方言的语句结构干扰。今天新加坡能真正说得一口好英语的人并不多。2006年有40%的学生在学校里面对的最大困难科目还是英文，因此，我们不断从外国引进更多以英语为母语的英文教师，并推动“讲正确英语运动”，务求提高新加坡人整体的英文水平。

我曾要教育部长黄永宏考虑聘请40位到50位来自欧美国家，英语为母语的教师来重新训练我们的英语教师，从小一开始教导学生说正确英语。这是一条漫长的路，也许需要20年至30年。不做的话，一切照旧；做的话，会有改变。

因为英语不是我们的母语，要整个社会能说正确英语是需要几代人的时间。慢慢地，新加坡人就算是出租车司机，也会逐渐明白讲好的英文，可以过更好的日子，比如可以去当导游等等。

我们的情况永远是比较复杂，因为新加坡人要学两种语文。如果只学英文，华文、马来文和淡米尔文都放弃不学，这样学生是容易掌握正确英文。但是我们还要保存华文，还要学生学习跟英文完全不同的华文结构和文法，这是困难的。我有信心，只要从小学习华文是可以掌握两种语文的，只要学得早，应该能做到。

今年（2011年）9月6日，教育部成立了新加坡英语学院（English Language Institute of Singapore，简称ELIS）的机构，为英语及以英语授课的教师，提供一系列专业在职培训课程，提高教师的教学水平，全面提升学校的英语教学和学习素质，并加强学生在英文书写和沟通方面的能力。

英语学院也组织了国际咨询团，由英国诺丁汉大学、澳大利亚新南威尔士大学和中国的香港大学的三位教授组成，从英语教学和研究的国际趋势、方向及创新概念，为学院提供深入的见解。

我去为学院主持开幕礼时说，由于美国媒体的渗透率越来越高，美国又是全球的主要经济体，新加坡人接触美式英语的机会越来越多，因此教导学生美式英语是大势所趋。教育部正准备从美国聘请英语教师。

可以这么说，为了新加坡双语教育的精益求精，我们从外国聘请高素质的语文教师、修改课程内容、加强培训本地教师等的工作永远不会停息。

1992年《王鼎昌报告书》

踏进90年代，我们希望在华语已经普及的基础上，通过一些有效的途径和政策，逐步将华文程度提升到适当的水平，以便提高华人对华族文化的认识和保留华人的传统价值观。

1990年我们邀请了四位中国台湾教授来考察新加坡的华文教学，并听取他们的改进建议。这四位学者是梅广、吴敏而、汤廷池和吴宏一。他们到新加坡实地了解华文教学情况，并与教育部官员、校长、华文教师座谈，交换意见并提呈建议书。

他们在新加坡主讲的四场讲座，都对在双语社会中，培养学生学习华文第二语文的正确态度、华文第二语文的教学法，以及通过华文第二语文教学传授传统文化价值观等课题提出意见。

时任第二副总理的王鼎昌领导的“华文教学检讨委员会”，于1991年6月成立。这个委员会负责研究改进90年代的华文教学。委员会希望激起全体华族新加坡人学习华文的兴趣，协助他们了解、欣赏和保存已有数千年历史的传统价值观和文化资产，同时协助受英文教育的家长突破心理障碍，消除恐惧感，明白让孩子学习华文是有意义的。

王鼎昌委员会正四方搜集意见时，碰上了1991年8月大选。

新加坡华社对80年代教育部实行的分流制度过度偏重英文、鼓励多讲华语少讲方言的讲华语运动，以及1987年统一源流后，以英文为第一语文的教育政策存在不满。这些“沉默的大多数”受华文教育选民当中，不少人在1991年8月大选把票投给反对党，让人民行动党失去四席，我们的得票率是七届大选以来最低的一次，承受了自1968年以来最沉重的打击。

1981年和1984年选举，反对党的惹耶勒南和詹时中先后进入国会，我们以为讲英语的人已成为人口的大多数，其实不然，“沉默的大多数”讲华语选民，在这次大选中发出了他们的声音。

他们认为政府处处讨好能言善辩的受英文教育者，唯恐他们移居外国或不支持政府，而身为大多数的受华文教育者却被看成是理所当然的忠实支持者，不仅利益和愿望被政府忽略，还被迫靠边站，被挤出社会的主流。他们于是通过选票，表达对政府的不满。

华校出身的刘程强和蒋才正在1991年大选期间，巧妙地用方言和华语，鼓动选民的情绪，中选为议员，说明了受华文教育者仍然占人口的大多数。就连反对党议员詹时中也发现，如果不会讲华语，要号召讲华语的群众，是有一定难度的。

当时还有一些华社领袖要求新的小四分流设立以华文第一语文、英文只学口语的EM3源流，我虽然认为这是不理智的想法，不过，还是向吴作栋总理建议让会馆根据华社领袖所提出的EM3源流办学方针，管理六到十所学校，让家长决定要不要把子女送去这些学校受教育，五六年后，就可以看出哪种学校制度对学生的前途更有保障。我这项建议最终没有被宗乡会馆联合总会接受。

宗乡会馆联合总会主席黄祖耀和其他华社领袖在拒绝我的建议时说：“我们必须以理智和客观的态度去看待双语教育问题。新加坡人是非常现实的，很少家长会选择把孩子送进这种以华文为第一语文、英文只学口语程度的学校就读。”事实上，当时教育部也为EM3源流准备好了详尽的课程内容，可是却没有家长为孩子选读这个课程。

我一向尊敬受华文教育者，他们奋发向上，不屈不挠和刻苦耐劳，为新加坡做出了巨大贡献。我固然也希望每个学生精通两种语文，但三十多年的经验让我了解到学生的能力是有差别的，我们一定要脚踏实地根据学生的能力，让他们在配合自己能力的教育制度下学习。随着经济的发展，走向国际化的新加坡越来越重视英文，这是大势所趋，这是大选结果也阻挡不了的。

至于新加坡受华文教育者和受英文教育者之间的歧异，以及从前由于不同教育背景和不同就业机会造成的矛盾，我相信随着学校统一源流的开展，可以在10到15年内消除，到时问题自然就解决了。

王鼎昌委员会在九个月内访问了学校，进行实地观察，与教育人员、学生、华文教师及教育专家举行对话，并发问卷给1000名初级学院高一和高二生，征询他们对华文教学的意见。

1992年5月，王鼎昌领导的“华文教学检讨委员会”针对新加坡华文课程的现状、教学、教材和考试，向教育部提呈了报告书，内含18项建议，如改称华文第二语文为华文、改称华文第一语文为高级华文，重新编写华文教材、提早教导汉语拼音、开放高级华文和中华文学课程给快捷班学生修读、扩大初级学院语文特选课程、修订华文考试的格式和比重、华文考试加入听力理解和加强阅读理解、减少多项选择题、华文教材贯彻语文技能和灌输传统价值观、增加华文教学和接触华文的时间、初院增设AO副修水准华文理解与写作的选修课程、为华文较差的学生开办华文补救课程、在学校实行广泛的华文阅读计划、为学校提供资源和设备以提高华文水平等等，后来都获教育部接纳和落实。

这是继1956年《新加坡立法议院各党派华文教育委员会报告书》后的第二份有关新加坡华文教育的重要报告书，也是自1965年建国、27年来新加坡第一份研究华文教学改革的报告书。

《王鼎昌报告书》也建议新的小四分流制度，让每所小学小五和小六EM1源流学生都修读第一语文程度的高级华文，而不仅限于15所特选小学；中学方面，建议放宽修读高级华文的条件，能读高级华文的学生不再仅限于九所特选中学。种种转变，无形中全面提高了新加坡学生的华文水平，它影响了整个90年代新加坡的华文教学状况。

《王鼎昌报告书》的主要贡献是把华文教学的重点从死记硬背和重视学生书写能力，转移到读、听、说。另外，把华文第二语文称为华文，把华文第一语文称为高级华文，也是比较容易被那些强烈地认为华文很重要的人士所接受。

照顾到“沉默的大多数”讲华语人士的要求，《王鼎昌报告书》的种种建议，的确有重新整顿华文课程、加强传统价值观、把华文水平提高的意愿。

到了90年代末，华人另外一半说英语的社群，对华文受到高度重视又有话说，他们的忧虑导致华文教学在1999年重新拟定。

邓亮洪事件的影响

对感觉被挤出社会主流、靠边站的大多数受华文教育者，《王鼎昌报告书》大力提高学校华文教学水平，并没有抚平他们受创伤的深痕。

到了1997年大选，一名属于五六十年代危险华文至上主义的邓亮洪律师冒了出来，他提出了“为何受英文教育的新加坡华人要对受华文教育的同胞持有优越感？为何受华文教育者要给受英文教育者抬轿子？为什么不能由受华文教育者当总理或部长来坐在轿子上？”等危险理论。他以代表华语、华文、华校生和中华文化的候选人竞选静山集选区，摆明了代表受华文教育者向占优势的受英文教育者提出挑战。

在王鼎昌领导的“华文教学检讨委员会”收集各方意见期间，邓亮洪曾以华社文教促进会临时筹备委员会负责人的身份，向王鼎昌委员会提呈意见。他建议小一至小四华语教导时间，从占总授课时间的27%，增加到45%。

邓亮洪曾在1992年申请出任官委议员，当时的副总理李显龙面试他的时候，注意到他完全以一名华文语文和儒家价值观的斗士自居。在整个面试过程中，他不断强调华文教育并没有受到应有的重视，受华文教育者没有得到政府足够的援助，国会没有足够的受华文教育代表。

他没有受委为官委议员后，便到处投诉说有70%非讲英语的新加坡人，没有得到应有的公平竞争，受华文教育者甚至没有机会进入国会，只成为一名旁观者。

1994年他又在一华人社团“贞义社”的晚宴上，提出内阁有越来越多基督徒部长，政府部门的常任秘书、初级学院和中小学校长也有越来越多基督徒的现象。他说：“今天新加坡很多国家重要政策，是由基督徒来制定的，这样说，一点也不过分。这是个很重要的问题，我们不能假装这个问题不存在。”

新加坡是个多元种族的国家，不同种族，不同宗教，不同语文之间的分歧是很深的，情绪很容易被煽动。如果有人宣扬这一类的危险观点，我们必须立刻有力地加以驳斥，阻止他的企图。邓亮洪的竞选动机，显然是要重新挑起新加坡经历二十几年才逐渐解决的语文问题。我绝不允许华文至上主义的火焰重燃，不容许他以语文和宗教来分裂人群的做法，不让他破坏新加坡现有的和谐的多元社会。

而随着中国日益强大，如果华文至上的想法在新加坡膨胀，那是危险的。新加坡位处东南亚，是马来人海洋中的一个华人为多数的岛国，任何区域或国际势力都不允许新加坡成为一个完全华人的国家。即使再过30年，中国非常强大，华语因为中国的富强成为国际语言，新加坡也要继续保留英文作为工作语言，这个建国原则我们必须坚持。

新加坡的华人社群如果要有和平、稳定的未来，就必须互相容忍，继续采用英语为共同的工作语。新加坡如果成为由不能尊重多元种族的华人所支配的社会，这将是一条走向冲突的危险道路。如果我们保持沉默，让极端主义滋长，5年后，我们将失去更多选票；10年后，情况会更糟；15年后，我们将失去立场，陷入和贝鲁特、黎巴嫩相同的局面。所以我们不能对此沉默。

1997年1月大选结果，83个议席当中，只有两席落在反对党手中。后来我们就邓亮洪在大选期间所发表的言论以13项诽谤罪控告他，他逃亡国外，并没有像60年代两名左派领袖方水双和林清祥那样，勇于面对一切后果。

猛烈炮轰华文至上主义很意外地成为1997年大选的主要竞选课题，我因此觉得有点对不起受华文教育者，使他们受到伤害，从而产生无法弥补的裂痕。但如果政府当时没有面对现实，及时指出问题所在，而任由邓亮洪的言论煽动人民的情绪，后果将不堪设想。

随着大选尘埃落定，当时的总理吴作栋立即表明政府将继续推行双语政策，向华社保证政府将一如既往鼓励华人学习华文及保留本身的传统文化。但他同时提醒，华族不应产生把本族语文变成多元种族社会的支配性语文的念头，政府必须采取对各族都公平的原则，即以英语作为各族在共同领域内公平竞争的媒介语。

90年代突变的形势

1992年由王鼎昌提出华文教学改革后，90年代成了华文教学升温加码的年代，华文教学有了很大发展。

1990年华中初级学院和淡马锡初级学院开设了华文语文特选课程，让华文能力强的学生能在初级学院的水平上深入学习华文。南洋初级学院（2000年）、裕廊初级学院（2006年）和德明政府中学（2008年）陆续开办了这项课程。

中学方面，教育部让更多学生修读高级华文。1995年，高级华文课程首度开放给非特选中学的学生修读，这些都是教育部陆续落实《王鼎昌报告书》建议的行动。

教育部官员不断向受英文教育的家长强调《王鼎昌报告书》并没有影响华文的教学程度，华文第二语文的程度并没有因此而提高。可惜的是，新华文教科书在编写时，未能全然体会报告书的精神，结果提高了语文程度，招惹很多英语背景的家长不满。李显龙副总理于1997年检讨华文教学时发现教育部根据报告书所制定的华文教学内容，的确提高了华文程度。

到了90年代中，我国社会出现了两项新趋势，让我们必须重新修订华文政策：

首先，有越来越多家庭讲英语，这个趋势在高收入家庭尤为显著。小一华族新生来自讲英语家庭的比率从1989年的23%，猛增至1999年的42%

（到了2009年，这个比率更增至59%）。

其次，心理学及脑科研究有了突破。他们发现一个人的语文能力与其他能力不一定成正比。这跟从前认为一个人语文能力强、学习其他科目的能力也强，一个人语文能力弱、学习其他科目的能力也弱的见解迥异。

从前，我一直以为一个人学习语文的能力和他的智商成正比，到了这个时候，我才知道拥有同样智商的学生其实有不同的语文能力，而女孩学习语文的能力又比男孩强等等。

这个新的发现，使我们了解到根据语文能力分流（EM1、EM2、EM3），还有过度提高华文第二语文水平，是对那些虽然很聪明，但母语能力弱的学生的一种惩罚，是不公平的。我们这些措施，让不少学生在90年代学习华文遭遇了重重困难，引起很多受英文教育家长的抱怨。

我的弟弟李祥耀医生当时是英华中学（自主）校董会主席。他曾在一次校长大会上建议修改第二语文政策，让一些各科成绩优秀却无法学好华文的华族学生，改学另一种语文。否则这些优秀生因为华文成绩不好，无法进入本地大学，只能出国留学，那是很可惜的事。

李祥耀和受英文教育的家长“希望教育部能够考虑让这一小部分学生有机会选读另一个第二语文”的要求，实行起来有困难。

我们是从1966年开始推行双语教育，全体学生必须修读第二语文。1979年前，在英校读书的华族学生多选择马来文为第二语文，但在1979年的内阁会议上，作为教育部长的吴庆瑞提出所有英校华族子弟必须修读华文为第二语文，而不是简单易学的马来文。自1980年起，所有英校华族子弟，从小学一年级起必须选择华文为第二语文，这已经成了明文规定，是无法改变的。

对华文作为第二语文，我一向的看法是不要太深奥。我们要求小学毕业生必须懂得1800个汉字，中学毕业生必须懂得3000个汉字，这要求太高了，即使资质中上的学生也会觉得吃力，从心理上就对华文起了反感，何况一群在家完全不说华语的孩子。

这群来自英语家庭背景，有一般学习能力、学校其他科目都能应付自如、唯独华文无法过关的华族学生，以男生为多。虽然无法改变以华文作为第二语文，他们的困扰却必须得到了解，不能采取漠不关心或置之不理的态度，因为这样只有使问题更严重。我们要孩子学华文的目的，本来就是要培养他们的价值观和归属感。如果把华文水准提得太高，使他们失去信心，放弃学习，那么，我们的苦心就白费了。

我同时也呼吁华族家长把眼光放远，看清在二三十年后，中国会是主导东亚地区的一股力量，否则将来必定后悔当初没有让孩子好好掌握华文。

《海峡时报》集团前任总编辑林廷龙就曾于60岁那年（1998年），写了一篇文章，懊恼自己平生犯下的最大错误，就是求学时忽略华文，还瞒骗母亲说，必须选读拉丁文为第二语文才有升学机会。

他说，后来不论是当记者，还是当新闻工作者协会的执委，在无数场合，他恨不得自己能讲得通华语，看得懂方块字。因为不懂华文，在工作上实在有严重的缺陷。

照顾华文特弱学生之外，我们也没有忽略华文特强的学生。

正如在1978年，我们注意到华校凋零，必须培养优秀华校成为特选中学那样，到了90年代末，我们关注到培养“华文精英”的需要。当新加坡的精英都从英校毕业，想办法保留一批精通华文的人才，培养一批对中华历史文化和艺术有渊博知识的核心分子，就成了我们刻不容缓的任务。

我们希望华文特强的学生到特选中小学、初级学院的语文选修班选修高深华文，并继续在大学攻读华文，日后担任教师、记者、翻译员、外交官和商人等工作。他们会协助保留华文，使华文在新加坡社会和文化里充满活力，成为不可缺少的一部分。

因此，如何照顾华文特强、华文特弱，还有华文能力一般的三类学生，就清楚地成为华文教学接下来发展的重点。

1999年《李显龙华文教学新政策》

当时的副总理李显龙于1997年接过了全面检讨华文教学、课程和程度的工作，以便配合政府在21世纪的全盘教育政策。1999年1月他在国会发表《副总理声明》，宣布教育部“量体裁衣，因材施教”的华文教学新政策，并重申了新加坡双语政策的要义。

他说：“政府长期以来对学校的双语教育和学习母语的政策保持不变。英文是全国人民共同的工作语言，现在如此，将来也是如此。英文是全球商业、贸易和科技的用语。但母语是构成我们的价值观、根源和共识的重要部分。母语可以使我们直接接触我们的文化传统，使我们具有不同的世界观，与英语世界的观点相辅相成。尽管国家的双语策略目标不变，推行措施却是随形势的改变而改变。”

经过一年多的研究和调查，李显龙领导的委员会决定采取“量体裁衣，因材施教”的华文教学新政策，让有能力学华文的学生，有更多机会修读高级华文，所学的程度越高越好，学习时间越久越好；对能力不够的学生，则制定较简单浅易、注重培养听说能力的华文B课程，鼓励他们继续学习华文；对大多数能力一般的学生，则把华文水准定在一个切合他们的实际水平。

《李显龙华文教学新政策》的新措施还包括：放宽中小学能修读高级华文的条件、南华中学成为第10所特选中学、南洋初级学院成为第三所开办华文语文特选课程的初级学院、为特选中学低年级推出“中华文史鉴赏”深广课程、国立大学和南洋理工大学探讨给予华文根基强的学生修读与华文相关的课程的入学优待分。

李显龙华文教学检讨委员会发现，一般家长都认为90年代由王鼎昌委员会建议编写的新课本比旧课本深奥，其实这并不是当初成立王鼎昌委员会的目的。当初是要提高华文教科书的文化成分，而不是提高它的难度。于是李显龙召集一个由教育专家组成的委员会，把新旧华文课本进行比较和重写。

《李显龙华文教学新政策》提出“大幅度量身定制，因材施教”的模式，重新编写课本，鼓励每个学生争取达到自己能力所及的最高水平，照顾到华文特强、华文特弱和华文能力一般的全体学生。“高级华文”是能力强者的水平，“华文”是一般学生所能掌握的水平，华文B课程专为华文能力弱者而设。我们制定了适合不同能力的学生的水平，切合他们实际能力的华文教学课程。在新世纪加强对这三类型学生的华文教学，好让他们能够尽力把华文学好。

让更多学生读高级华文

我经常告诫新加坡人说，要做中国人生意，如果只懂华文，即使讲的华语跟在北京和上海的人一样好，我们对中国的帮助也不大，增值效应相等于零。中国已经有13亿多会讲华语的人，不需要更多只会讲华语的新加坡人。他们需要我们用英语与美国、欧洲、日本、印度和亚细亚体系建立起来的联系网，这才是我们的优势，才是新加坡人的增值点。我们虽然鼓励优秀人才掌握双语，但是必须以英文为主要用语的国策，即便在50年后也不会改变。

然而，虽然以英文为主、华文为辅的双语国策不能改变，这不表示我们不能让全体新加坡学生按自己能力，以不同程度来学好华文，尤其在这个为中国崛起做好准备的年代。

从前我相信学会一种语言，就可以永远使用它，年纪越小学会，就越容易使用。后来才知事实并非如此。一个人不论掌握语文的能力有多强，一旦不用，说话就不再流利，词汇就没有办法脱口而出。因此，让对华文有兴趣的学生更多时间读华文，读程度更高的华文，而且读得越久越好，就成了我们要协助华文能力强的学生的策略。

1992年，我们让读英文和华文为第一语文的特选小学，增加至15所。同年，又让全国小学小五小六学生只要符合EM1（英文华文第一语文）资格，均能读高级华文，而不仅限于特选小学。中学则不断放宽学生能读高级华文的条件，从原本成绩须是小六会考最佳10%的学生到后来扩大到连普通源流的学生也能修读高级华文。

种种灵活措施，使O水准会考选考高级华文的人数大增，从2000年的17%，增加到2010年的28%，其中大约1%是普通源流学生。

因为越来越多中学开办高级华文课程，高级华文不再限于特别课程的学生修读，教育部于是在2008年把特别课程并入快捷课程，但这并没有削弱特选中学的阵容，南侨中学获选在2012年成为第十一所特选中学。

开办“华文语文特选课程”的初级学院，1990年从华中初级学院和淡马锡初级学院开始，南洋初级学院在2000年加入，裕廊初级学院和德明政府中学也先后在2006年和2008年跳上“语特课程”的列车。这些形势发展是《李显龙华文教学新政策》带来的成果。

培养学贯中西的华文精英

美国斯坦福大学高才生、课程副主任雷蒙·拉法吉利亚(Raymon Ravaglia)接受新加坡记者访问时这样说：“拉丁文是人类第一千年的重要语文，英文是第二千年的重要语文，我们相信华文是第三千年的重要语文。现代人如果不能意识到华文将是人类在第三个千年里的重要语文，那他是愚笨的。”这话有点道理。

的确，中国的崛起是21世纪的世界大事。

若是发展顺利的话，中国将在100年后成为一个完全不同的中国，它的经济规模将是日本的五六倍。我们回头看，单是一个日本就能在80年代带领亚洲四小龙起飞，可以想象，当中国发展成有“五六个”日本实力的时代，将是一个怎样的世界？它地大物博，有13亿多人口，是我们无法竞争的。但是，它惊人的改变能为我们带来无限商机，我们可以搭上这列快车，从中受惠。

我们的教育，不只是应付今天，教育是要估量孩子10年、15年、20年后所面对的是一个怎样的世界。他们需要什么，教育就要为他们准备什么。我因此提醒年轻一代，新加坡必须为中国起飞的时代做好准备，必须深入认识中国。我们必须拥有一批对当代中国有深刻认识的精英，他们不只要兼通双语，而且必须精通中西文化。

我们预测20年后，政府部门和私人企业每年约需要200名至300名双语双文化很强的人跟中国打交道。但是，我们每年能找到200至300人吗？很多双语双文化很强的学生毕业后要成为专家，不想从事和华文相关的行业，他们只把双语能力作为自己的附加价值，这个问题很复杂。接受了双文化课程、特选课程训练，以后不从事和双语有关系的行业，就浪费了我们的悉心栽培。现在的问题是，我们能预测他们以后要做什么吗？

2004年我们设立“双文化课程”，计划每年培养出200名“双文化精英”。

2005年双文化课程先在华侨中学、南洋女中、德明政府中学展开，第一年原本招生200人，因为反应热烈，有818名学生报名，我们只好扩大名额到290人。2007年立化中学加入这项计划。我们每年为四校双文化课程的100名学生提供奖学金。2011年四校双文化课程的学生，增加至450人。

这个课程类似1979年设立的人文奖学金（PROMSHO）计划，为优秀的人文科学生到英国剑桥大学或牛津大学深造做准备。这个课程从中三到高二，为期四年，它也安排学生到中国和欧美学校做长时间文化学习浸濡，为日后到中国和欧美顶尖大学深造做准备。

德明政府中学培养的第一批双文化课程优秀生陈葆佳，获得2009年总统奖学金，就去了北京大学深造。2007年华侨中学于中国北京师范大学第二附属中学设立了“华中北京卫星校园”，让各校修读双文化课程的学生去做长时间浸濡。

2007年11月，在和中国总理温家宝一起为“通商中国（Business China）”主持启动仪式时我说，为了加强同中国的联系，新加坡即使不能改变现有的“以英文为主、华文为辅”的双语政策，也要调整教学计划，以确保每年能培养约1000名无论在语言还是在文化上都能同中国联系的学生。

连同双文化课程，我们还于2007年在初级学院增设“中国通识”课程。这个课程重点放在学习1978年改革开放后中国的“社会与文化”、

"执政与权力"、"发展与挑战"和"中国与世界"等四个范畴，从政治、经济、外交和文化等领域，让学生深入认识现代中国的新貌。这个课程有主修（H2）和副修（H1）水平，它与众不同之处是开放给所有学生以华文或英文选修。过去几年，每年大约有250名新生以华文修读，600名学生以英文修读。

从前的华校生，在新加坡建国的道路上展现出坚忍不拔与刻苦耐劳的优秀素质，这些素质随着华校时代的过去而逐渐消失，是让我怅然若失的。进入21世纪，我们不断探讨让接受英文第一语文教育、同时精通华文的学生，更上一层楼，了解中华文化和历史的可能性。我们以特选中学学生为基础，更进一步，培养一群对中国语言、文化、历史、艺术、文学有更深刻认识的华文精英，希望他们可以弥补华校生消失的遗憾。

华文B课程是一种需要　也是一种妥协

《李显龙华文教学新政策》提出的华文B课程，这个专为华文差的学生而设的新课程，一开始就被怀疑将成为学生的轻松选择，是为他们打开"方便之门"。

一些华社人士感到非常担心，他们认为这可能会导致华文水平进一步下降。有人认为其实只要政府强制学生修读一般程度的华文课程，家长和学生必会言听计从，因此无须以较浅易的华文B政策来"迎合"他们。

这些话显然不符合事实。

我们希望华社明白，双语教育是一项政治性政策，政府在维护它时，要付出一定的政治代价。在新加坡这样一个多元种族多元语言，即使华族中也有讲华语和讲英语之分的民主社会里，一项强制每个孩子学习华文的母语政策肯定是要涉及政治妥协的。而任何一个民选政府的政治资本并非无限，所以在推行涉及政治妥协的政策时，不能忽略选民对政策的反应和反对的声音，华社因此必须理解政府为什么要同时打开华文B和高级华文的两扇门。

华文B课程不仅仅是一个不同的教学大纲，也不仅仅是一个水平较低的课程，它还是一种新的教学法，一种着重说多过写的教学方法，而不是为了要取悦选民。可以这么说，我们设立华文B课程其实是为了挽救华文。

根据《联合早报》2004年的调查，53%在家里最常跟父母以英语交谈的学生认为华文“难学”或“非常难学”。47%在家里最常跟兄弟姐妹用英语交谈的学生，也认为华文“难学”或“非常难学”。这些认为华文难学或非常难学的学生，有52%表示会选择放弃华文。

所以，如果没有华文B课程，长期来看，普通华文水准可能需要整体再降低，才能照顾学习进度比较慢的学生。我们希望，通过允许少部分学生修读华文B课程，能够让他们达到基本的华文水平，并且维持对中华文化、传统和价值观的兴趣。

当时我们给读华文B课程的条件很严格，绝不是什么学生都能取巧的“方便之门”。我们规定小六会考华文考到C或更差，中一中二华文不及格，O水准华文考E8或更差；AO副修水准华文考E8或更差才能在中三和高一修读华文B。符合这些条件的人数其实很少。

华文B课程自2001年推出后，选读的学生人数比预期的还要少。2001年至2009年，我们O水准学生选读华文B课程的比率，从2%增至4%。A水准选读华文B课程的学生一直约占2%，即约250人。所以，担心学生会一窝蜂“软选择”、选择华文B课程的人是过虑了。

到了2004年，由于来自讲英语家庭的学生不断增加（达到50%），我们进一步放宽华文B课程，让学生提早从中一选读。有学习障碍的学生，如失聪、自闭等，也可以选择华文B课程，严重的可完全豁免修读。长期在海外后回国，重新纳入新加坡教育制度的学生，也可以向教育部申请修读华文B课程，或斟酌情况，豁免修读华文。

2010年，我们宣布增加三个华文B学习中心，现在共有八个华文B学习中心，加上放宽选修A水准华文B的标准，我们预期有越来越多学生修读华文B课程。我认为华文B课程的水平虽然不够精深，即便不能用来传授文化价值观，但是它最少提醒学生他的文化的根，他是来自何方。

“双语并用教华文”突破教学法的瓶颈

新加坡有越来越多学生来自不讲华语的家庭，他们学华文有困难，这是个事实，我们必须面对它，不能躲避。环境改变了，华文教学法就要改变；教学目标不符合新环境，就要修订。我们做种种尝试，找出最有效教学法来切合学生需求，这是我们讲求实际，注重实效，改革华文教学的策略。2001年推出华文B课程是其一，2002年试行“双语并用教华文”是另一项新尝试。

用双语教华文不是到了21世纪才有的想法。1981年，当时教育部小学华文教材组顾问、来自美国夏威夷大学东亚语言系的郑良伟教授观察到，新加坡小一至小四学生的中英文水平相等，可是自小五起，英文的掌握能力便越来越强。许多与工作有关的场合都使用英语，这样，华语的使用范围就缩小到只限日常起居。为了扩大华语的使用范围，他建议在华文课本中加上英文注释与翻译，使许多本来只会用英文表达的意思，也能用华文表达，他认为这样才能使学生真正掌握两种语文。

情况到了21世纪，我们想到在华文课本中加上英文注释，并用双语来教华文，完全是为了减少学生学习华文的初期障碍，目的已经跟20年前郑良伟的初衷很不同。

决定用学生熟悉的英语来教华文，的确是不寻常的做法，但我们是实事求是的。双语教华文，就是用英语作为额外的支援，它的作用就像利用脚踏车后轮旁的两个小轮子来学习怎样骑脚踏车，一旦懂得保持平衡，就可以把小轮子拆掉。

我从前的华文老师吴英成博士是“双语并用教华文”试验计划的学术顾问。他注意到新加坡讲英语家庭的学生，一出生听到的都是英语，开口讲的第一句话也是英语，英语就是他们的第一语言。如果教第二语文，不准使用第一语文，叫儿童停止用第一语文思考，这是不可能的。学第二语文必然受到第一语文影响，所以我们的态度是积极和灵活处理，而不是排斥和压抑英文。

我读华文超过50年，如果不让我用英文学习，根本学不来，进步非常有限。我跟吴英成讨论过这个问题，他是受华文教育的。他是每个英文生词查华文词典，靠翻译来学英文的。我学华文如果每个字都必须靠查华文字典，字典里面解释的每个字又变成生字，我必须再去查每个字的意思，结果陷进重重查字典的泥沼，忘了阅读，这根本就是浪费时间。幸好是现在有了北京出版的汉英词典，给的中英文解释非常准确，学起华文变得容易很多。再加上数码字典的发明，只要把字输入，连拼音也不用找，意思就出来了。所以我支持吴英成到学校去试行“双语并用教华文”。

2002年1月，教育部在圣安德烈小学、圣弥额尔小学、英华小学（经禧）、美以美小学和英华中学（巴克路）率先试验这个教学计划。这五校来自英语家庭的学生高达90%。

不过，“双语并用教华文”只适用于某些学生，对他们学华文有帮助，却不适用于每个学生、每个班级。

一年的试验，证明了利用学生的主导语言（英文）作为辅助语言，的确能协助学生掌握华文，引起他们对华文的兴趣。使用双语教华文必须尽早，从小一开始，好让学生趁早掌握小学阶段的华文词汇，越迟越困难，这也是吴英成发现的“双语并用教华文”在英华中学（巴克路）试行并不成功的原因。

2003年初教育部公布了这个新教学法的试验，获得很多受华文教育者的支持。参与计划的教师也给了正面的评价，认为这是华文教学“山不转路转”的乐观应变手法，为华文教学的瓶颈找到了突破的曙光。

不过，也有不少人对这项新教学法持反对意见。有人认为你是华人，我是华人，现在我教你华文，不应该用英文。有人认为这是对“博大精深的中华文字，隔靴搔痒、瞎子摸象，开倒车的做法”。有人认为在华文课上名正言顺加入英语，让人感到“主权被侵犯”的不自在，并给人英文至上，学习华文必须“迁就”英文的错觉，进而对自己的母语产生轻视心态……

这些话都有道理，而我们的策略是愿意做多种尝试，也不害怕试验新方法，我们的态度是实事求是，是开放的。

“双语并用教华文”证明对来自讲英语家庭、学习华文有困难的学生有效后，2004年我们把它推广到另外七所小学的小一小二。这七所学校是花菲卫理小学、恒力小学、玛丽蒙女校、蒙福小学、圣安东尼小学、圣加俾尔小学、圣斯德望学校。连同2002年开始的四校，这11所小学有66.96%至95.8%的学生来自讲英语家庭。

后来，特选学校如南华小学和道南学校，华文教师也在教学中采用适量的英语，他们说，对刚入学的小一生和从外国来的插班生，这个教学法特别有用。这些特选学校来自讲英语家庭的学生也有上升的趋势，教师们都认为双语并用教华文的必要性和有效性是毋庸置疑的。

这几年，小学华文教师在国立教育学院接受双语教学的培训，四年文学士（教育）课程，也加入“双语华文教学法”单元，而给大学毕业教师修读的一年教育文凭课程（小学华文）中也包括双语教学法的“中英对比语言学及翻译”单元课程。

用双语教华文既然对来自讲英语家庭的学生已证明有效，我们就应该适当地采用这个教学法。

华文母语成绩不再算进大学入学总分

2004年我们对华文教学推出了很多项新措施：如提前让中一生修读华文B课程；扩大双语教华文；设立双文化课程；报读大学华文第二语文成绩只需达到所定的最低水平，分数已不再算进总分等等。这些新政策，都是为了适应不同语文能力的学生。

这一年是“华文教改动作最大”的一年。

种种新政策，以废除自1981年起实行的、进大学必须包括华文母语分数的规定的措施，最引起争论。英文《海峡时报》松了一口气说：“政府终于‘宰杀了这头圣牛’。”

初级学院的华文教师为此非常气馁，他们认为这是政府彻底把“没有实用价值的华文边缘化”的举措，是政府很清楚发出了“母语不重要”的信息，是对华文教师接二连三的打击。初级学院华文理解与写作科的考生，立刻从2003年的113名锐减至2004年的40名，高二华文副修补考生大量减少。

也有人赞成这项新措施，认为华文作为一个科目，应该有它的竞争力，不应该用国家政策来“护航”。如果华文是唯一需要政府用政策来强迫学生学习的科目的话，这对华文并不是好事。这个话没有错。我们也认为学生要专心搞好其他科目，华文副修既然只需及格，不再算分，那么学生不再重视考试，其实也没有错。

当时的教育部长尚达曼在国会详细解释了政府的行动，我认为值得在这里复述。

尚达曼说，教育部为了鼓励学生学习华文母语，采取了把华文母语作为升学必备条件之一的奖励措施。高级华文及格或者成绩优良，在升学考试中也可以加分。这些鼓励措施，对激发年幼学生的积极性是有用和有效的，因为孩子不可能马上明白，掌握华文母语对他们的未来有什么重要性。

但是，鼓励学生对华文母语保持长期兴趣，不能单靠奖励措施，教育部还必须做更多工作。如需要一套能让华文“活起来”的教学提纲、教学方法和测试方法。必须帮助学生拥有更多学习华文的机会和经历，帮助他们对华文产生感情，领会华文所代表的丰富文化，领略懂得华文母语带给他们的优势和机会，发现学好华文的积极意义等等。教育部必须在奖励措施和提高学生对华文兴趣所做的多种努力之间保持平衡。

教育部决定接受大学入学委员会的建议，不再强制以副修母语成绩作为进大学（国立大学和南洋理工大学）分数，理由是不要让欠佳的母语成绩，成为学生未来事业的障碍。

在这项修订之下，华文成绩出色的学生仍可以选择把成绩计算在内，修读华文或高级华文A水准的学生仍可以把华文作为A水准科目的分数，计算在大学入学分数之中。

2004年《黄庆新报告书》提出单元教学法

2004年2月由教育部前提学司黄庆新领导的12人“华文课程与教学法检讨委员会”，正是要探讨如何改进华文课程、教学法和评估方式，更好地激励和激发学生学习华文的兴趣，致力使华文在新世纪继续成为新加坡华人生活上常用的“活”语文。我们明白华文学习不能只停留在学校课室内，必须努力使它在新加坡社区成为“活”的语言，只有不断地接触它，它才不会在我们的社会消失。

这次华文教学法检讨，我全程参与。

我为什么这么投入呢？因为中国的崛起已经使华文成为越来越重要的国际用语，新加坡的华文教学政策必须进行重大调整。这次全面检讨华文教学的目的是建立一套灵活的教学制度，让不同语文学习能力、不同家庭用语背景的华族学生都能尽量掌握华文，尽可能取得最佳华文学习成果。我们一定要尽量营造一个使用华文的环境，让华文成为在课室以外实际应用的语文。

我预料会有越来越多家长希望自己的孩子在年幼时多同华文接触，多花时间学习华文，即使这样的家长现在人数不多，但以后会越来越多。政府必须为他们提供选择，让几所小学在低年级以华文作为主要教学用语。我们要设法为孩子提供最大的发展机会。

我们这样做是根据国际语文的发展趋势来调整语文教学政策，要不是中国经济崛起，我们不会面对这个问题。我们虽然不可能让所有学生回到过去的华文程度，但若只是针对少数学生却是可以办到的。所以，我们改变教学策略，不再以从前的填鸭式教学。

黄庆新委员会审查并检讨了当时几种不同水平的华文课程、华文教学架构、课程内容、教学法和测试方式，同时参考了32次与相关人士的讨论、对话、学校访问，还有无数来自个人和机构的意见，另加上一个对4500名学生、4600名家长、1000名华文教师和320名校长的万人调查，九个月后，提出全方位改革华文教学的新方案。

万人调查的数据显示，尽管华文难学，却有92%讲英语的家长、87%的学生认为学习华文很重要。这坚定了委员会推行华文改革的信心。

这个在当时被称作“前所未有、深谋远虑、朝向明天”的改革方案，认清了按学生能力区分的，针对全体学生、大多数学生、对华文有兴趣有能力学生和少数精英学生的四种不同教学目标。

委员会所提出的九项改革，以发扬差异精神的“单元式教学”最具特色。它建议为入学前没有接触过华文的学生设立“导入单元”和“强化单元”，为一般学生设立“核心单元”，为程度高的学生设立“深广单元”。同时研究“先认字，后写字”新教学法，并运用电脑科技学华文，还设计了崭新的考试模式配合。

为了让来自讲英语家庭的孩子能浸濡在多接触华文的环境，委员会建议设立“附加特选学校”(SAP-Plus) 计划，特选小学除了在课外活动多用华语，还在低年级让更多科目以华语授课。如在小一和小二两年，让课程60%时间以华文授课（原本只有33%），到高年级才转用英语。

这场华文教学法改革的目的，并不是要让语文学习变得简易，其实所有的学习最终都会有一定的难度，需要付出努力和毅力。但我们相信学习一种具有挑战性的语言并不意味着必须很痛苦，为了不让传统华文死记硬背的教学法，使学生视学习华文如畏途，我们改革教学法、课程内容、考试模式，来引发学生学习的兴趣，让学生热爱华文，快乐学华文，让学生享受并期待学习华文的过程。通过“灵活”与“乐趣”这两个原则，为不同能力的学生量体裁衣，设计教学法，并让华文成为充满乐趣、活生生的语言。

就如1992年《王鼎昌报告书》、1999年《李显龙华文教学新政策》都经过国会辩论，2004年《黄庆新报告书》对华文教改所提的建议，政府为之发表了白皮书，也提交到国会辩论。这显示在新加坡，语文问题并非仅是教育问题，也是非常重要的政治和社会课题。正因为双语政策是一项政治性政策，政府在维护它时，是步步为营的，是付出一定政治代价的。

2004年11月我在国会辩论《黄庆新报告书》的时候指出，从前小六会考给华文母语双重分，家长为了要让孩子进名校，都铆足了劲儿给孩子补习华文。现在，我们明白孩子学语文的能力和学习其他科目的能力不同，华文第二语文的学习是取决于个人的动力和使用华文的机会，学习华文的过程必须有趣，才能让华文变得生动活泼和有吸引力。我们让孩子以自己的步伐来学习语文，这样一来，学生就喜欢华文了。华文课有表演，又有趣，孩子都喜欢。

我劝请家长和学生，如果有能力搞好以英文教学的科目，接下来，就应该尽量达到能力所及的最高华文水平。如果学生选择易走的路，满足于较低华文程度，他们以后可能得为此付出沉重代价。对聪明好学的学生来说，最理想的情况是同时掌握好英文和华文。

我注意到不少人又担心这次华文教改会导致华文水平下滑，其实他们应该担忧的是，如果华文教学不改，华文水平的确会因为许多学生产生排斥心理而下滑。

在《黄庆新报告书》的国会辩论过程中，我们发现有了前所未有的变化。我们听不见过去受华文教育议员与受英文教育议员辩论华文课题时的针锋相对，取而代之的是冷静的讨论。大家都肯定了英文最重要，同时也没有人高调反对学习华文。评论员认为这个微妙的变化具有重大的政治意义，这显示讲华语和讲英语的华人之间所存在的差异逐渐模糊，这其实是我们很早就预期的，是双语教育实行多年的果实。

2009年成立新加坡华文教研中心

为培训和提升新加坡华文教师作为第二语文教师的专业，专门设立一个研究中心的意念，可说由来已久。

1968年，当东南亚教育部长会议（SEAMEO）在新加坡建立的区域英文研究中心，开始了第一届英语教学训练班，着手实验教导用什么方法来改善东南亚区域的英文作为第二语文的教学时，已有专家杨觉勇教授向当时的教育部长王邦文提出新加坡应设立一个华文作为第二语文教学的研究中心，借以改善教学情况。他认为建立这样一个华语研究中心不但有实用价值，也有着不可否认的学术与国际价值。他的话没有错。

80年代，在我们大力整合双语教育比重的时期，华校从凋零到关闭，为了避免华文源流教师失业，我们重新训练他们，协助他们掌握英文。

进入90年代，1992年《王鼎昌报告书》提出政府应通过提供在海内外受训的专业发展机会，设法提高华文教师的士气和专业水平。

1993年2月我们看到新加坡华文教师职工会的会讯，发表了《华文教师进修意见调查结果》。他们收集了1861名华文教师的意见，其中401名有大学资格，1460名是非大学生，他们大多数表示愿意参加进修课程，他们对华文教学法、中华文学、中华文化、中华语言学及语文研究等项目表示有兴趣。

之后，我们经常派华文教师到海外进修并邀请海外华文专家到新加坡主持华文教学的研讨会、工作坊，以及出任华文教材编写的海外顾问。我们还放宽在职非大学毕业华文教师进入大学深造的条件，让他们可以申请无薪假期或申请奖学金带薪在本地或到中国大陆地区、中国台湾地区、中国香港地区的大学攻读受承认的学位。

为了解决华文教师短缺并提高华文教学水平，我们从1999年起每年都到中国招聘华文教师，从起初的30名华文教师开始，我们以本地教师的月薪吸引了不少优秀的华文教师加入我国的教师团队。2005年我们聘请70名华文教师的消息，吸引了超过1万名中国教师报名。就如1979年教育部从英国引进英国籍的英文教师，华文教师上我们向中国借力，也只是提升华文教师水平的策略之一。彻底的办法还是成立一所华文教学研究中心，为在职华文教师提供长期优质培训、改进教学方法，并进行针对性的研究和实验。

这样，一所从1968年就开始期盼的“新加坡华文教研中心”于40年后落实，2009年2月正式营运。

我们设立教研中心的目的是致力培养华文教师成为华文教学变革的推进者，成为华文教学的知识中心，为创新教学理念提供实验平台。它短期的五年目标是每年培训在职华文教师1000人，五年培训全国5000名华文教师，全面提升他们的教学素养、教学法和专业水平。

新加坡现有4750名华文教师，其中拥有大学或以上学历者占83%。那些没有大学学历的中文教师能通过华文教研中心与新跃大学所创办的课程获取大学文凭。

新加坡有40年教导华文为第二语文的经验，每年有40万名学生学习华文第二语文，可说是“世界上最庞大的华文第二语文的教学实验场”，我们因此要成为世界教导华文为第二语文的中心，不是华文第一语文中心。

世界华文第一语文中心的工作中国大陆地区会做，我们无法跟他们竞争，中国台湾地区原本也在做，直到他们把闽南话引进学校就不行了。我们要把丰富和创新的教学经验，制作成华文第二语文教学的品牌，走向区域，走向世界，要让新加坡成为一个教学华文为第二语文的世界中心，为讲英语国家华文第二语文教师提供优质培训服务，这是我们成立新加坡华文教研中心的长期目标。

我经常为了华文教学的事和教育部进行冗长的讨论。我说，找一个能让孩子们毕业离开学校后还能学习华文的教学方法。换句话说，就是毕业后，可以靠着手上的电脑、拼音、翻译、软件，继续学习华文。为此，教研中心另一项任务是致力于利用高科技改善华文教学的研究和开发工作。

今年（2011年）他们在第二届华文作为第二语文之教与学研讨会上，宣布利用电脑科技进行作文评改与学习系统的研究取得进展，让国际学者赞誉这是具有突破性的“前沿研究”，让人欣慰。我希望我们的学生从此能在高科技的辅助下，学华文“不流泪”，不像我学华文走的那条坎坷的道路。

小时候我的外婆送我去读一间像私塾的华校，那个老师很差，他什么都不解释，只要我背书，他的发音也很差，我受不了，最后放弃，要求母亲给我转校。现在我们老师有好的发音、好的解释，有好的课本，还有电脑，学起华文来，没有困难，现在的学生不应该放弃学华文，也不应该再有人感觉学习华文是一件苦差事，完全没有理由嘛。

我读《联合早报》，有时候在早报网上找不到所要的文章。不是网上文章，我就没有办法下载它，没有办法用数码字典来学习这篇文章，这让我很气馁。譬如我要读曾昭鹏（《联合早报》前驻北京特派员）的一篇文章，没放上网的话，里面的生字我必须以传统方式，画线，再问老师。这样很麻烦，浪费我们两人的时间。如果能在网上阅读，我可以用网上的字典，把光标放在我不熟悉的生字上，解释和读音都出来了，多方便！我把它记进生字本里，在车上有时间就复习背诵，这是我到今天，一个88岁的人还在学习的方法，如果我在16岁或6岁能用这个方法学习华文，就方便很多。

调整小六会考华文母语占分比重的风波

新加坡学生升读大学、初级学院和理工学院，华文母语成绩已经不计算在入学积分内，我们因此考虑到华文母语作为小六会考四个相等科目之一（英文、华文母语、数学、科学各占25%），所占比重明显较大。在为学生打造一个更具包容性的教育体系这个大原则下，小六会考计分比例合理性的问题引起我们深思。

教育部长黄永宏于2010年4月接受记者专访的时候提到教育部在探讨调整华文母语科在小六会考占分的比重，让天分不同的学生有更多空间和时间追求自己的兴趣，加强个别的优势，不至于因为华文母语成绩较弱而受影响。

不料，这项议题一经报道，竟然引起了轩然大波。新加坡人要求维护小六会考华文母语占分比重的激烈反应，相继通过各式各样的管道源源不断地表达出来。华文报和英文报接到许多读者的来函，大多反对调低小六会考母语占分的比重；互联网上也出现了自发的署名请愿行动，希望维持母语的占分比重，有超过1000人响应；5月9日芳林公园举行了“母亲节挺母语”的签名行动，两小时内收到2518个签名。

一个在中国台湾大学读书的年轻人投书《联合早报》说：“我是新加

坡双语政策培育出来的产物，我清楚知道，也实际地感受到掌握好双语给我们带来的优势。在中国台湾求学的这段日子，每当遇到来自西方国家的朋友，我能很自在地用英语和他们沟通；和中国台湾朋友在一起，我也能以流畅的华语和他们聊天。这种能力是许多中国台湾学生欠缺的，因为他们没有一个学习双语的环境。可是新加坡虽具备一个得天独厚的双语环境，我们却不懂珍惜。看到身边的中国台湾同学积极地学英语，无非就是为了要加强自己的竞争力。无时无刻不在标榜着竞争力的新加坡，为何要削足适履，放弃这样一个强大的优势呢？”

一名自认不懂华文的英文媒体工作者也反对调整华文母语占分比重。她说：“我是‘香蕉人’，不表示我希望我的孩子也和我一样。”

在丹戎巴葛集选区议员马炎庆与五十多名各种族居民的交流会上，大多数居民以举手表示不赞成调低小六会考母语占分比重。

就在社会舆论闹得沸沸扬扬的时候，李显龙总理和教育部长黄永宏在5月11日的联合记者会上重申母语教育是新加坡教育制度的一大基石，政府无意降低母语的社会地位，也无意削减母语在小六会考占分的比重。政府还要为母语教学投下更多资源，聘请更多华文母语教师。

这个持续时间长达三星期的澎湃舆论和行动，范围之广，反应之强烈令人惊讶，让人尤其感到意外的是无论华文报或英文报的读者来函，意见都是一面倒，大多数反对调低小六会考母语占分比重，情况打破了从前受华文教育者和受英文教育者对母语问题壁垒分明的角力态势，这次，他们有了共识。而且，呐喊声音最大的，是独立后成长、本身就受益于双语教育政策的人，他们清楚地知道双语带给自己的优势和好处。

这次母语课题牵动的群众能如此之广大，反应如此强烈，我们认为正是长期实行双语教育政策成功所致。如果双语教育政策没有成功培养出新一代精通双语的新加坡人，这次不一定会有这样的反应。

这些新加坡人，现在已经三四十岁，多已为人父母。他们知道当时自己辛苦学双语，后来却深受其益，对事业有很大帮助。这些新一代的新加坡人希望自己的孩子也能够把华文母语学好，这是可喜的。

等总理给母语教育“派发定心丸”后，我在一个座谈会上回答有关这次母语问题的风波说，在新加坡目前的小学制度，双语的比重根本是不平等的，新加坡人应该面对和接受这个事实。

我们的双语政策，从理论上双语看似平等，实际上英文和华文母语根本是不平等的。在小学，英语教学占七成，华语教学只占三成；中学英语教学占八成，华语教学只占两成；大学英语教学占百分之百。怎么平等呢？

我们应该面对事实。新加坡人英文必须掌握得好，不然很难过活。华文固然重要，可是它始终只是第二语文，新加坡人必须接受这个现实。

2011年《何品报告书》

2004年，《黄庆新报告书》提出了九项建议。主要的建议是中小学以差异教学方式，采用核心单元、导入单元和深广单元教学，重视口语交流和阅读能力，并更多使用信息科技。

自2004年，新加坡家庭的语言环境持续有了更大改变。小一华族学生在家讲英语的比率，从2005年的50%增加至2010年的59%。华文教师的受教育背景也有了很大改变。70%本地华文教师的学生时代是以英文为第一语文的，比2005年的56%又增加了很多。这个趋势还会持续，而且人数还会越来越多。

英语既然在未来10年将成为绝大多数（80%至85%）新加坡家庭主要或唯一的语言，华文对这些学生来说如果不是外国语，绝对就是第二语言，而不是母语。加上英文作为电脑资讯的普遍用语，更减少了听说华语的机会。

我们于是认为这是从根本上再度检讨华文教学的另一个重要时刻。

2004年《黄庆新报告书》建议走的方向是正确的，可是对于应对华文学习的挑战，力度还嫌不够大。我对学习华文能力弱的学生，尤其对从前被我错估了学习能力，以为他们都能以同样程度掌握两种语言的学生，感到耿耿于怀。

2009年11月，我为“新加坡华文教研中心”主持开幕，坦白说到政府早年双语政策的实施方式是对人类学习语言能力的误解，从一开始就走错了路。我们规定学生听写、默写的教学方式是不理性的，而且也因为没有考虑到讲英语学生的心理，没有使用以英语教华文的灵活教学方式，导致许多学生完全排斥华文，为此付出了沉重的代价。

我说，我要趁有生之年把错误的华文教学政策纠正过来。我决意让讲英语的孩童对华文的学习产生好感，进而乐意去学习华文。

我们于是又展开了新一轮的华文教学检讨。教育部成立了由现任教育总司长何品领导的“母语教育检讨委员会”，研究在未来20年华文教学将面对的挑战和可能的反应，从而做出种种调整，以此来规划出一个按部就班的步骤，作为从今天过渡到未来的桥梁，好让学生更有效地学习华文。

新一轮教学法的调整，目的不是要降低华文水平，而是不要让学生害怕华文，疏离华文，能读到越高水平越好。我们还要运用日新月异的科技，以最新的电脑输入法及语音识别系统来帮助学生学习华文。

中国的崛起，对新加坡人来说，华文已经越来越重要，人人都想把华文学好，我们已经有28%的O水准考生考高级华文了。新一轮的华文教改要让所有学生，尽量发挥自己的学习能力。

我们要制定一套能满足不同学习要求的华文教学框架，以达到因材施教，各尽所能的效果。让学生觉得母语不只是一门考试科目，而且跟生活息息相关，能活学活用。

2011年1月，教育总司长何品公布《母语教育检讨报告书》[①]详细内容。报告书指出，为鼓励学生活学活用华文母语，教育部在调整教学方法之外，这次也重点改变考试方式，配合教学侧重测试学生的应用能力，实现“乐学善用”的愿景。

为了实现这个华文母语“活学活用”的教育理念，何品领导的检讨委员会也建议，为确保教学和考试更紧密地接轨，教育部计划制定一套鉴

① 或称《何品报告书》。

定母语能力的指标——“语言能力描述”(Proficiency Descriptors),以便更精准地反映单个学生所掌握的华文母语沟通和互动技巧。

《何品报告书》建议还包括:着重提升学生的母语沟通能力,以反映日常生活的材料来教学;让考试形式更贴近真实生活,扩大电子字典及资讯通信科技的使用,以录像进行口试,中学和高中华文B课程部分试卷允许用电脑文字输入,为修高级母语的学生提供更多资源和机会,五年拨款4500万元,举行母语双周,打造有利学习母语的环境;五年内增聘500名母语教师,提供母语教学奖学金等。

马来文和华文作为第三语文的选择

我在2004年11月国会辩论《黄庆新报告书》华文改革的时候说,如果能重回孩童时代,我要在小学学习华文为第一语文、英文为第二语文,以确保从小就掌握好华文。如果应付得来,我希望在中学也如此,直到O水准。这是因为身在一个讲英语的家庭环境中,我要掌握好英文不会有问题。然后,我也要学习马来语以了解我的邻居在说什么。

我这段话说明了在21世纪,生活在马来人的海洋中,又是中国崛起的年代,新加坡人必须掌握好英文,加强学习华文,也最好懂些马来语。

1959年新加坡自治,曾经有过全民学习马来文的行动,为进入马来西亚做准备。1965年被迫脱离马来西亚后,我们华族子弟的语文教育就集中在英文和华文母语。1978年,教育部开办学习德文、日文和法文的“外国语文学习计划”,把这三种外语列为第三语文,让小六会考成绩最佳10%的优秀生学习。目的是为工商业和外交界提供一群会说第三语文的人员。

马来文是东南亚区域的重要语文,1984年,我们曾考虑以马来文为小六会考最佳10%学生的额外第二语文,让学生在华文或马来文两个第二语文中选择其一,来符合升读初级学院的要求。但是在1985年1月9日的内阁会议上,教育部长吴庆瑞指出这个做法“会降低对母语的重视”。教育部常任秘书吴金龙于是建议把马来文作为第三语文,这个建议被内阁接受。1986年，马来文以第三语文的方式与德文、日文、法文三种外文提供给中学优秀生修读。2001年，这项第三语文的马来文课程被重新命名为马来文（第三语文）特别课程，让非马来族学生修读。2004年起放宽让小六会考最佳30%的非马来族学生修读。

马来文是新加坡两个最靠近邻国的重要语文，学好马来文有助加深我们对邻国的了解。我要求教育部必须致力使10%至15%非马来族的新加坡学生能讲流利的马来语。尤其是2004年12月发生印度洋大海啸，新加坡人到印度尼西亚亚齐省赈灾，印尼军官用印尼语在班达亚齐和米拉务向新加坡拯救队汇报情况时，只有李显龙总理、国防部长张志贤和少数武装部队军官听得懂，这个经验使我们认识到，学校必须培养更多能讲马来语的学生。

另一方面，中国崛起带来商机处处，新加坡的非华族同胞也发出了要求学习华文的声音。政府自80年代实行以母语为第二语文的规定，新加坡的非华族学生就很难选择华文为第二语文。马来同胞希望政府能灵活处理非华族学生学习华文的问题，让他们能自由选择华文为第二语文。他们认为外国学生到新加坡学习，有选择学习华文的机会，反而是土生土长的非华族学生失去了选择华文的权利。

新加坡非华族学生能读华文的人数的确很少。从1999年至2003年的五年里，每年平均只有约1%的马来族学生和5%的印族学生修读华文第二语文。他们都因为是混血儿或曾经读过华文才获得教育部额外批准。

我们于是决定在2004年，推出华文（第三语文）特别课程，让小六会考最佳30%的非华族学生修读。

为了加快学生掌握异族同胞的语文，2006年我们取消了修读马来文（第三语文）特别课程和华文（第三语文）特别课程的所有限制，全国中一生只要有兴趣，都能选择非母语的马来文或华文为第三语文。

虽然掌握三种语文不是很多学生都有的本领，但我们认为这该不妨碍让他们学习基本会话，方便促进种族了解和沟通。我们决定从2007年起至2012年，五年内要让全国所有小学、三分之二的中学，甚至大学、理工学院和工艺教育学院都为学生提供学讲华语或马来语的课程，让学生从小就能接触异族同学的母语。

除了推动华语和马来语会话学习，我们从2008年起，把印尼文和阿拉伯文列为第三语文。这样我们学生学习的第三语文就有七种：德文、法文、日文、马来文、华文、印尼文和阿拉伯文。同年，我们还在英华自主中学、莱佛士书院、莱佛士女校和维多利亚中学设立“区域通识课程”，修读的学生都选修马来文（第三语文）特别课程，或印尼文，这是我们要培养能说流利马来语，熟悉东南亚区域文化和最新发展状况的精英的计划，我们每年为其中100名优秀生提供奖学金。

华文未来的前途

黄祖耀曾向我感叹，当他用华语同孙儿们说话时，他们都用英语回答。然而，他们的父亲，也就是黄祖耀的儿子，却是受华文教育的。我明白他的意思，也理解他的感受。我的孙儿们上的华文幼稚园和小学——南洋幼稚园和南洋小学，也是他们的爸爸小时候上过的。但他们在家里，还有和同学及朋友间却是用英语交谈。当我要他们讲华语时，他们用华语给我简短的回答，随后又转回使用英语。除了其中一个，他们都进入高才班，但他们在学习华文时全都有困难。我的长孙女从南洋小学毕业后，进入莱佛士女中和华中初级学院，在O水准时报考高级华文。然而，她现在还是比较喜欢讲英语。尽管华文教师尽心教导，其他五个孙儿们还是觉得华文很难学。

有人曾经问我，制定双语政策的目标是否为了争取选票？

这种假设是完全错误的。其实，双语政策在许多方面肯定让我们失去选票。一方面，一些家庭因为孩子不能应付华文的要求而移民；另一方面，华社里有不少人对华文水平不断降低感到不满。后者的人数远比前者多。

其实，我遗憾不能早点推行单元式的教导华文方案。我从20世纪50年代到90年代对孩子学习语文的能力都不理解，直到90年代末才明白，现在更清楚了，可是太迟了。如果我早一点明白，新加坡不会有这么多孩子受苦，他们的父母也不会受苦。我们现在以单元式教华文是正确的，这样做，可以在不影响学生其他科目表现的情况下，为语言学习能力不同和家庭背景不同的学生，定下适当的学习水平和教导方式。孩子可以按自己的进度来学习，他们不会厌恶华文，不会拒绝学习华文。一部分讲华语的人会坚持华人有能力也应该以传统的方式学习华文，我不同意这样的看法。学习语文同个人的态度和身处的环境有关，同种族无关。

我们的双语政策将来会如何发展？

我认为我们可以培养一小部分，占人口约5%至10%的双语精英。另外，约50%能够使用实用的双语，能听、说和读华文，同时能利用科技的辅助，掌握书写实用华文的能力。其余的人至少也具备程度较低的双语能力。许多人使用华语还是会比使用英语自在，因为华语是他们的家庭用语。

我们的挑战是，如何有效地教导日益普遍讲英语的新加坡人，让华文成为华族的第二语文。我认为最好的途径是让家长在家里用华语同孩子交谈，就算他们的词汇有限也不要紧。一旦孩子从小熟悉了华文的发音和句子结构，在学校学习华文就会容易得多。

总之，我们的教育体制必须按环境的转变作出调整，没有什么政策是不能更改的。如果华文的经济价值提高了，家长和学生要更深入学习华文，我们就必须满足他们。不过，选择在于家长和学生，不在于政府。

第七章

中国崛起带来的大气候

实行了多年的双语政策，让我们培养了不少双语人才，在不同的领域各领风骚。

新加坡现在有好几位华语歌手在中国大陆地区、香港地区和台湾地区非常受欢迎，好几个还曾受邀到中国中央电视台的春节联欢晚会上亮相。香港《亚洲周刊》在2002年曾经用“孙燕姿现象”作为封面专题故事，说孙燕姿是“新加坡歌手、中国台湾包装、风靡整个中国；文化创意、结合高科技、开拓巨大商机”，并推崇孙燕姿是中英文化教育的成果，具有双语的思维，东西文化在她心中汇流，形成独特的“孙燕姿现象”。

这些年来，我也常常收到在中国经商的新加坡人的电邮，感激我当年“逼”他们学华语，他们今天在中国才占了一个双语的优势。

中国市场的开放，让新加坡人的语言优势更加突出。1986年，为了开发中国市场，肯德基委任了一位美籍华人王大东出任肯德基远东地区总裁。他上任后做的第一件事是把肯德基远东地区总部由中国香港移到新加坡，当时有人问他开发中国市场，总部为什么反而离中国大陆更远。王大东举出的理由之一就是中国香港人当时不会讲普通话，而新加坡人有讲华语的能力，表面上是搬远了，实际上与中国大陆的距离是更近了。

二十多年后，另外一家美国快餐店巨头麦当劳要委任一位懂得双语的新加坡人出任中国总裁，2009年3月，新加坡人曾启山 (Kenneth Chan)

获得了这个新职位，他在麦当劳公司有12年工作经验，曾担任麦当劳新加坡的董事经理。这个45岁的年轻人毕业自英华学校，来自讲英语的家庭，华语是第二语文，家里为他请了华文补习老师，后来高中和大学都是在美国留学。在麦当劳大力开发中国市场的过程中，他的丰富管理经验、与美国总部流畅的英文沟通、在中国市场的语言优势，使他成为麦当劳所倚重的人才。如今，他能够和中国员工、商业伙伴、政府官员用华语沟通，更容易获得他们的信任和理解。他说，如果没有以前在新加坡打下的华文基础，他无法做到这一点。

除了快餐业，电脑业也是如此。康柏电脑亚太副总裁林顺福从1989年就开始负责中国市场的开发和拓展。他在小学和中学时，华文都是第二语文的程度，由于在20世纪60年代，华文还不是O水准的必考科目，林顺福就把精力放在理科科目上。他熟练的英语能力，为他在国际公司的事业奠定了坚实基础，他也发现仅仅用华语交谈还是远远不够的，他认为自己的华语水准还不足以让他与中国的伙伴进行深入的沟通，他解释说："如果你不精通一门语言，你很难准确表达并让对方完整理解你的感受。"与中国政府官员会面时，他总是安排翻译，避免误解。然而，使用翻译意味着失去个人接触以及直接对话的情感沟通。现在的他相信，如果自己更好地掌握华语，他就能够和中国人更快地进入状况，达到目标。

曾经在IBM服务二十多年的新加坡人洪月霞也有类似的经验和感受。2004年1月，洪月霞从新加坡赴北京担任IBM大中华区PC部门总裁兼大中华区副总裁。2005年联想集团收购IBM的PC业务，并购案生效前几天，联想集团董事长杨元庆与她会面，希望洪月霞能留下来成为一座桥梁，因为她是唯一会说华语、同时又住在中国的IBM高层。洪月霞答应了。在联想服务的几年中，因为共同的文化背景，让她"听"得懂中国同事通过言语和非言语所表达的情绪和压力。

她说："我能讲华语，我的根在中国厦门鼓浪屿。中国同事说，这让他们对我有一种'自己人'的感觉。"在成功扮演了桥梁的角色之后，洪月霞在2009年又回到了IBM。

确实，中国自1978年以来所发生的变化是令人惊奇的。现在的中国，特别是那些沿海城市，拥有以惊人速度涌现的高楼大厦及宽阔的高速公路。人们的衣着穿得像日本、韩国或新加坡等任何一个现代化国家的人们一样好。

我是在1976年5月第一次到中国进行了长达两周的访问，之后1980年、1985年、1988年分别率团访问中国，每次访问，我都会花一个多星期时间，由一位中国副部长陪同游览各省，几次下来已经参观了中国十多个省市。那时，我们虽然没有正式建交，但是彼此之间越来越了解，每次我都很坦率地说出自己的想法，开诚布公，中国领导人也因此认为我是中国人民的真正朋友。1985年的那次访问，两国还实现了经济和贸易方面的一个重大突破，我们为新加坡商人打开了门，让他们可以直接跟中国各省洽谈生意，在互惠互利的基础上进行经济贸易合作。中国政府也在那一年聘请吴庆瑞为中国沿海特区的经济顾问。

在1990年10月3日两国正式建交之前，新加坡参与中国的投资、城市规划、机场发展和改善旅游设施等工作，已经取得相当可观的进展。当中国经济管理的权力开始下放到各省市时，新加坡与中国经济合作的机会将跟着增加，过去商谈的经验将有助于达成新的双边协议。

1988年9月我访问中国时，中国还在钓鱼台为我设寿宴，庆祝我的65岁生日。当时我对随团的记者说，我们花了12年的时间才建立起目前的这种相互谅解和相处自如的关系，我们彼此之间的关系已不再那样拘泥和不自然了。他们现在已经了解我们，我们也明白他们的意思。他们知道我们是前后一贯的，有信用的，我们也知道他们是言出必行的。这是一种很好的关系，它不是建立在错觉上，而是在真正评估对方对于整个关系的看法——不只是双边关系，而且是与亚洲和整个世界的关系——之后建立起来的。

1990年10月建交之后，我几乎每年都到中国访问，至今已经超过30次了。如果把中国在20世纪70年代与现在的情况比较，那是全然不同的。这并不是指建筑物，那很容易办到，而是中国人的思想、态度、姿态，现在已完全不一样了。中国了解自己不是世界的知识中心，需要向其他国家学习新科学和知识。目前，有不少中国留学生到美国和英国留学、吸收新知识，这样的趋势延续下去，经过一两代人之后，中国将能与这些国家平起平坐。中国领导人脑筋好、思维快、分析能力强。就算是闲聊，他们也委婉含蓄、引经据典，处处显露思路的清晰敏锐，只有听得懂华语才能深入领略其中细微的含义。

一个拥有13亿多人口的繁荣与和平的国家，对亚洲和全世界来说，是具有重要意义的。同这样的一个国家合作是合乎需要，实际上也是不可阻挡的。中国经济发展正在为人们提供更高的生活水平、更好的生活方式，也为世界提供了更多的发展机会。懂得华语、懂得中国文化，能够为我们找到一个特殊的位置。

领导人懂华语的优势

新加坡的领导人如果能够用华语沟通，是可以为新加坡带来一些优势的。拿我自己来说，如果不说华语，我不会跟蒋经国建立良好的工作关系，新加坡的军队也不会在中国台湾地区训练。蒋经国和我有很深的交情，在将近20年间，我对他非常了解。我发现他是一个诚恳、正直的人，他对我也推心置腹。

在中国的正式场合讨论一些重要事务时，我会讲英语，但当中会使用华语。在1994年10月，我和江泽民主席有过一次热烈的讨论。他说："我有翻译员，但是我们别浪费时间，你就说英语好了，我听得懂。而我说华语，你也能听懂。什么不明白的，我的翻译员可以帮忙。"我们的确省了不少时间。

李显龙总理告诉我，2009年APEC新加坡会议的晚宴上，胡锦涛坐在他的邻座，用华语交谈，完全放松，跟正式会议致辞时完全不同。因此，华语创造了一种不同的关系，我们懂得华语显然是一个优势。当我们在北京的使馆用英文发回他们与中方官员或部长们的讨论时，一些关键的字眼他们会使用中文，这样我们就能够了解他们说的确切用词。你看，这就是特色。如果我们根本不说华语，我认为彼此间的关系将变得更加正式，更有距离感。

但是，在新加坡，如何寻找下一个曾经学过12年华文的总理呢？华校已经不存在了。你可以找到特选学校毕业、在北大或清华待了一两年的人，他有语言能力，但文化背景不同。就像中国前副总理吴仪跟李显龙总理说“步步高升”，总理回应“高处不胜寒”是很自然的，因为他读过这些典故，不是他学来回答问题的，那是他的华文文学知识的一部分。但即便是总理，当他谈预算案时，必须提前复习所有的技术词汇、金融词汇。国庆群众大会的演讲，他可以充分地掌握语言。但他还会为一些要点和关键字眼作好准备，先与新闻秘书陈怀亮讨论正确的用法，最后再修饰。

年轻的领导人、国会议员，他们各不相同。其中一些错过了双语教育，比如张志贤、黄永宏、杨荣文，但他们努力地学习华语。前外交部长杨荣文现在讲华语已经非常流利，他会讲流利的潮州话，能够把潮州话转换为普通话。他也有很多对外的联络，所以水准提高了。张志贤交谈时很流利，吕德耀也能把广东话转为普通话。这些都是相当快的进步。当然，像颜金勇、傅海燕、李奕贤等年轻部长，他们有比较强的华文背景。许文远虽然有槟城闽南语的口音，但普通话非常流利。所以每当政府必须处理华文华语课题时，我们会选择那些华语流利的同僚，从社会层面和正式层面去进行解释的工作。我认为未来的下一代领导人都会是双语，听、讲流利，尽管他们不能写华语，但他们可以读，这就够了。

其实早在十多年前，我便主持了一系列“华语午餐会”，部长们同受邀的宾客以华语交流，讨论时事及民生议题。内阁举办这样的活动，就是希望能消除英校出身的部长们用华语谈论严肃课题的心理障碍，也让他们熟悉流行的新词汇，能在一些场合派上用场。

不过，参加午餐会的部长们在交流时，都表现得很谨慎，他们不是很习惯用华语谈论时事。

中共中央党校副校长郑必坚曾问我会不会去访问祖籍地。我说不会。如果去，我在东南亚就有麻烦了。菲律宾的阿基诺夫人、泰国的他信的情况不一样。他们承认自己的华人血统，然后到中国家乡去参观。但我是在东南亚管理一个华人占大多数的国家，有两个马来伊斯兰教邻居，一直对我们心存怀疑。郑必坚理解我的话，他说，没问题。中国政府翻新了我曾祖父的老房子，他们给了我一册影集，房子外面写着：文物保护单位。现在已经成了一个旅游景点。

我的弟弟去参观过，虽然我不再是总理，但我还是不能去，尤其是现在更不能去，虽然我们和中国的关系已更密切，我们也吸纳了这么多的中国新移民。吴作栋曾去看了他的中国乡下老家，但他的情形不一样。我是新加坡这样一个华人为主的独立国家的第一任总理，马来世界对这一点很敏感。即便没有这些，他们仍然怀疑我们：你为什么得到两只熊猫？我们帮助中国很多，给他们很多经验的传授。

双语与培训中国官员

2010年4月，到访新加坡的中共中央组织部长李源潮在新加坡国立大学致辞时说，中国把新加坡作为领导干部海外培训首选，是因为新加坡的发展经验对中国有特殊的借鉴作用。他说："新加坡在发展中所遇到的问题、矛盾，和正在探求的解决办法，正是我们现在遇到或将要遇到的矛盾，和我们现在需要用或探索将要用的办法。"

最早招收中国官员的南洋理工大学，从1992年开始开办一周至三个月的短期培训班，以中文授课，内容包括经济管理、企业管理和公共管理。至今受训的已接近1万人，分别来自中国各省及中央机关和央企。为因应中方不断增长的需求，南大自1998年开办了为期一年的管理经济学硕士课程，2005年则和中共中央组织部及各省市组织部合作开办了公共管理硕士课程。这些就是人们常说的"市长班"。现在国大李光耀公共政策学院也开办了华语的高级公共行政与管理硕士学位课程。

1996年，新中两国制订了中国高级官员到新加坡考察访问的计划；2002年7月，新加坡和中国就培训高级公务员达成了协议，主要是针对中国城市的市长们。"未来的很多年都会需要你们"，这是中国国家副主席习近平跟我说的。我说：“再过10年、20年，你们将不再需要我们。”他说：“不，我们在未来很长一段时间都会需要你们。”他又说：“我去过新加坡。我知道你们有什么，我们的人民想从中学习。我们希望向你们学习。我们从你们身上学到的要比从美国学来的多。”我认为这不是随便说说的客套话，因为去美国，制度、环境对他们来说是陌生的，看到的是西方的处事方式。在这里，他们是来看我们如何吸收西方的方式，并融入亚洲的环境。因此，发现我们很有用，50年后我就不确定了。如果那时他们有很多讲英语、在美国受过教育的人，就也能够有经济发展局那类的运作方式。但这是另外一个故事了，没有什么会永久不变。如果我们能够继续吸收聪明的学生，那么，就能够保持高水平的竞争力。如果我们仅仅依赖自己的人才、马来西亚的人才，那是不够的。

我们可以为中国训练的人数仅仅是他们想要送来的一小部分，“市长班”每年只能收一百多人。

我们对中国官员，是教授几乎所有他们可以吸收的东西，但我们知道，他们无法完全学到软件，包括英语、如何向投资者推销园区、瞄准投资者的方式。中国还不具备这样的能力。当然他们最终一定可以，但会很慢。他们如何能培养出新加坡经济发展局类型的官员，熟悉美国的方法、美国的工业、美国的言论等等？而我们的学生是在那里受教育，并以英语作为我们的第一语言。

因此，外国投资者来新加坡时，有宾至如归的感觉，当他们听了经济发展局的介绍之后，他们会说，“好的，我相信你。”但他们到了苏州，没法当场直接沟通，需要翻译。他会想：“他会履行他的承诺吗？”两种情形大不一样。要赶上我们，中国需要一整代经济发展局的人。

因此，我不相信我们会很容易地被取代，因为我们具有语言优势。事实上不仅仅是语言，我们的整个文化是中文和英文、东西方文化兼具的。因此，投资者来到这里，会感到很舒服。在跨国公司当中，新加坡这个国家享有不错的口碑，各级官员、公司高层管理人员都很乐意到新加坡来。

如果当年新加坡没有推行讲华语运动，就没有今天的“市长班”了。我们把所有的课程翻译成中文，这就是优势。如果我们是单语的，就无法与中国建立联系，他们也会觉得尴尬。在“市长班”，授课的人讲标准的华语，有些教授虽然不能说一口道地的普通话，但谈话沟通和理解没有问题。因此，中国来的学员会感到很舒适。他们在南大除了学习之外，生活更有规律，也没有应酬，还可以做到每天坚持锻炼。

这些年来进行的培训，应该为中国培养了一批具有领导人潜力的官员，他们与我们的官员也有密切的关系。可惜的是，我们没有这方面的企业家借助这种优势。我的意思是市长们来到这里，他们不是为我们，而是为他们的官员和人民。如果你想到那里做生意，只要说从新加坡来，他们会立即了解你的水准。但我们不像中国香港和中国台湾，没有那么多的企业家，政联公司也是如此，范围有限。而香港人，每个人都是企业家。比如上海新天地，罗康瑞去那里之后很快学会了当地语言。他从广东话转到普通话说：“如果你给我老上海的这个地方，我会这么这么做。”他从小做起以取得当地的信任。他接着说：“你给我整个地方。”于是把新天地做了起来。他一个人、他的公司，做得比吉宝、胜科或凯发都多。

你会看到中国香港总是产生这样的人。如果我们有这样的人才，加上联络网，可以在中国各地拓展生意。无论你到哪里，他们都会说：“哦，我知道你代表新加坡。来吧，加入我们。”南大已经在中国许多城市设立了校友会，但我们还没法充分利用机会，我们还需另外寻找一个方式来连接他们的社会联系网。

中国崛起成为世界经济大国的趋势越来越明显，新加坡该如何继续扮演对中国有用的角色？中国现在派遣众多的官员来学习城市管理，仍希望向我们学习如何在一个小地方实现卫生清洁的环境，保持清新的空气和干净的水道。新加坡确保本身在激烈的竞争中保持优势的方法只有一个，那就是不断地提升我们的水平。如果我们停下来了，自满了，就会被淘汰。

我一直深信，新加坡与中国的双边关系未来必将不断发展，两国在原有的合作基础上发展关系，加上许多来自中国的新移民在本地定居，都将确保新中联系不会突然出现断层。不过，新中关系的发展关键在于新加坡对中国的价值。不管新加坡人的双语能力有多强，或是在文化上有多接近中国，我们都必须清楚地意识到新加坡必须能对中国扮演为它增值的角色。双方关系的本质或许会改变，但是我们也不会静止不动。

新加坡所能给中国提供的价值，就包括对东南亚邻国的深入了解及密切联系，以及中国至今尚未完全摸透的西方国家的运作知识。不过，“保持自身价值”的理论也适用于个人层面，那些要到中国去工作的新加坡人必须在语言和文化以外，具备当地人所没有的专业知识，才能与他们竞争。

苏州经验：关键时候是利益而非语言

我从1976年开始访问中国，至今已超过30次，结识了不同年代的中国领导人，也看到中国一步步的变化。

新加坡与中国的双边合作关系如此密切，其实是个意外。如果不是已故的中国领导人邓小平当时复出，在1978年访问新加坡后对我们的发展表示高度赞赏，并要中国官员借鉴新加坡的发展经验，加上双方都抓住合作契机，新中两国今天就不可能有那么密切的合作关系。

当年的这些偶然因素促成新中关系不断发展，这要归功于邓小平有能力在中国大力推动改革，从70年代末的改革开放到1992年南巡时发表了向新加坡学习、并超越新加坡的谈话，促使许许多多的中国代表团前来新加坡考察学习，从而加速了双边关系发展。他为建立良好的新中关系奠定了基础。如果不是这样，接任的中国领导人就没有那么强烈的意愿来发展中新关系。

我曾向邓小平的儿子邓朴方提出新中合作发展的概念，当新加坡政府过后把合作计划书提给当时的中国总理朱镕基时，邓朴方显然已经把合作构想告诉了邓小平，因此很快就获得领导人江泽民的批准，由此启动了新中苏州工业园区的发展计划。

2009年5月26日，我到苏州参加苏州工业园区15周年庆典，中国副总理王岐山也是这次庆典的主宾。我在仪式上用华语演讲，我说苏州工业园区成功的关键在于中国高层领导的智慧与才干，以及各层人员的辛勤努力，我们选择苏州是正确的。

许多当年和新加坡官员并肩开发园区的中国官员，目前都是中国重要的领导人。例如曾经担任江苏省委书记、现为国务院副总理的回良玉；同样担任过江苏省委书记，目前为中共政治局委员、组织部部长的李源潮；曾经担任苏州市委书记和江苏省省长、江苏省委书记的梁保华；担任过苏州市委书记，现为吉林省省委书记的王珉；在苏州担任过市长、市委书记，现为商务部部长的陈德铭；以及担任苏州市长期间说服中央政府和新加坡支持参与开发园区，后来调升到中央的教育部前副部长章新胜。

最重要的，是苏州工业园区得到了中国领导的人力支持，尤其是中国前国家主席江泽民，而国务院前副总理李岚清和吴仪等也都对园区做出了巨大贡献。

我给苏州工业园区的建设成绩打70分，这是个相当高的分数。那里风景宜人，总体规划给人一种很新加坡式的印象。不过，它要达到新加坡已取得的成就，还需要很长的一段时间，当中有许多细节是他们需要时间去理解，并加以实现的。事实并非那么简单，而是涉及了一个整体的概念。它不单是个工业区，而且更侧重于如何将不同的行业、企业、人员、商店及银行等零零碎碎的元素，以和谐方式集结在同一个方便的地方。所以，我给它打70分，是因为有一些其他细节，他们还没完全掌握，仍需要时间学习。

我们当年把2000名苏州的中高层官员和管理人员带到新加坡接受培训，让他们亲身体验我国的实际运作方式。他们完成培训后，我们的官员也跟着过去从旁指引他们。与此同时，他们又有不同的工作方式及不同层次的管理架构，到新加坡接受培训的也不是园区最高负责人，它的最高管理层人员并没过来。当他们的下属向他们介绍一些新事物时，如果最高管理层认为这将干扰他们，就会放缓实行或加以否决。所以，这当中存有错配的现象。现在回过头来看，当初我们应该也把他们的最高管理层带来这里，这样他们才能体会如何把个别计划融合成一个更大的布局。

现在双方都已经学会去理解对方，但开始时的情况并非如此。我们当初以为会讲华语，有相同的文化就行了，我们忽略了几个非常重要的点。一个就是双方工作方式的差异，新加坡注入了大量的西方规制，他们的工作方式却是中式的，而且能随意变动，不像我们在详细制定规则后就会遵守这些规则，以便将这些制度在另一个地方复制。我们花了一些时间对本身的规制进行调整才转移过去，但即便如此，由于对方的规制没有改变，最终结果不可能完全一样。

园区基本上实行的仍是中式规制，不过已采纳了一些我们做事的特点。要他们与我们一样，他们就必须与西方规制接触上百年的时间。新加坡精英接受的都是西方教育，就读本地大学的学生，使用的是西方的教科书。在国外受过教育的，不仅接触的是西方教科书，还与西方的同学和教授交流，亲自观察西方社会的运作，并了解当中的运作方式。看到比我们好的规制，也会加以学习，并移植到我国的规制里。

因此在不知不觉中，虽然我们还以为自己基本上还是中式思维，但是我们已经变得不同了。没错，在基本文化、食物、五伦等人际关系方面，我们是一样的，但是由于工作作风完全不同，我们已成为中式规制的一个变种，并在这个规制里融入了西方的效率。

这就是新加坡的优势。假设我们当初选择华语作为共同语言，我们就不会有今天的新加坡。如今，我们每一名学生、每一个新加坡人都可以在互联网上直接汲取关于不同课题的知识。

从苏州的经验我们学习到，当涉及关键问题时，是他们的利益与我们的利益之争，而不是讲什么语言。所以，苏州工业园区的股权，最终我们决定给他们占多数，我们成为少数股东。我不得不如此决定，因为他们把所有的费用成本都记在我们的头上。我在新加坡跟曾在苏州工作的新加坡官员举行会议，李奕贤的华语讲得很好，他对我说了件令人印象深刻的事情。一天晚上，他的中国同行问他："新加坡有多长时间的历史？40年？

我们有5000年了。你们想教我？”他们已经从我们这里学到了一些，相信自己更优秀。所以我说，好吧，交给他们。说心里话，其实他们说的也没错，因为他们选择派到苏州的人，比我们派去的人水准更高。我们送到那里的每个人，他们都有两个人对应，就像篮球赛一样，而且这两人都比他聪明，所以很快就跟上来了。因此，他们并不真的认为我们优秀。他们认为，我们领先是因为以前他们被孤立了，而我们没有，他们这才更快学会了他们所要学习的东西。这是他们的想法。

从苏州学习到的经验显然对我们后来在天津生态城的项目非常重要，因为现在我们知道情况了。首先，天津生态城是一个顾问项目，政府不会去做，由胜科、吉宝置业等负责执行。换句话说，从一开始这就是商业合资项目，我们是你们的顾问，你们希望我们持有股份？好吧，那就让我们针对每个具体项目进行讨论。你希望我们作为顾问，我们会告诉你如何去做，然后你们支付顾问费，所以不会吵架。我们已经汲取了经验。

因为与中国的合作，我们有了更大的平台。但当项目来得太多时，我们也面临人手短缺。新加坡在中国的项目，可以说，比我们在世界其他地方都要来得快和多，把印度、越南等所有项目加起来，都不如在中国的项目多，因为中国是如此之大，机会如此之多。唯一有类似机会的和更方便的国家是越南，印度非常不方便，官僚拖缓了整个过程。虽然你希望他们成长，他们还是无法达到其他国家正在快速增长的速度。

跟中国大陆地区人员打交道，我们人手不足，所以，有很多企业招聘马来西亚人、中国的香港人，甚至中国的台湾人，因为你必须要在各个层级能够与他们、包括工人等沟通。

这对我们来说是一大问题。即使有越来越多的双语人才，但在高层方面，我们能够与他们打交道的人才也还是不够，因为他们的官员很聪明。你必须知道他们在想什么，准备怎样把你引导到他们的立场。他们在达成交易前交谈非常友善。一旦你被卡在那里，他们知道你无法退出，他们会说，不，这个很困难，那个执照有问题。所以，你必须了解这一点。我们已经经历过这些，所以现在明白了。随着项目进展，他们也开始了解我们，他们知道一旦我们承诺，就会兑现。但我们要求他们遵守双方达成的条款，这样会减少麻烦和争议。他们知道，我们只在开工之前争论。一旦开始工作，我们就不会改变。因此，双方都在学习。

中国崛起推动华语环境

中国在开放的过程中，也想推广双语教育，他们想复制我们的方式，不过是倒过来：普通话是第一语言，英语是第二语言。这会非常困难，这种困难在于它不是教导一小部分，3%、5%的人，而是所有的学校学生。我不确定他们能否成功，因为他们没有语言环境或相应的支持条件，而新加坡有一整套的支持系统。要那些受华文教育的学英文，得有英文报纸、英文老师、英语电视、英语电台、英语课本、英文的图书馆，凡此种种，都必须具备。

反之亦然，你想学华语，就要有一个完整的讲华语的外部世界。因此，使用语言的环境是很重要的。我现在读《联合早报》，发现阅读比说要容易，因为我可以靠自己学习阅读，加上电子词典的帮忙，阅读没问题，但说不可以靠自己。事实上，我的华文老师们不再给我剪报材料，因为我可以阅读全文。我读温家宝的讲话，全篇没有一个字是我不认识的。但是交谈的话，"到柜台让他们收下这个行李"，我不知道应该说"托运"。我缺乏了解是因为我从来不会与我的华文教授讨论如何去机场，也不会办理托运。这些是我从来不会学到的词汇。

现在我用华语跟别人交谈，保持语言的活力。我跟保镖说华语，跟我的私人助理说华语，和我太太的护士说华语，即便是新加坡籍的护士也是会说华语的。所以我现在华语对话已经很流利了。

新加坡的华语水平现在比较低，口语能力应该尽量提高，但书写能力要求不能太高。如果你想要提升华文，就必须放弃英文，这是不可能的。

对我自己来说，孩子上小学的时候，我跟他们讲华语，来提高我的华语流利程度。当他们到达青春期，我想谈谈更严肃的事情，抽象的概念，找不到合适的华语词汇，所以我转用英文。这是个错误，我应该坚持，并努力寻找抽象的词汇，那今天我的华语会更好。那时有那么多的事情要做，我是总理，必须日理万机。

现在，我每天都用华语。词汇可能是有限的，但语言的流利程度提高了。我每周一次会和四个教授中的一个，用他们编写的教材学习。他们给我优美的单词和短句来学习掌握。而我需要日常使用的话，孔子学院有《汉语九百句》光盘，我放在汽车里，听到一些陌生的词汇，就会回去查看印出来的文字，了解它的含义。这样我的华语会话变得比新加坡式华语更好。

我们可以让新加坡华人讲正确的华语，这就是吸纳新移民的优点。电视、电台不应该说不规范的语言。我在2010年5月到北京为周清海倡议的《全球华语词典》主持发布仪式，现在全世界都说华语，新马、中国的港台地区的词汇和短句的用法都不一样，这本词典当然有其作用。周清海认为，语言始终会有一个当地的版本，但必须向普通话倾斜。我的看法相反，为什么我们需要一个单独的语言？那样的话外界要理解你会变得困难，我不认为我们应该这样做。其他国家或地区可以这样做，但我们只有300万华人，为什么我们要形成自己特色的“方言”？我们应跟随13亿多人正在使用的语言，制造自己的语言用法并不会为我们带来任何优势。

中国台湾地区是故意要与中国大陆地区不同，中国香港地区也有特殊的粤语词汇，但没有意义。以前当家的英国殖民当局对此持放任态度，有他们的政治目的，这样可以使中国香港与中国大陆区别开来。今天的中国香港人也很坚持，很为自己的语言骄傲。但他们的词汇在中文词典里是找不到的，我认为这样很不明智。

目前在新加坡，讲英语的家庭的比率不断增加，如何扭转这种趋势？有地的私人住宅的家庭和公寓家庭的孩子，90%多讲英语。执行共管公寓、五房式组屋，55%到60%的家庭讲英语。四房式组屋30%，三房式组屋也许在25%。这些数目还会增加，因为一般人认为，“我必须让孩子登上高峰，我对他能否学好华语不感兴趣，只关心他能否成为律师、医生或会计师，他能否考进国大、南大、新大或第四所大学，并获得奖学金”。这就是问题所在。

随着中国的崛起，带来一线希望，特选学校和修读高级华文的学生人数会增加。参加双文化课程的学生，目前每年已有450人，但最终有多少会留在相关领域？最后可能只剩下30人与中国打交道。

我们会有更多学生修读高级华文，更多特选学校，也会有更多人去中国学习深造。2009年我们就有一个获得总统奖学金的女学生陈葆佳，她选择去北京大学，走和别人不同的路。

有一些人担心，如果没有在家里讲华语，我们将失去在新加坡的双语气候，以至于双语政策会失去优势。我认为不会。失去的会是学生在学校学习华语的速度，但如果通过英语教导华文，他们还会学华语，虽然速度比较慢，也不是同样高的水平。但我认为我们已经有一代讲华语、以华文为第二语文的人。如果你去工院、南大或国大的食堂，学生们彼此以华语交谈，根据尼尔森收视率的调查，他们看华语连续剧比英语连续剧要多，感觉更自在。所以，一旦会听和看，就会开始说。但事实是，说的话不会跟以前一样标准，文化的深度也是大不如前，这是不可避免的。不会有很多人想冒得不到奖学金的风险，否则，你在文化方面花了很多时间，科学、数学和生物学就不能与那些全心全意放在这些科目上的学生相比。因此，不可能在下一代身上复制华校背景的上一代的痕迹。

我无法说服我的孩子们跟他们的孩子们用华语交谈。今天的夫妻两人都可以讲华语，但他们觉得讲英语更方便。现在的孩子听得懂华语，也会说，但他们不喜欢说，不流利。那么，怎么办？我跟推广华语理事会主席林少芬已经进行了数次讨论，尝试以这样的家庭为目标，我们要看是否能够成功。我认为并不容易。

即便设立更多的特选小学会有帮助，但仍然是不一样的。它们的华文与英文教学时间的比例仍然是35对65。

目前，15所特选小学都非常受欢迎，因为家长想让孩子掌握基本的华语，但如果要他们把华语一直念到大学，他们会说，我已经学到基本的，如果想的话，以后可以再重新掌握，我现在要当会计师、想成为医生、律师等等。

我觉得对孩子只能通过文化、华语节目、卡通节目来影响。也许应该学习迪斯尼，用卡通制作中国的传统故事，就会让孩童感兴趣。我认为中国将这样做，他们聪明之士众多。目前，英文的卡通、美国的卡通仍然领先于中国，但他们肯定会赶上来。我们必须在中国民间故事和华语电视剧的基础上制作华语卡通，以吸引孩子进入中国文化。

如果中国没有崛起，我们同样会面对问题，就是如何迫使家长和学生认真地对待华文。但现在的年轻学生和家长都知道，懂得华文是一个宝贵的资产，这将改变未来一代的观念，如果认真学好了华语，会提高资历的价值和事业机会。所以，现在的动力是非常高的。这就是为什么我认为可以不用施压，因为他们自己会想这样做。而之前，他们不会想这样做的。

新加坡的华文水平虽然远远不如中国，但我不认为中国就以为我们的华文水平很低，这是相对的。他们知道，这是我们的第二语言。曾有一位中国的教授跟我的华文老师周清海教授说，如果他们教孩子的英语可以达到我们教孩子的华语水平，就高兴不已了。

新加坡中华总商会成立的“通商中国”，除了协助有意到中国寻求商机的新加坡人提升华语表达能力之外，也要让新加坡人多了解当代中国的社会和文化。这个组织的成立，是源自2007年2月我接受新加坡中华总商会成立百年纪念特刊的访问时，对他们提出组织一个华语俱乐部的建议。所以我也答应出任“通商中国”的赞助人，黄根成、林瑞生、许文远等部长都应邀担任顾问。董事会成员则来自政界、商界和教育界。经过半年多筹备，2007年11月，我同当时前来新加坡访问的中国总理温家宝一同为“通商中国”主持成立仪式。我致辞时说，新加坡人到中国经商，要取得成功就需要三个条件：一、能说流利的华语；二、对中国传统文化有所认识；三、对中国当前从农业经济社会过渡到工业经济社会，不断改变的社会、经济、政治情况，以及生活方式有所了解。

语言和文化在建立人际关系中扮演着重要的角色，新加坡在同中国这个未来世界经济强国联系时，需要一些能了解当地文化运作的人才。我们必须调整一些教育计划以确保每年能培养约1000名无论在语言或文化上都能同中国联系的学生。

在“通商中国”成立一周年晚宴上，我以华语致辞时明确地说，如果新加坡人掌握好华文，将更容易融入当地社会及掌握在当地的经商之道。因此新加坡人要掌握好华文，提高自己的语文水平，日后到中国发展时，便能如鱼得水，同中国人互通情谊，并且更贴近当地的社会脉搏。我们以华语进行交流，能够让中国人有一种亲切感。尤其是在社交场合进行非正式交流时，新加坡人如果能讲华语，更能拉近彼此的距离。此外，如果我们了解华语和掌握华文，就能看得懂中国的电视节目和报纸，能深入了解中国各方面的发展和趋势。

“通商中国”建立的网络，有助于维持新加坡的华语环境，能够让想去中国经商的一群人在到中国之前提高自己的华语。他们可以去孔子学院，上三四个月的课程，特选学校的毕业生会觉得很容易提高水准，也会了解到中国社会经济的现状。如果你加入“通商中国”，遇到在中国经商的新加坡人，可以和他们交换意见，这样你可以在去中国之前，对将碰到的问题做好充分准备。媒体也能够帮助维持华语环境的活力，电视和电台的角色都很重要。

母语教育乐观的同时也要切合实际

随着中国崛起成为经济大国，推动双语教育成为新加坡教育基石的工作，显然比从前容易了。不过，这也同时出现了新的情况，有的家长急切要求孩子不管能力如何，都必须双语兼优，这显然是不现实的。

毫不讳言地说，在学校教导双语，尤其是英语和华语，是我政治生涯中最艰难的政策。若能重新再来，我会通过单元教学的方式来教导母语。

政府花了30年的时间来解决华语母语教学的问题，于2004年采取单元教学的方式来教导华语母语。我们首先认识到，在其他科目拥有同样能力的学生，在学习第二语文方面的步伐是不一样的。如果是来自讲华语或方言的家庭，学习方面没问题，但来自讲英语家庭的学生，一定得从头学起。对这群学生，教师们必须用英语来解释中文字的意思。虽然这个方式花时间，但学生只有在这样的情况下才能够理解和学习。如果我们一早这么做，就能减少学生们所花费的时间和精力，也减轻许多父母对孩子学习华文的担忧。

但是，要同时学好英文和华文并不容易。在美国顶尖博雅教育[①]的威廉斯学院（Williams College）任教的国际知名汉学家顾百里教授（Cornelius C. Kubler），也从事教导美国外交官学习华文的工作。他曾写道："以美国政府的语言培训机构的经验，证实训练一个人掌握达到专业水准的华文所需的时间，比训练他学习法文、德文或西班牙文所需的时间要长三倍。"

新加坡是个英语普遍的社会，孩子不乏锻炼英语的机会，那些能讲一口流利华语的家长应该多在家里跟孩子讲华语，不要花时间教孩子讲方言。

随着中国崛起带来的客观环境的改变，以及家长、学生学习语文动机的改变，新加坡有必要对双语政策进行调整。

新加坡必须培养一群华文精英，能很好地掌握华语和中华文化，与中国友好来往，让中国看到新加坡的特色。现代的中国人已经认为可以靠自己的眼睛去看世界，因此，我们要保持一个特别的位置。要达到这个目标，我们应该在每年的同辈学生中培养300到500名华文精英，以期他们能在各领域与中国合作来往，有效对话。在现在的地缘政治气候下，我有信心每年在中学和大专院校找到这样的一批学生加以培养。

中国人学习英语已蔚然成风，但除非赴美国或英国定居，否则，他们所掌握的西方文化和文学知识都会很浅薄。而我们的学生从小学开始，

---

① 即Liberal Arts。该词在中国香港地区译为"博雅教育"，在中国台湾地区译为"通识教育"，而在中国大陆地区译为"素质教育"。

一直到在美国或英国大学留学都是用英语。如果不读《三国演义》、不读《红楼梦》，就不会有丰富的中国历史背景，这就是中国的台湾人与中国的大陆人在把酒共饮时的共同文化背景。在这样的情况下，他们谈论一些观点时不需要多解释，从《三国演义》里引述典故成语，彼此心领神会，而这正是新加坡人的弱点。

同样地，他们也会缺乏莎士比亚的《第十二夜》、《奥赛罗》等知识背景，没有这些，就不能真正与美国人、英国人沟通。但这是必须付出的代价，你不能两者皆有，除非你毕生都花在两种语言上，做一个全职翻译，别的什么都不做。

我们需要三百多个具有高水平华文的人，可以去清华、北大或复旦学习一到两年，提升语言，提高共同的文化背景。

2007年8月24日，我跟教育部官员进行对话。教育部顾问黄庆新告诉我，教育部通过在华中初级学院、淡马锡初院、南洋初院、裕廊初院设立的华文语文特选课程，培养了一小批华英文兼优的年轻人。有些学生进了中国大陆地区和中国台湾地区的顶级大学，成绩与他们的学生一样好。我同意华文语文特选课程是一项好课程，教育部应该继续培育对学习华文有正确观念的学生，让他们学华文，程度越高越好。

教育部的课程规划与发展司副司长余立信告诉我，2005年开始的双文化课程也在中学培养了很多华英文特优的学生。常任秘书曾庆怡说，华侨中学在北京设立了卫星校园，让双文化课程的学生在中国有几个月的时间浸濡。除了学习新加坡自己学校的课程，他们也同时选修在中国姐妹学校里的课程。确实，这是一项很好的策略，能让学生更了解中国，更能欣赏中国的语言和文化。

对一般的新加坡人来说，我认为他们必须最少掌握华文听说读三样技能，好让中国人认为新加坡有一个对他们友善的环境，在新加坡经商或旅游感到愉快。有意到中国经商的新加坡人，也必须把华文掌握好。新加坡的双语环境，可以让新加坡人受益无穷。

2009年11月17日，我为新加坡华文教研中心主持开幕。我说，教育部必须用能引起学生学习兴趣的方式去扭转华文的教学情况，对那些家庭用语为英语的孩童，要让他们对华文产生好感，进而乐意去学习。一种可行的方法就是先引起他们对华文的兴趣。

因为当初对人类学习语言能力的误解，以及没有考虑到讲英语学生的心理，导致不少学生排斥华文，我们为此付出了沉重的代价。

在教育部门里，没有一个人比我更了解双语政策。因为这是我一直都在坚持推行的，但我当初的前提是错误的。我原本以为只要智力相同，人们就能学好两种语文。渐渐地，我介入了教导语文的政策，并坚持要以我的经验来引导政策的方向。我是在冒险，我开始时做错了，但是我要将它纠正过来。虽然尚未完全纠正过来，但是如果我能活得更久，我一定会把它给改过来。

家长和孩子其实都了解在未来的世界，懂得华文就等于有了额外的市场价值。因此，重要的是要在学生身上打下一定的华文基础，让他们日后如果到了中国等需要使用华文的地方工作，即使一时生疏，也很快就能重新掌握。

老一代完全受华文教育的华人，对我的话有些负面反应，不明白这些。如果他们有孩子，他们就会开始明白。如果他们没有孩子，他们说，啊，我是那样学的，你也可以那样学。这是不可能的。他们不会说英语，他们的孩子可以。就这么简单。

这不是淡化中国文化认同，华语是第二语言，已经减少了文化和文学的成分。那些有孩子的会理解，因为他们必须面对子女未来教育的问题。你一方面想为他们的前途保留华文，但另一方面你又不想他们失去英语，不然他们会处于不利地位。所以，家长必须决定怎样取得平衡。如果你认为孩子可以学好华文，就送孩子到特选学校，或选修双文化课程。如果你认为他无法应付华文，他就应转读华文B课程。但是，如果送孩子到特选学校和使其修双文化课程，孩子的语言能力和其他科目都必须很强，这样才能获得奖学金到国外留学。

我给新加坡家长的建议是，如果你能讲华语，就应在你的孩子入学前尽量和他讲华语。这样他们才有基础，就会用华语。等他们到了学校，得到正规的教学，他们都可以说，没问题。你跟他们讲不正确英语，他们在学校就会有很多麻烦。教育部则需要了解到学校所培养、教导的学生，是把华语作为第二语文的，他们会听、说和阅读，但写的能力会较弱。

我们把华文当作第一语文来教，这是不对的。英语是他们的主导语言，硬是用把华语也作为主导语言的方式教导，他们是无法做到的。

华文教师有更艰巨的任务，得分辨出能力不同的学生，按照不同的群体，以不同的单元来教他们。但不要指望有同样的结果，背景不一样，动机不同，努力的程度也不同。因此，先让他们感兴趣。他们学得虽较少，但他们学得足以说、读，以后可以再拿起。

现在七成的华语老师是双语的。不是双语的可以调到小学高年级和中学，小学低年级的双语老师可以用英语作为辅助工具，尤其是年轻老师。对那些来自讲英语家庭的孩子，要让他们觉得自在。他们一旦可以说，就会达到一定的水平。我认为这是我们要走的方向。让每个学生尽可能地多学，各尽所长，用他们喜欢的方式、让他们觉得有趣，为未来的生活需要奠定基础，就是这样。

高等学府可以让学生参加不需要考试的华文科目，或作为津贴课程的一部分，不一定是学华文文学，而是他们以后生活中实用的商业华文，或专业华文。

律师、医生，不管什么人，可以为他们专门设计课程，汉语常用九百句，问候啦、告别啦，看医生、预订酒店房间等等。比如一名医生如果希望去中国，就学他所需要的词汇和对话。

学生最后必须明白，这将对他有帮助。如果他认为这对自己以后没什么益处，他是没有动力去学的。

新加坡的家长现在有动力让孩子学习华语，因为经济价值远高于文化价值。南洋幼稚园为什么如此抢手？因为那里首两年全部是华语，没有英语，但是第三和第四年一半华语一半英语。

我们也将设立第四所大学——新加坡科技设计大学，邀请浙江大学和这所大学合作。我们要尝试不同的模式，这种模式将更多地依靠我们与中国的联系。因此，如果你希望与中国有更多的联系，那么你就会选择这所大学，而且它是结合美国与中国两种世界最好的模式。

新移民与华语环境

新加坡人和中国新移民的价值观、态度以及处理问题的方法都存在差异。第一代移民如果是成人的话，年纪越大，价值观越固定，他们将有中国人的生活观。但他们会影响新加坡人的心态吗？我不这样认为。

你只要看看这些数字。2010年时，来自中国的新公民占人口的0.8%，永久居民占人口的1.5%。最大的新移民群体是来自马来西亚。在新加坡，来自中国的大多数只是暂时住在这里，他们持有工作准证、就业准证、学生准证等。只要我们继续控制新移民和外来客工的流入数量，本土出生的华人和马来西亚华人会显著超过那些来自中国的新移民。他们不会改变我们的文化和社会习俗。

当然，外来人的大量存在不可能在本地人中视而不见。但他们不是永远住在这里，不会一直影响我们的生活，他们的想法也是不同的。如果只是短期停留，他们的想法是：我如何节省这笔钱寄回家？如何省钱回家买东西？所以这是不同的思维，那些成为公民的人会思考：如何为我的孩子的将来尽最大能力推动新加坡环境的发展？这是完全不同的问题。

我不认为他们会改变75%的新加坡华人，事实上，我反而希望他们会提高我们的华语水平。

新加坡要在社会层面保持华语环境的活力，没有问题，但是否能在较高水平层面，比如在社会上层和知识分子中维持活力，能够上电视讨论课题，那就难了，因为我们年轻的一代都是去英文大学的。因此，当讨论一个技术性的问题，金融或经济的讨论，就必须对这些技术词汇临阵磨枪。但我认为我们会稍微提高这方面的水准，因为有新移民拥入，华文水平比较高，他们的孩子也从比较高的水准起步。经过多年以后是否会稀释，我们不知道。过几代之后，他们就会跟我们一样。但第一和第二代可能会比我们好。这是我的直觉。我认为新移民的流入未来还将会不断持续。

中国不乏优秀的人才，因此没有什么是新加坡人或其他人办得到而中国人却办不到的。以在新加坡就读的中国学生为例，在中小学、理工学院和大学里，中国学生的学业成绩都很优异。他们的数理基础强，掌握能力比本地学生要高出一筹。很多在14岁的时候来新加坡念书，还不懂得英语，但是在四年后升上初级学院时，却已经是学校里顶尖的高才生。他们在这期间只是专心搞好英文，其他学科对他们来说是太简单了。他们的数理水平比我们的学生更高。

问题是，要如何维持新加坡本身和外在因素带来的有利因素？我想，我们的华语语言环境和书面语言的水平难免会下降，除了那些新移民之外。但即便是新移民，由于不再有书面形式的书写，大部分是在说英语、学英语，一些时日之后，他们的华文书写能力也会下降，但阅读没问题。他们的第二代就和新加坡人一样，可能会说流利的华语，会听、会读，但是，阅读的能力不会和上一代人一样高，因为他们把所有时间都花在掌握英语上了。也因此，新移民的孩子的华语水平比他们在中国的同龄人低，但英语水平会比他们高很多。他们在中国的同龄人每天24小时都可以接收普通话的电视、广播节目，在街头、电话里，和朋友都说普通话。

2009年新加坡小六会考的状元是来自中国广州的女生。我不认为她能一直保持她的中文，因为她得花费所有的时间来掌握英语。如果不这样做，她不能很好地掌握英语以及数学、科学。你的大脑在任何时刻的能量都是有限的，如果你集中在一个事物上，用于其他事的能量必然会减少。你必须确定你的优先事项，如果你打算不掌握英语而在新加坡生活，那是要吃亏的。

有人认为懂华语在中国做生意帮助不大，而且欧美人不懂华语照样做生意。这是不对的，现在许多欧美人都在学华语，美国人和欧洲人能说普通话，但他们没有文化和族群的联系，因为血缘关系是很重要的因素。现在我们的新公民带着在这里受教育的孩子回去，就像那个小六会考得到状元的广州女孩，假如带她回去，她对那里十分了解，亲戚等都在，所以这是不一样的关系。当然她知道她的利益是在这里，要取得进步，她必须捍卫这些利益。所以这也给我们带来优势。同样地，我认为来自其他地方的学生，即使他们不回原籍，也了解原籍地的制度。他家乡的人也知道，哦，你在家乡有朋友和亲戚，所以你了解我们。

有些新移民家庭在学校假期时，送子女回家乡一两个月，然后在当地的学校学习。有的可以这样做，但不是所有人都可以，那是很花钱的。有的新移民定居新加坡多年后，失去了与朋友和亲戚的联络，这也是不可避免的。要建立某种形式的制度，让他们在新加坡扎根，同时也保持他们的一些联络网，这基本上是旅行成本的问题。我们必须做的是，把他们包含在浸濡计划里，他们来留学，然后回到中国家乡去，保持联络。

中国学生也可使用Skype等通讯方式，与家庭和朋友保持密切的联系，保持熟悉那里的发展情况。如果在三四岁离开，20岁回去时，他们会发现一个不同的中国。如果时不时回去，就会不断地更新自己对家乡的认识。

我们必须尽可能发挥已有的人才优势，那些从中国来的人才和家庭，对我们与中国的联系很有价值，因为他们已经了解那里的文化。但我们是否有足够的人数利用这种优势以发展他们的事业，则是另一个问题。因为一旦他们来到新加坡，就开始受到同龄人的影响，他们也跟土生土长的新加坡人一样想成为医生、律师、建筑师等等，不想跟着公司回到中国去发展。这是一个文化影响的过程。

第八章

我的经验总结

我们是个小国，居民人口不到400万。没有其他国家可以做我们双语教育的榜样，一切要靠自己做试验。新加坡的双语教育政策，让数百万人在四十年间构建了可能是世界上最大最复杂的语言实验室之一。这并不是我们的初衷，我们之所以推行双语政策，是要人民在充分掌握英语作为行政语文、与西方世界顺畅沟通的同时，也以母语教育维持和传承民族的传统和文化。

我们一直清楚地意识到语言课题的敏感性，新加坡复杂的多元语文和多元种族的社会背景，确实让这场横跨数十年的语言实验既坎坷不平，也丰富多彩，走的是一条去粗存精、不断适应外部环境变化的道路。我们的教育政策和双语政策并不是一成不变，从教育部到学校到家庭，在政府教育政策的指挥棒的导引下，我们不断尝试最合理、最具效用的方法，经历了从多语教育到逐渐系统化的双语教育模式，如今的双语教育政策已经成为建构国家教育体系的政策基石。

虽然是贯穿数十年的国策，新加坡双语教育的内涵却一直随着不同的历史阶段进行调整，对语文角色的选择、两种语文的定位以及各自承担的教育功能和社会目标，也根据不同的时期需要而进行调整。我想，我们在不经意之间成为最大最复杂的语言实验室，为社会语言学和语言规划学等提供了丰富案例的同时，也能够为其他国家在全球化的高度竞争时代，如何兼顾推行国际语言与保存民族语言和文化提供参考和借鉴。在华文于世界越来越重要的今天，其他国家要如何通过语言政策的安排，达到借助华文经济价值的目的，我这本书或许能够为新加坡以外的读者提供一些答案和启发。

我曾经说过，在新加坡的教育部门里，没有人比我更了解双语政策。因为这是我几十年来一直都在坚持推行的。新加坡的双语教学是很复杂的，要不断求变，不能说现在是最理想的办法，以后就可以一直用，不可能这样。所以，我的这本书也是写给新加坡的家长看的，通过描写我们的经验，要让家长了解学习双语是一个零和对策。这本书写下了我们如何落实双语教育，怎样摸着石头过河，开展我们语文教育的丝绸之路。

双语政策实施了几十年，从理论上看，双语是平等的，实际上并非如此。在小学，七成时间以英语教学，三成是华语，而到了中学英语占八成，华语减少至两成，怎么平等？在家里，越来越多的父母讲英语，我们必须要面对事实。有些家长基于中国正在崛起，希望子女能说流利的华语，但要实现这个目标需花很多时间，而且需要在上大学时选择华语作为一门学科。没有一个人的双语能达到同等水平。住在新加坡，英语要掌握得好，不然很难有好的发展。华语是重要的，可是它只是第二语言。每个人都要有一个主导语言，因为这样才能够很快地吸收知识。

英文多用，华文就弱；华语多说，英语就没有那么好。这是没有办法的。家长说要孩子华语好，我说，不要勉强孩子。你坚持说不学好华文，会影响前途，那你自己决定，孩子受苦，是你的选择，是你的责任，这是双语的拉锯战，到现在还没有完，这将是一个永远无法解决的问题。

数十年来的实际运作，我们坚持自己的信念，也走过一些弯路，这是一个需要不断更新的旅程。这其中的心得，也是我们以后要继续双语教育政策所应该参照和坚持的。

第一点：语言政策可以成为政治经济成功的动力

影响一个国家发展的因素很多，这个国家形成什么样的语言特色，大多数是决定于传统和历史。但现代政府为因应形势的需要，实施怎样的语言政策，在某种程度上可以造就国家的发展，也可能会因为错误的判断而失去一些机会。世界上不少国家的例子可以证明这一点。政治和经济的发展都需要语言政策的配合，得当的话，可以成为政治和经济政策成功的重要推动力。

在新加坡，从政治选票的立场来说，要轻松地获得最多支持，只要以母语为第一语文，就可以了，但这一定会失败、国家会分裂。选择华语为共同语，一定会闹出大事。只学华文，你怎样谋生呢？从一开始，我们坚决地以英语为共同语，事实证明，这是正确的选择，也为新加坡的政治安定和经济腾飞奠定了有利的基础。

可是家长的意愿和政府一直在进行拉锯战，我们不能完全否决父母的要求。政治的要求和经济的要求，有时是很矛盾的。而且如果我们选择华语为共同语，其他少数种族一定会反对。

因此，新加坡的双语教育是一项政治决策，要符合政府制定的政治方向，这样的性质也证明了语言教育的政策规划功能和语言的可管理性，也就是说，政府的政策可以决定语言的使用、推广和保存。

在新加坡，我们也通过推广语言的标准化，比如推行讲华语运动取代方言，积极鼓励使用标准英语等，让新加坡在与外部世界沟通时，不会因为语言发音和语法的差异而存在障碍。

在新加坡的经济发展时期，只有英语才可以帮助新加坡实现工业化和经济的现代化，每个人都知道，英语才是至关紧要的经济生存的工具，而母语在当时的功能主要是用来保持民族特性和传统的价值观。

在中国经济影响力逐渐攀升之时，家长学习华语华文有了新的动力，我们之前奠定下的华语基础，让很多新加坡人在掌握英语获取知识的同时，也能够广泛地和中国打交道，母语文化的保存又赋予了新加坡新兴的竞争力。跟其他地方同样要与中国交往的人群相比，语言能够为新加坡经济成功制造的动力，是显而易见的。

第二点：语言政策是服务国家利益和政府管理的实用工具

语言是一种工具，承担教育和传承文化的功能，但也应该是服务国家利益的实用工具。因此，作为负责国家走向的政府，需要对语言政策进行规划，赋予语言不同的定位和功能，并依据需要进行相应的调整。

在新加坡，我们采取的语言政策可以消除不同族群、不同语群之间的差异，同时建立起与外部世界有效沟通的平台。对于新加坡这样一个多元种族、多元文化的社会来说，要实现国家利益以及政府有效的管理，语言政策是重要而实用的工具。同时，新加坡的双语教育政策也会根据国家利益的需要，适时对具体内容进行检讨调整，确保双语教育与时俱进，保持高度的灵活性与敏感度。

我们的双语教育政策，这么多年来已经成为了不可撼动的基石，但是从另一方面看，也是内涵不断调整的"移动靶子"，这种教育模式能够确保双语教育与时俱进。这么多年来，在不同的时期，政府多次适时地介入，检讨政策，主导双语政策的内容与方向，保持高度的灵活性与对外界变化的敏感度。

1965年独立建国以来，我们先后进行了五次重大的双语教学检讨与改革：1979年由副总理吴庆瑞领导教育研究小组全面检讨华文教学，提出分流制度，奠定新加坡华文教学基本框架；1992年王鼎昌领导的华文教学检讨委员会，注重培养语文能力与传承传统文化与价值观并列；1999年李显龙领导的华文教学检讨委员会，提出采取务实可行的教学策略，为不同家庭用语的学生量身定制适合他们语言能力水准的华文教学目标和内容；2004年由教育部前任提学司黄庆新领导成立华文教学改革委员会，延续因材施教的改革思路，将这种政策向下延伸到小学阶段，同时完成华文B课程的框架结构，保持学生对华语的长久兴趣，让华语成为生活语言。这样，新加坡小学、中学和初级学院都有了完备的差异性课程：高级华文、华文、华文B，三套华文课程相辅相成；2011年1月，教育总司长何品公布《母语教育检讨报告书》。报告书指出，为鼓励学生活学活用华文母语，教育部在调整教学方法之外，也重点改变考试方式，配合教学侧重测试学生的应用能力，实现“乐学善用”的愿景。

第三点：双语政策兼顾工具语言与文化语言

我在1946年到英国念书，接触到来自世界各地的华人后深有感触，那些拥有华文之文化根底的华人，给我留下了好印象，而那些来自西印度洋地区的华人则完全被本土化，不会说华语，行为举止不像华人，从那时起，我就下决心要学好华文，决意一定要保留华族文化。

当新加坡在1965年独立时，许多家长把孩子从华校转送到英校，这是非常危险的情况。如果华族学生全部念英校，只学习单一语言，那他们会失去自己的根，所以我下决心要推行双语政策。如果没有华文、没有双语教学，今天新加坡的华人就会很不一样，会丢了根。

作为华人，你英语说得再好，在西方人眼里，你还是华人。要是你没有华文文化和华语，那是很可悲的。当年我们倘若没有改变制度，推行双语政策，那我们的英校生只学英文，就失去了自己的语言和文化。我推行双语教育的决心并不为讨好群众，这并不是为了拉票讨好选民。我自己学习华文的动力是自尊心，而不是经济方面的利益。当年我安排长子显龙到华文幼稚园上课并在华校完成中学教育，另外两个孩子也接受华文教育，当时的中国还未崛起，因此这与经济利益无关。

学习华文，有利于传承传统文化和价值观。我们的双语教育，实现了工具语言与文化语言的兼顾。在极力追求工具语言与文化语言的平衡的过程中，基于不可能让所有学生都具备高水平的双语能力的事实，在以英语作为行政语言和工作语言的基础上，坚持让不同的族群学习自己的民族语言，让母语文化承担社会教化、塑造民族历史和文化认同意识的功能。对语言不同功能的分工和认定，也为新加坡的多元文化和多元种族政策，确立了文化传承和延续传统的基础。

以新加坡的经验看，要求学生学习两种完全不同的语言确实是件难事，几十年下来很多家长和学生甚至将第二语文视为包袱，但为了配合升学制度而不得不接受。现在，随着中国的崛起，学习华语有了经济动机，家长的心态也改变了。推广工具语言时，在潜移默化之间也促进了文化语言的提升。

第四点：制度化保证　让学生经历长期的学习过程

我们的双语教育是得到强制性的制度保证的，从娃娃抓起。双语政策是我国的基石，政府肯定会继续贯彻实行，家长们也普遍认可双语教育能够为孩子带来额外的竞争力，因此，双语教育制度化的过程并不困难，虽然具体来说，如何推行华英双语是个非常具挑战性的任务，因为这是两种非常不同的语文。

新加坡双语教育的实践证明，越早开始实施双语教育，未来对语言的掌握就越可能更为精通。所有新加坡的学生除以英语为主要教学语言外，第二语文成为必修课，必须修读所属族群的母语课程。以华族学生来说，在基础教育阶段，将修读10年到12年的华语课程。这些制度性的强制规定，确保双语教育成为国民教育体系的基石。

新加坡的经验表明，一个国家在制度化的保证之下，让学生在幼年时期就开始学习双语，即便第二语文缺之家庭环境、属于非母语源流，也能够成功地实施广泛的教育，并最终取得良好的学习成果。这些成果能否在其他背景不一的国家推广复制，要视其国情而定。我们在建国之初所经历的那些坎坷和重重危机，也在某种程度上让人民更容易接受政府的政策，尤其是当社会稳定和经济增长的承诺得以实现之后，更加支持政府的语言政策。他们会看清楚，当时为什么我们要坚持这么做。

第五点：建立语言基础　为将来未雨绸缪

这一点和第四点有着密切的关系。制度化是一个保证，但是学习语言，越早开始就越可能建立有利的基础。年轻时候学语言与年纪大才学有着本质的差别。因为两种语文要一样好，就像左手和右手要一样好，是不可能的。语言在年轻的时候学习，能够在脑海中确立记忆的基因，根深蒂固。

我的三个孩子现在在工作上全用英文，老三显扬在国内的工作上完全没有用华文。他去中国公干，我问他用什么语言。他说，谈公事一定用英语，中间有翻译员。其他时间用华语交谈，并没有问题。他们从小学习华文，华文永远留在他们脑海里。

在小学甚至幼稚园就开始实施的双语教育，不可能让所有学生都成为双语的精英。但是，这些基础会深植于他们的内心，当他们进入社会，如果因为职业或发展需要而重新接触，少时建立起的语言基础，会让他们更容易地赶上、消除不足。

从这个角度看，作为社会整体的一个政策，语言基础比掌握好语文更重要。基础的部分，标准发音、能听和说最为重要，要是到了成年才学语文，一般都是写和读的水平还可以，听和讲相对较弱，这是需要在小时候掌握才会扎实的部分。

以我的经验来说，我现在会看《联合早报》、《亚洲周刊》等，但是要讲、要听就不容易了。中央电视台说得太快，我跟不上。它的字幕也很快，我没有办法叫它慢下来。所以，小时候要重视孩子学习听和说的能力，不要硬逼他们听写、默写，让他们讨厌。写的能力以后可以用电脑、电子词典、英汉汉英翻译软件等工具帮忙。

对一门语言的学习，离不开它的实用性。我要求教育部着重让学生学习汉语拼音及认字，因为写字这个学习环节未来的实用性已不再那么重要。重要的是如果学生能通过电脑的帮助进行简单的中英翻译，即表示他们了解这两种语言，这该是未来的教学方向。

家长和孩子其实都了解在未来的世界，懂得华文就等于有了额外的市场价值。因此，重要的是要在学生身上打下一定的华文基础，让他们日后如果到了中国等需要使用华文的地方工作，即使一时生疏，也很快就能重新掌握。

能够确立对建立语言基础的认知，才能让我们务实地执行双语教育政策，并且对语文能力不同、家庭背景不同的学生采取不同的教学策略，让他们保持对华文华语的兴趣，为未来的需要奠定基础。

第六点：量体裁衣　因材施教

双语教育必须兼顾精英化与普及化。天分和学习能力各有差异的学生，他们的双语水平也会不同，应该实行不同的教育方式。

自双语政策实施以来，我们一直期望在双语教育制度下，能培养华族学生成为华英双语同等优异的双语人才，但多年来的语言教育实践却证明，不可能对所有学生实行划一的标准，同一代的学生之中，存在水平的差异是现实，不应人为地强制划一，而应区别对待，在确保一定水准的基础之上，灵活实施政策。如今，经历过多次的改革和检讨之后，我们的双语教育可以"量体裁衣"，对天分和学习能力各有差异的学生，双语水平实行不同的教育方式。既有特选学校中将英文和华文都作为第一语文的水平、以培育双语精英和双文化精英，也有高级华文、华文、华文B等细化分类的不同等级课程，适应不同学生的学习能力。

量体裁衣、因材施教，并且更重要的，应该用单元的方式教。我们以第二语文水平教华文，有40年的经验，这是我们的优势，我们有办法教完全不会讲华语的人学华语。

双语政策已经使新加坡拥有庞大的以华文作为第二语文的教学实验场，华文教研中心要是成功发展，还可成为外国双语教学的典范。用双语教华文，曾经有不少华文教师反对。我认为语言问题跟种族问题是没有关系的。在美国的华人很多就不要讲华语，这是受周围的环境影响。我们的优点是让孩子从小学习，打好基础，以后要到中国，再在这个基础上加强。

第七点：只有一个主导语言

双语甚至多语能够为新加坡人创造特殊的优势，在和西方世界以及中国的联系中发挥重要的作用。但是，人们必须意识到，无论双语的水平有多高，对于个人来说，一个人只能有一个主导语言——或许会有极少数的例外，但这些例外是非常罕见的，而且往往是在语言研究的领域。基于人脑的构造，语言掌握能力的空间是有限的，我经过很多年，才深切地意识到这一点。

生活环境、工作环境对于语言的使用，也直接影响到主导语言的地位。我们的双语教育曾经试图追求两种语文都作为第一语文，但是实践却证明，有点不切实际。这跟学生的智慧无关，也跟教学方法无关，我们尝试不断地修改第二语文的教学法，以解决为数不少的学生无法将第二语文的水准提高到和第一语文一致的问题，可是学生们的大脑是有限的，环境也是有限的。

必须确立双语中主导语言与第二语言的关系，才可以继续引导新加坡的教育体制进行相应的调整和改变。

第八点：语言政策是一个永无休止的旅程

语言政策会是一个永无休止的旅程。新加坡的双语政策已经进行了多次改进，未来还会继续这样做。尤其现在面临的是一个持续变化中的世界，新加坡与外部发展的世界的联系益加广泛，语言政策不可能一成不变，必然会不断地相应调整。

今天，我们的教育制度已经具备了相当的灵活性，能够符合不同的需要，满足不同利益的人群，同时符合国家整体的发展利益。秉持双语教育的大方向，内部的微调仍然必要。语言政策必须随着社会的演变，与时俱进，并确保它符合文中所说的前两个原则，那就是让语言政策推动政治经济的成功，成为实现国家利益目标和满足政府需要的重要治理工具。

我们的双语教育的模式不是尽善尽美的，其中有很多波折。我甚至曾在1989年表示，如果有机会回到1965年或1970年，我将会保留华文小学，然后加强其英文第二语文的教学，并鼓励所有的家长把子女送到华文小学就读，然后，在小学或中学阶段为这些学生延加一年的学习时间，让他们之中资质比较中等的，能顺利在中学阶段从以华文为第一语文，过渡到以英文为第一语文的课程中去。

我们无法让时光倒转来尝试不同的情况，其他国家在寻求复制或借鉴新加坡教育和经济的成功经验时，应该根据自身的情况而定。

新加坡从复杂的多语方言环境，转变为英语与母语并重的更制度化的双语教育，这一政策将持续下去，母语作为与本族文化交融的脐带、英语处于运用管理的主导地位的格局也不会改变。新加坡的家长，他们也将一直是我们双语政策中的重要参与者和实施者。

第二部分

殊途同归

学习语言在于激发和维持兴趣

李显龙

李显龙生于1952年，为作者李光耀长子，目前为新加坡总理。从幼教到中四他都在华文源流学校就读，在国家初级学院读完大学先修班后，出国留学。除了自小学习、掌握中英双语及马来语外，李显龙也学过俄文。

从小至今，我的家庭用语都是以英语为主，父母都来自土生华人家庭；祖父祖母使用的语言夹杂着马来语和英语，他们都不懂华语，也不说方言；而我的父母皆受英文教育，彼此只用英语交谈。父亲从政后开始积极学习华语，这有助于他向社会大众传达政治信息。不过，他是成年之后才开始学华语的，因此倍感吃力。

父母让我、妹妹和弟弟三人都接受华文教育，是为了让我们在成长过程中认识母语和传统文化。他们对我们可以通过家庭环境掌握英文，而不会在生活上处于不利的地位有信心。父亲也觉得华校生比英校生待人接物更认真和稳重，并希望我们可以从老师与同学身上学习到一些价值观和处世态度。

三岁时，我进入南洋幼稚园，在那里读了三年后，继续在南洋女子中学念小学。这间学校虽然名为女子中学，却有一个也录取男生的附属小学部（后来它脱离总校成为南洋小学），妹妹和弟弟后来也到这里就读。

从小我便有个年轻的家庭教师梁女士教我华文（后来也教我妹妹和弟弟），一直到我8岁左右。我们同她相处得很好，她也成了我们家庭的朋友，但后来我们失去联络。当我母亲过世时，她同家人一起来吊唁。身坐轮椅的她已经退休多年了。

继梁女士之后，我的家庭教师是位年长的宋先生。他出生于北京，说一口北京腔华语，给人的印象是一位久经风霜的老前辈。他曾是我父亲和已故财政部长韩瑞生先生的华文老师。那时中国已决定以北京的发音作为普通话的基础，也就是标准的华语，而新加坡和马来亚的华语有很重的南洋口音，父母要我讲的是“正确”的华语。然而，我却没有从宋先生那里学到一口北京腔。现在的教育部确保华文教师都能够说正确的普通话，因此，今天的年轻一代讲的华语，比我那个年代的人讲的标准得多。

小时候，我家里有几位讲广东话的“妈姐”女佣，我们兄、弟、妹三人受她们影响，也学会了一些广东话，但我们之间却讲英语和标准华语。我们跟母亲讲英语，跟父亲则讲华语，因为父亲也要找机会练习华语，我们直到少年后期才跟父亲转用英语沟通。

在南洋女中附小时，所有学生都只说华语。我大概是唯一来自讲英语家庭的学生。在南洋幼稚园所学的华语，让我毫无困难地同其他学生打成一片。在记忆中，唯一的困难是在小学一年级的头几个测验中，有一题要学生写出父母的姓氏。我知道母亲姓柯，却不知道怎么写，结果写成李。我的同学几乎完全不懂英文。那年头，小一英文课本没有文字，只有图画，老师通过描述图画的内容来教导学生词汇。

在南小毕业后，父母安排我报名进入当时位于奎因街的公教中学。他们选择公教，因为它是以卓越双语教育见称。公教虽是一所华文源流学校，却有一些印度族教师，他们教导英文，也用英文教导其他科目如数学和物理，尤其是在较高的年级。在考试时，我们可以选用华文或英文作答。学生都来自讲华语家庭，也只用华语交谈，同南洋女子中学的情形一样。

因此，我在15年的时间里身处一个完全讲华语的环境，直到高中毕业。华文对我不是问题。我认为我完全能够掌握双语。在班上，我的华文成绩并非最好，但在这个科目上也没有什么特别困难。尽管在中学读的是文言文，必须学习和熟背许多至今还喜爱的名作，我还是考得不错的分数。我在全国中四考试中（相等于今天的O水准）华文科取得C4——没有我期望的好，但也算过得去。当时的华文考试和今天的O水准普通华文

(CL) 甚至高级华文 (HCL) 考试完全不同，华文是第一语文，包括一大部分的中华文学，水平相等于今天O水准的英文。

升上了较高的年级时，我逐渐发现我的华文表达能力不及英文强。有一回，我在伦理课进行讨论时站起来谈我的看法，却找不到适当的华文词汇，只能用英文的“personal style”，老师在思索后把它译成“风格”。

就这样，我发觉我是用英文思考，然后在脑子里把想法翻译成华文。在高中毕业证书会考 (Chinese Higher School Certificate, 简称HSC, 相等于今天的A水准考试) 中有一个“理解与写作” (General Paper) 试卷，我努力准备，也加紧补习，却只考到C6——刚好及格 (credit pass) 的等级。

在读华校时，我参加了全国性的华文考试，也同时参加了同等的全国性英文考试。在公教读高一那一年，我以私人考生身份参加了剑桥学校文凭考试 (School Certificate Examinations)；也在国家初级学院就读时的额外一年里参加了英文的高中毕业证书考试。当时，有相当多的华校生参加这项考试，他们知道要找到好工作，单靠华文是不行的，还需要掌握英文，考取英文学术资格。我们的社会和经济越来越偏向以英文为基础，教育制度也处在一种从多种源流转为以英文为全国教学媒介的过程中，这是我那一年代的华校生适应一个重大社会和政策改变的真实体验。

从公教毕业后，我在国家初级学院多待了一年，准备参加英文源流的高中毕业证书考试，部分原因是为了修读将来可能会很有用的科目，尤其是经济学。但主要的原因还是由于我比同届学生小一岁，我比他们早一年入学，还没有达到国民服役的年龄。一年后，我就可以入伍然后进入大学。我必须这样按规矩行事，因为国民服役制度当时还相当新，我如果先进大学，就会引起别人怀疑：我是否会去服役。我必须以身作则，清楚地表示每个人都得服兵役，没有人可以豁免，即使这个人的父亲是总理。

在国家初级学院时，我报读华文为主修科目 (principal level)。我对“理解与写作”试卷的C6成绩不满意，想进一步提升我的华文，尽管我不需要更好的华文等级，因这对我申请大学或奖学金不会有任何障碍。然而，在华校待了那么多年，我想多了解华文和华文文学。我心里想，在国家初级学院的额外一年，会让我有时间和精力这么做。

但我书面的表达能力依然不足，我的华文作文分数普普通通。数月后，老师告诉我："你的文章杂乱无章，也写得不好。"我对老师的评语感到意外，因为我的"理解与写作"的英文作文并没有这样的问题。我告诉老师，只要把使用在英文作文中的技巧转移到华文里，我应该可以把问题纠正过来。但这并不容易。我虽然在华校（包括幼稚园）学习了15年，我的主导语言却是英文而不是华文。讲华语和阅读华文，对我来说是游刃有余，但当我尝试用华文思考和书写时，结果却往往词不达意。我的思路没有那么自然流畅，从英文转变成华文的思维方式也不完全贴切。用英文表达感觉很自然，转用华文时却必须用不同的方式呈现。我发现尽管我很用功，也愿意付出额外努力，却还是不能突破某个极限。我最终放弃了这个科目。

家庭环境让我学习英文更易上手，这是我孩提时从父母那里学习的第一种语文。我也连续有好几个英文家庭教师，其中一位是我的姨丈Earnest Lau。他是英华中学的教师，负责教导英文及"理解与写作"，后来成为该校校长。姨丈是个杰出的教师，他每个星期都会和我研究一段文章、练习回答理解问题或讨论我的作文。他也要我练习长文缩短，用不超过一定数目的文字概括内容，力求一字不多。他用这个方法培养我精确和简洁的写作方式，帮助我在中四和高中会考中取得好成绩。这些使用语言的技巧对我日后的工作帮助很大，因为我时常需要草拟公文或把信件、声明修饰得简单明了，让每一个字发挥最好的效果。

我的家庭教师也有来自英国自愿服务的人员（British Volunteer Service Officers）。他们是刚从大学毕业的年轻男女，在英国文化协会（British Council）的赞助下来新加坡学校执教一两年。他们让我阅读书本或文章，然后再进行讨论，让我的英语更流利并增加我的词汇。

我在求学时如饥似渴地阅读，我看英文和中文报章，阅读从国家图书馆借来的书本。我母亲每两个星期就带我和妹妹、弟弟到史丹福路的国家图书馆，让我们也培养了同她一样热爱阅读的习惯。在华文方面，我阅读鲁迅和巴金等作家的现代小说，以及古典著作如《三国演义》、《西游记》等。这些著作影响了不同时代的读者，也给我留下了深刻印象。但我看的英文书比中文书多，我和妹妹、弟弟从图书馆借来的通常是英文书本。部分原因是图书馆有较多各式各样题材，尤其是我们有兴趣的科学和数学的英文书籍和杂志，但也因为英文已经逐渐成为我们的主导用语。

六岁时，我也有一位教我马来文的家庭教师阿敏（Amin bin Shafawi），他当时在直落布兰雅的一所马来学校（Kampung Jagoh Malay School）任教，直到现在他仍是红毛桥的基层领袖。马来文很容易学，它的拼写规则很有逻辑和一致性。事实上，我学会拼写和书写马来文还在英文之前。谁也没想到，我当初竟有这样一个练习马来文的机会：我每隔10天帮助讲广东话的厨师准备买菜账目交给母亲。她会说明每一样东西的价格，我就帮她写上东西的名称。她用广东话告诉我，我则用马来文写下来。

我也参加了阿敏老师在学校负责的童军“幼狼团”（Wolf Cub pack），把我的马来文派上用场。星期天早上，我同他们在一起进行童子军活动，并用马来语和他们沟通。

由于这些初期的训练，我的马来文发音相当准确。我修读马来文直到中四，并把它作为文凭考试的一个科目。让我感到意外的是，我竟没有考到积分（credit），只考获E8，只比不及格的F9高一等级，勉强过关。我觉得自己考得不错，我于是通过正常的程序提出上诉，要求重新评卷，但是上诉不得直，考官显然有不同的看法。

我在约14岁的时候开始学习俄文，那时父亲认为学习俄文会有用处。当年，苏联在经济和科技发展上突飞猛进，它在1957年发射世界第一颗人造卫星“伴侣号”（Sputnik），在太空竞赛中取得领先地位。如果我修读科学或数学，就不需要依靠翻译，直接阅读俄文的研究报告和书本。

我们找到了在南洋大学教导政治学的维特·菲莎（Victor Fic）教授。

他是加拿大公民，但原是来自捷克斯洛伐克的捷克人。他虽然学会了俄文，俄文却不是他的母语。我们使用由一名俄罗斯妇女尼娜·波特波娃（Nina Potapova）编写、共两册的英文—俄文课本。我学会了俄文字母、发音和远比英文复杂的文法。后来，我还有一些其他的俄文教师，包括一些在南大学习华文的年轻俄罗斯人。由于苏联和中国的双方关系在1961年破裂，他们不能到中国学习华文。苏联政府便派他们到新加坡来学习华文，他们受训后成为中国问题专家。俄文是他们的母语，他们让我在从维特·菲莎教授那儿学来的俄文的基础上，进步到可以用俄语交谈。

我对俄文的掌握变得相当熟练，在O水准考试中，俄文还考获特优（distinction），我是唯一在O水准报考俄文的新加坡学生。考试包括一个口试的部分，教育部需要特别寻找一位合格的考官主持口试。他们找到了一位能够说俄文的英国人雷当博士（Dr. Ray Tongue）。他被派来新加坡担任英国文化协会的语言官，后来被调派到师资训练学院担任英文讲师。口试快结束时，他用俄文问我最后一个问题："你用什么语文思考？"我老实地回答（也用俄文）："英文。"

可惜的是，我在往后的日子找不到使用俄文的机会。我没有在科学或数学领域发展，而实际上，过去数十年来国际顶尖的科学和数学论文都是以英文发表。原是两个超级强国之一的苏联在1991年崩溃和分裂，除了在原属苏联的一些国家内，俄文、俄语并没有在俄罗斯以外广泛使用。我只有一次认真使用俄文的机会。1972年夏天，在当时新加坡驻莫斯科大使拉曼（P.S.Raman）的陪同下，我在莫斯科和列宁格勒（现称圣彼得堡）度假两个星期。俄文在那个环境里活了起来，我对它的掌握也足以同他人进行有意义的交谈。在假期结束前，我甚至能够在午餐上，用俄语发表即席的简短答谢词，没用稿子。拉曼大使被派驻莫斯科后也在学习俄文。他告诉我，当我以俄语同俄罗斯人交谈时，俄罗斯人突然变得不那么拘谨和轻松起来，这是他前所未见的。他也因此下决心加倍努力学好俄文。

我对投入学习俄文的心血并不感到后悔。在一个英文日益成为通用语的世界，学习其他语言，并了解其他国家的人如何看待问题，看待自己，看待这个世界，是很有好处的。例如，讲英语国家说的第二次世界大战，被俄罗斯人称为“伟大的卫国战争”。这是因为他们的伤亡人数和蒙受的苦难比其他任何参战国都巨大，而德国其实是被苏联而不是美国或英国打败的。这是英语世界的历史学家在大战结束超过半个世纪后才开始承认的事实。

我今天驾驭各种语言的能力又如何呢？

英语是我的工作用语，也是我的主导语言。其实一向如此，于今更甚。

我通晓华文，可以用华语和华文流利地与人沟通和阅读。这对我是一大助力。它帮助我和受华文教育及使用方言的新加坡人建立融洽的关系，不只是因为我们有共同的语言，也因为我们能够互相认同，而我也更能体会他们的观点和忧虑。这对政治工作非常重要，尤其是在基层，讲华语和方言的华人还是多过讲英语的华人。不过，情况正逐年改变。

在外交上，当我同中国政界人士会面时，华文也就管用了。我在正式的会议上使用英语，通过通译员和对方沟通。因为英文是我们的工作用语，我如果用华文，就会让我们处于不利的地位。此外，我们应该清楚地表示我们是新加坡人，不是他们的一部分。但我会细心聆听翻译，并在必要时纠正通译员的翻译，或用不同的字眼重复我的意思。至于非正式的交谈，比如在用餐时，我可以不需要通译员就直接同这些人士沟通。双方都会更自在，更自然地交流，就大、小课题交换意见。更融洽的关系也让我们对彼此有更好的了解。

在新加坡，我不时有机会用华语演讲。我可以讲得相当流利，虽然重大的演讲需要充分的准备，例如国庆群众大会上的华语演讲。我先拟好一份英文大纲，由我的新闻秘书陈怀亮按大意把它翻译成华文。行得通的英文表述方式，直译成华文未必行得通。其实，一份好的华文演讲稿绝不会是英文原文的直译。我们反复地研究华文大纲、朗读和讨论内容并加强其流畅性、呈现方式和说服力。有时候，我们在讨论了几回之后甚至更改重点，以便使华语演讲更贴近讲华语的新加坡人所关注的民生课题。他们比较关心的是直接影响他们实际生活的问题，而不是抽象迂阔的经济理论或政治问题。有了适用的大纲后，我会练习演讲数次，并不断做出必要修饰，直到我们满意为止。有了足够的准备，我只需要概括约四分之三内容的稿子，其他的则在演讲时自行补充。这会比直接从完整的稿子上一字不差地念出来更自然和有效。

学习语文不进则退，我于是尽力保持华语的流利。我每天阅读《联合早报》，看华文电视节目，包括中国大陆和中国台湾地区的频道的节目。我有时也看华文书。随着中国的崛起，市面上出现更多华文书本，它们的制作也比以前精致多了。我也浏览中文的网站，比如百度、博客和媒体网站。每个月一至两次，我会从几个华文导师中轮流选一个，进行一个小时的练习。事实上，他们也不是真正的导师，而是可以同我进行认真交谈，讨论时事课题或任何热门话题的伙伴，帮助我保持华语的流畅能力。

除了实际的价值外，华文教育是造就了今天的我的关键因素。它塑造了我的态度和个性及我对社会和世界的观点。语言不只是沟通的工具，还提供了一整套的文化参照系统。因此，我不是沉浸在一个语言的环境，也是沉浸在一个文化的氛围中。那些典故、历史和文学触动了我的心灵，让我了解中国人如何思考和看待自己。当我在中国访问的时候，如果我对当地的历史和文化认识不足，就很难了解一些景观和文物的意义，我的收获自然就少了，也不能跟当地人一样对景物产生共鸣，或理解他们的自豪和认同感。

比如，在访问湖北省时，我到了赤壁。它是三国时代长江上一场著名水上战役的战场，赤壁之战也是近年一部战争电影《赤壁》的主题。这个地方不仅让人联想起这场史上闻名的战役，还有数百年来同它相关的诗词和文章，其中有一些是我读过和喜爱的。今天，我们能够看到的只是浩瀚的长江。当年曹操大军结集的地方就在对岸，不过现在景物已变，我们只能遥想当年。若不是沿江悬壁上刻有赤红的“赤壁”二字，游人未必知道这就是那场战役的所在地。我注意到陪同我的中国官员，尤其是非来自湖北的官员，无不争取时间跟这两个大字合影。对他们而言，这几乎就像朝圣一样，而不是因为看了那部电影。当时，我也感受到一丝兴奋和敬畏。这一趟访问之后，我把《三国演义》有关赤壁之战的章节重温了一遍。

对我来说，这种共鸣来自性格形成时期的长期浸濡。今天的学生身处一个不同的环境——学校的教学媒介语是英语，华文只是众多科目之一。他们生活在主要是讲英语的环境，必须尽最大努力掌握作为第一语文的英文。尽管如此，大多数学生还是可以在第二语文的水平上掌握好华文。我们不可能回到以前的华文学校，当时的学生可以熟练地驾驭华文，英文程度却远比现在的华文第二语文差。然而，我们今天可以通过高级华文、特选学校和双文化课程等计划，培养一批核心华文精英。他们可以保持华文在社会上的活力，负起传承华文文化、传统和价值观的工作。

我的马来文还算不错，我每天阅读《每日新闻》（*Berita Harian*），也可以用马来话沟通，比如在接见选民时向前来求助的居民了解情况，但发表演讲就比较费劲。我不能像讲英语或华语一样，在没有讲稿或只有大纲的情况下自由发挥。如果事先用准备好的稿子反复练习，我就能讲得很好。难处在于把它变得口语化，以免过度生硬和文绉绉。

我跟马来西亚和印度尼西亚领导人打交道时，马来文对我帮助很大。印尼语是不同的语言，但它同马来语的共通处足以让我了解大部分的意思。多数马印两国领导人相当习惯讲英语，但在闲聊时加上几句印尼语或马来语，可以缓和气氛，让大家放轻松。对其他较低层的马印两国官员来说，情况更是如此。他们多数只能说基本的英语。比如，印度尼西亚在2004年圣诞节次日发生大海啸后，我到亚齐的灾区视察。灾区的印尼指挥官在没有翻译的情况下，用印尼语向我汇报灾情。我听得懂这名上校所说的80%印尼语，如果他用的是英语，或通过翻译，我就比较难确切地感觉到他的语气、紧迫感和对灾场的生动描述。

至于俄文，我已把大部分所学还给老师。我有近40年没有使用俄语。

今天，当我同讲俄语的访客会面时，还可以感受到句子的节奏和记得一些零星的字眼，但我已失去听和讲俄语的能力了。

我学习四种语言的经验，让我得出一些结论。首先，什么是我们最能驾驭的主导语言，它在人生的很早阶段便已经构成了。它不一定是你投入最多精力的语言，而是你用来思考的语言。其次，学习和相当好地掌握第二甚至第三种语言是可能的，但水平却不能同第一语言相提并论。第三，各人的语言能力不同，视资质、环境和兴趣而定。我们可以鼓励学生学习语言和大力帮助他们，但我们不能强逼每个学生都能掌握好。最后，语言是不用就会失去的。

我四个孩子的情况验证了上述四个结论。他们的语言环境与我的不同。在家里，我和太太何晶多数用英语交谈。孩子们上的是以英语为教学媒介的学校，他们的朋友也大多用英语沟通。

孩子们还小的时候，何晶尝试找《儿童乐园》或《南洋儿童》等有许多色彩缤纷插图的期刊让他们阅读。这些是我们孩提时读过并喜爱的，可惜已经不再出版了。她尝试找其他合适的华文读物和漫画版的中国历史故事，但孩子们不是觉得太难就是太幼稚。最终，他们读的是“瓢虫”(Ladybird)系列的儿童图书，因此，孩子们并没有深入接触到华文文化或历史，他们的观点和价值观自然就跟我们夫妻俩有所差别。他们对《魔戒》三部曲和《魔兽世界》里的人物与情节，比他们对于《三国演义》的英雄及战争更加熟悉。

四个孩子虽然出身大致一样的社会和家庭语言背景，但是他们各有不同的语言学习经验。

长女修齐语言天分高，孩子们当中，她的华语最强。何晶买回来的中文读物，修齐读了不少。念小学的时候，她的华文成绩顶呱呱，这可归功于老师们生动有趣的教学方法。在念中学时，她修读高级华文，不过她开始视它为一份苦差，这是因为学生经常必须背词汇，却没太多机会使用华语，结果她成绩退步了。她升上华中初级学院的时候，又开始沉浸在一个讲华语为主的环境，成绩也跟着进步。在AO水准的会考中，她考获

A2。在中学时，她也自己决定选修德文为第三语文，并下了好几年的工夫学这种语文。

长子毅鹏患有亚斯柏格综合征（Asperger's Syndrome），豁免修读母语，也因此完全不懂华文。多年前，他跟随家人到中国度假时，在我们的鼓励下，他学会了一些中文词汇，可以在购买他喜欢的"雪碧"汽水时用华语。如果我们在那里待久一点，他的华语相信会有所进步。在新加坡国立大学念书时，由于他对西洋古典音乐及音乐家贝多芬及舒伯特兴趣浓厚，因此决定修读德文。

次子鸿毅有轻微的"阅读障碍"。他在其他科目表现良好，但在阅读和书写上却面对困难。从他的整体能力和家庭用语来看，他的英文成绩比预期的差。在学习华文，尤其是熟记汉字上，他面对更多挑战。他有家庭教师，但最终选修华文B。新加坡每年有3%至5%的学生选修这个偏重听、讲能力的简化华文课程。

幼子浩毅也觉得华文相当难学。他补习了一段时日之后决定靠自修。他很用功，小六会考中华文考到A让他雀跃不已。他在中学再接再厉，普通华文课程也过关了。然而，尽管修读了12年的华文，他离开学校后仍然无法阅读《联合早报》。这是因为学校的华文课没有充分地强调如何实际地使用华语，也可能是因为同学之间用英语沟通，华文根本无用武之地。然而，在服完兵役后，他在大学开课前有近一年的空闲时间。他决定趁这段期间把华文学好，并找到一名来自中国大陆的同学辅助他。他阅读《联合早报》的文章、练习用华语交谈，并应用资讯科技和互联网上的工具，比如网上词典：你把鼠标放在词语上便会发出其拼音和清楚说明这个词或字的意思。他也利用其他的网络资源，比如可将整篇文章译成中文或英文的翻译网站。翻译效果并非十全十美，但是读者可得知文章的大意。这些网上资源繁多，而且是免费的，对学语言的人很有帮助。在学习了几个月后，浩毅有一天很满意地宣布：他终于看懂《联合早报》了。

一天，他向我建议我们在晚餐时间用华语交谈，让他有更多机会练习，这让我非常开心。我们也许还未能让他全面掌握华文，不过已经成功地激发他自动自发学习华语的热忱。他的提议也让我自己有了更多练习华语的机会。在用餐时，我把我的智能手机放在餐桌上，手机里已经下载了英—汉词典的应用程序。一旦表达有困难，想不到恰当的词汇，我就会利用手机翻查。这样的练习持续了数月，直到他前往美国攻读大学。

每个孩子的语言能力不同，我们不可能要求同样好的表现。重要的是激发和维持兴趣，让每个孩子各尽所能，那么即使孩子的语言能力只能达到某个程度，但当有一天余烬重燃时，兴趣也会再度激发。这应该是学校语言教育的目标。

（本篇译自英文）

我与华文的恋情

陈庆鏻

出生于1953年的陈庆鏻，在本地英文学校毕业后，前往法国修读工程学。他来自双语家庭，有深厚的华文根基。这对他的工作，包括担任前内阁资政李光耀的首席私人秘书，和在外交部任职益处很大。他目前是新加坡报业控股执行总裁。

我很幸运出生在一个双语家庭。爸爸在二次世界大战前，就读于圣安德烈学校，华文则由家庭补习老师指导。妈妈在美以美女校念完小学，中学却是在中国的佛山毕业。广东话是家里使用的方言，但因为我的三个哥哥和姐姐都读英校，我们多数时候是用英语沟通。我不愁没有人教我英文或华文，家里也不缺这两种语文的读物。

我看很多英文漫画，妈妈也确保我定期阅读《儿童乐园》。我在5岁时正式接触华语。当时，妈妈安排我和正在准备小六考试的哥哥庆荣一起接受华文补习。

6岁时，我已听得懂“丽的呼声”的华语节目。我父母是电影迷。因为有个阿姨嫁入经营戏院的家庭，我们不时得到免费戏票。有时，我一个星期看4到5部华语电影。电影和“丽的呼声”让我对中国历史、文化和传统有了认识。爸爸不断提醒我要注意影片上的华文字幕，这是学习华文字和发音的有效方法。当听到李大傻在“丽的呼声”讲述《神雕侠侣》时，哥哥和我便拿妈妈的小说，逐字跟着念。这是增进华文词汇最有效也最有乐趣的途径。

要报读小学时，我的华文比英文强，如果进入的是华校我也会很高兴。然而，纯粹因为经济原因，我的父母决定让我同哥哥、姐姐一样报读英文学校。结果，我进入了邻里学校海格小学。用不了多久，我的英文书写和口语能力便远超我的华文。于是，家里为我请了一名华文补习老师何女士 (Madam Ho)，从小学三年级到中三期间为我补习华文。

在学生时代，我时常阅读父母购买的华文报章、电影杂志及新闻画刊。这加强了我的词汇，也让我对华人的世界观有所认识。我妈妈工作的工厂有许多来自中国香港的管工。他们告诉我许多中国香港和广东省的局势。看到我对这个课题有兴趣，在大学当政治学助理教授的姐姐庆珠在我12岁的时候，送了我一本费里克斯·格林 (Felix Greene) 的著作。

在莱佛士书院学习华文相当有趣。当时，我们选修华文与翻译。其中一种试卷规定学生必须完成三段翻译：把一段华文翻译成英文、把一段英文翻译成华文及最困难的部分——把一段文言文翻译成英文。这种翻译培训对我后来到法国留学，和担任当时的总理李光耀的首席私人秘书有很大的帮助。当资政同中国显要会面，用华语同他们交谈时，我便在脑子里做同步翻译，把要点用英文记下来。我参加O水准华文考试时信心满满，不到半个小时便做完每份考卷。但不知道什么原因，却考得很差，只获得C6。到了国家初级学院，我选择报读不必参加考试的高级华文。

获得总统奖学金和法国政府奖学金后，我前往法国修读工程学。我们必须从零开始，学足12个月的法语。在头8个月，我们像小孩子一样，先学习口语。老师不采用任何书面文字，避免我们因为使用本国语言而读错音。在最后的4个月，我们才接受密集的做笔记和写文章训练，为大学课程做好准备。至于我的华文，在法国求学期间，反而进步了。

首先是我在那里认识了许多华裔越南和柬埔寨学生，彼此用华语和广东话交谈。其次，我每个星期使用双语词典，用华文给父母写信，确保我不会和华文脱节。最后，我在闲暇时看了很多华文书，包括武侠小说如《倚天屠龙记》，和广东民间小说《鬼才伦文叙》等。

李光耀资政为他的首席私人秘书一职面试我时，第一个评语是我不够资格，因为我的华文只考到C6，不能在中国事务上帮到他。我向他保证我能够相当好地掌握工作上所需的华文。他也注意到我有阅读华文报章和期刊的习惯。最后，他给了我机会担任首席私人秘书。后来，我被调到外交部担任副常任秘书。我的一项主要任务，是强化部门内负责大中华区域事务的小组。我很在意年轻外交官说华语时掺杂英语。我提醒他们，跟他们交谈的中国大陆地区和中国台湾地区的人员，不会明白夹杂在对话里的英语句子。为了训练他们，我甚至实行了在他们的谈话中，每出现一个英文字就罚款一毛钱的做法。

我和太太育有一男一女，现在分别是26岁和23岁。我太太一直觉得，她自己因为受华文教育，而在找工作时吃了亏，所以非常重视教导孩子英文。我们是在孩子5岁时才开始和他们讲华语。这是让我们后悔莫及的一个大错误。他们的英文能力强，但觉得学华文是件苦差事。不过，我们坚持不懈地指导他们，并帮助他们在O和AO水准的华文考试中过关。两人在美国大学念书时，在他们身上，我看到了我的经验的重演。他们用华文给妈妈发电邮，也同来自中国的学生用华语交谈，因此华文日益进步。

然而，这个教训我和太太是不会忘记的。当我们有孙儿的时候，我们会确保他们一出生就开始学华文。

（本篇译自英文）

我的语文学习经验

周清海

周清海教授是新加坡语文学者、语文教育专家。他于1967年毕业自新加坡南洋大学，此后从事教学近40年，曾任新加坡南洋理工大学国立教育学院中文系主任、中华语言文化中心主任，也是新加坡华文教学检讨委员会委员。自1975年起，他长期担任前内阁资政李光耀的华文教师。

孔子说："六十而耳顺，七十而从心所欲，不逾矩。"我已经过了"耳顺"，很快就要进入"从心所欲，不逾矩"之年。孔子说的话，也可以标点作"七十而从心，所欲不逾矩"，说的还是到了七十岁，任何从心里萌生的想法，都符合规矩，合乎情理。在这个年龄，反省自己的语言学习历程，也就比较平和全面，可能对年轻的国人还是有些意义的。

我出生在一个穷苦的家庭，兄弟姐妹共8个人，父母是文盲。父亲是第一代移民，母亲是第二代。我语言学习的最初阶段，是父母决定的。他们只会说闽南话，把我送进华校。当时，看酬神时演的福建或潮州大戏，是父母唯一的娱乐。我也就从小培养了喜欢看这些大戏的习惯。许多历史知识，民间故事，都是从看大戏获得的。我们住的地方，靠近马来村庄。我有很多马来小朋友，从小就学会了说"巴刹马来语"。现在，虽然没有机会说马来语，但听马来语的能力仍旧保持着。

成长的年代，正是反殖民地运动非常蓬勃的年代。在育英中学求学时，我积极参加学生运动，曾经为了抗议林有福政府的迫害，参加了中正中学的学生罢课集中行动。记得那时我才读初中一。左派的学生运动，竟然有能力影响一个初中一的学生，而且深深地把爱护华文教育植根于他心中。在这个大局面的影响下，我成为一个爱护自己的语言、文化，愿意为这个理想付出任何代价的年轻人。当时，我纯洁而有抱负，想长大后成为华文作家。

我求学的年代，华校的学生入学率，远远超过英校。读中学时，华校和英校的学生入学率相等，各占47%左右。当时，英文被我们看作是殖民地政府的语言，我们都不愿意学，也就没把它学好。学校里的英文教学也没上轨道，都是徒具形式而已。整个华社都只关心华文教育，并不关心英文的教学。重视英文教学的，当时只有公教中学。我们并没有意识到在这个多元民族的社会里，只懂中文，是不足取的。

1962年，中学毕业后，因为没学好英文，我升学的选择就受到限制。我不能到新加坡大学，也不敢报考南洋大学的其他学系。我的数理化等科目虽然成绩都不错，可是英文不及格，就只能读中文系。在南洋大学的那四年，也都是风风雨雨的日子。政治活动非常频繁。我在南大听过陈六使先生用福建话演讲，当时也不觉得不雅，反而感到无限亲切。1965年，我被南大开除了，后来改为被令停学一年。停学的那一年里，我教补习，赚取生活费；同时读了《论语》、《孟子》、《荀子》、《左传》和《说文解字》等书籍。我也把大徐本《说文解字》从头到尾抄了一遍，这样奠定了我的古典文学和研究古文字的基础。我的古典文学和古汉语的修养，远远超过同班的同学，全是这一年下的苦功。

1967年，我以第一名毕业，走在三四百名毕业生的最前头。毕业后，我想先工作，再升学，然后回到南大教书。

当时南大同学都担心毕业后没有工作。有些家庭经济条件好的，毕业后到新加坡大学中文系继续深造，被当作二年级学生，再读两年，才获得荣誉学位。前后用了六年的时间完成中文基本学位课程，在今天看来，几乎是不可想象的事。但拥有了新大荣誉学位文凭，南大同学找工作就容易得多了。

我没有这样的经济条件，更不愿意受降级之辱，到新加坡大学中文系继续两年的学习。我没有别的选择，只能到中学教书——教中文。我受聘在华侨中学高中部任教。这一年里，我获得新加坡公共服务委员会的推荐，得到了中国香港颁发的英联邦奖学金，到香港中文大学攻读硕士学位，研究的方向是甲骨文字。中文大学研究院毕业之后，我被分派到师资训练学院任教。

在师资训练学院，行政语文是英文。我26个英文字母都不能按顺序背完，有人问起电话号码，也要写下来，然后才一个个念出来告诉对方。语言的压力，逼使我开始认真学习英文。我自己阅读英文读物，从Longman出版的初级读物第2级开始，一本一本地阅读。我自学国际音标，查英汉词典，把读物注得密密麻麻的，有国际音标，也有中文释义。我也听同事的谈话，进而听广播，尤其是英文新闻广播。先听了中文新闻广播，再听英文广播，就容易得多了。现在BBC电台的新闻广播，还是我常听的节目。后来，我也租阅英文流行小说，只要情节精彩，能让我看下去的小说，我都看。这几十年来，我阅读过的英文流行小说不计其数。

我1972年到师资训练学院，1974年有机会和当时任总理的李光耀先生一起学习华文。李先生在见我之前，曾学过华文，也背过不少成语。他对我说，“学语文，就像逆水行舟，不进则退”。他交给我的任务是改正他的语病，尤其是句子不完整、缺少关联性词语的语病，并且进一步提高他的华文程度。

开始时，我们一个星期见两次面，每次一个半到两个小时。那时，正是新加坡经济开始起飞的阶段，他国务繁忙，还坚持一星期一到两次的学习，出国回来，还要补课。到现在，我们相处已经快要34年了。学习华文，他从没有间断过。

我和李先生都是过了学习语文的黄金时段（据研究，黄金时段是14岁以前）才开始学另外一种语文的，因此虽然付出了不少时间和精力，仍然是事倍功半。

我为李先生选文章，编教材，给生词加上英文的注释。当时的教材，只能笔写，再请打字员打字。编教材和给生词加上英文注释的过程，也是我学习英文的过程。有些英文词，我只会说，不会拼写或是拼写错误，现在为了准备教材，让打字员打字，我必须每个字母都写得清清楚楚。中小学时候所讨厌的是英文听写，现在却要常常拼写。李先生学华文，我却因为预备教材而学了英文，尤其是英文词汇。为了用英语解释华文生词，我把这些用到的英文词汇都尽量背了下来，英文词汇也就增加得特别快。现在，我英文的听和读没什么问题，只是写，仍然没有达到应有的水平。至于说，发音不准确，长短音、轻重音不分，常常被我的三个孩子当笑话。日常的会话我还能应付，至于用英文发表演讲，却始终做不到。李先生能用华文演讲，他学华文就比我学英文成功。他的华文发音之准确，是世界上华人政治领袖中所少见的。在华语的学习上，李先生要求学习汉语标准语，一切以普通话为准。他不愿意浪费时间学习地方色彩的华语。

我是在过了学习语言的黄金时段才开始自学英文的，我知道，这一辈子是没办法把英文学好的。李先生曾对我说："如果你的英文好，成就绝对不是现在这样。"

我深深体会到语言是人民享有平等机会的媒介，语言能力不如人，无论是自己与别人竞争，或者一个群体与另外一个群体竞争，都会使个人或群体处于不利的地位，而个人或者群体的语言劣势却是可以通过语文教育的调整来避免的。

1965年，新加坡独立了，决定以英语作为行政语言。当时新加坡的华人社会、宗乡团体以及华教社团都沉浸在热爱自己民族语言文化的热忱之中，并没有充分意识到这个决定的意义，和可能给华社带来的冲击，所以没有充分做好应变的准备，以至于受华文教育的一群，逐渐被边缘化，成为沉默的大多数。

由于华社不能应变，没有超前的眼光，不能自我调整，致使华文教育陷入困境，导致后来华校的消失；华校中小学生转换语文源流，也付出了不少痛苦的代价。南洋大学和新加坡大学合并，成立了新加坡国立大学，更使受华文教育者蒙受了不少的挫折。政府部门许多关键性的职位，社会上的许多专业工作，诸如医生、律师、建筑师、会计师、工程师等等，都因为需要良好的英文，而与受华文教育者无缘。

当然，也有些人有超前的眼光，知道如何应变。他们一方面领导拥护华文教育，鼓吹华人将子女送进华校；另一方面却以超前的眼光将自己的子女送进英校。这样的华社领袖，为数不少。

自己在语文方面吃了亏，当然不希望下一代再吃亏。不少华文出身的家长，怕子女学不好英语，甚至人为地改变自己的家庭用语。二十几年前，我女儿在圣尼各拉小学读书时，我到学校接她，遇见了当中学校长的南大同学。他用英语和走到前面的自己的女儿说话。我有些惊愕，问他：女儿不会说华语吗？回答是：我们家里都说英语。这种现象，当时随处可见。

独立后，我们实行双语教育制度，英语逐渐发展成为学校的教学媒介语。1984年，统一源流的新加坡型学校出现了，新加坡的学校就再也没有英校或华校的分别。我坚信，在现有的学校制度里，英语是教学媒介语，孩子没有理由学不好英语。华语的最后基地是家庭。华人家长有责任在孩子学习语言的黄金时段，给他们奠定说华语的基础。因此，在家里，我从小就和孩子用华语交谈。进入幼稚园之前，孩子的交际用语是华语。他们只有机会听一些录音的英语儿童故事，听和唱一些英语儿歌。可是积极的语言是华语，英语是消极的语言，只有听的能力。

大约6岁，我把他们送进英语的幼稚园，也让他们参加英语的音乐班。起初，他们在英语的环境里感觉非常不舒服，但也只经过短暂的几个星期，就克服了适应的难题。当然，孩子也有哭的时候，那是上舞蹈课时，他分不清英语的left和right，而老师用脚踏着他的右脚，说right。他痛得哭了。现在他们都长大了，仍旧用华语跟我们交流，而工作上，他们用的是英语。他们都觉得，我给他们奠定了华语基础的做法是正确的。

大孩子是男的，在澳大利亚的西澳大学完成大学学业，现在在一家澳大利亚大公司任职，工作语言是英语，但华语听说阅读的能力仍旧保留，只有写，因为没用，是比以前退步了。女儿的专业在生命科学的研究，她获得南洋理工大学海外奖学金，在美国约翰·霍普金斯大学（Johns Hopkins University）完成生命科学方向的博士学位，现在在南洋理工大学任职。她告诉我，到中国参加研讨会，她只能用英文发表论文，但却能用华语回答提问的问题。当然，许多专有名词，中文可能已经有了翻译，但她仍旧说得不习惯，回答时也会夹杂一些英语名词。平常的交流，却一点困难也没有。她说，中国的朋友第一次见她时，总把她当作中国人，问她是哪个大学毕业的，什么时候移民到新加坡。

我真不能想象，要是没把英文学好，他们的前景将会是怎样的。

我的三个孩子到了初级学院，就再也没有时间接触华文了。他们只看中国大陆地区和中国香港地区的华语连续剧，只有最小的还看《联合早报》的《副刊》、《星期5周报》和《我报》，但他们的华文，仍旧保留在相当高的水准上，将来需要用时，我相信，自然能从这个基础上往前发展。他们有时候给我字条，不会写的字，也会插上汉语拼音，但发伊妹儿(e-mail)或者手机短讯，可以用汉语拼音输入，再选择正确的汉字，也就没什么困难了。我最近做了爷爷，孙子才8个月大，我和内人仍旧用华语对他说话，他也有反应，“爷爷抱”，他就双手伸了出来。他的妈妈用英语和他说话，爸爸和他说话，有时也用英语，但华语用得多些。他是真正在双语环境里长大的一代人。

年轻的同事当了父母，请教我关于孩子学语言的问题，我总是把我的经验告诉他们，并且劝告说，在进入幼稚园之前的6年，是奠定孩子说华语的最好时机，等他们进入了幼稚园、小学之后，正式教育里就充分提供了学习英语的机会，在我们现有的教育制度里，孩子们没有理由学不好英语的。

和李光耀先生相处的三十几年里，我也看到一些英语家庭的子女面对华文学习困难的问题。有一些部长的子女，华文不及格，必须自费送到国外求学。李先生常说，坚持双语教育是要付出政治代价的。除了坚持双语教育制度，李先生也发起讲华语运动，提出特选学校的概念，要将有华文背景的特选学校发展成为一流的中学，让华文环境留下来。我曾说：

新加坡人说华语的流利度，更是一项可贵的社会资产，如果和中国的香港人相比，新加坡人在听说华语方面的优势，就非常明显了。当然，新加坡华人的华语读写能力，一般落后于其他华语区，也是不可否认的事实。一些关心华语文教学的新加坡人，尤其是老一辈的，就常常为华语文程度的日渐低落而感叹。其实，低落的华语文程度，在应用需求出现时，是可以逐步提升的。

双语教育政策、讲华语运动提供了普及华语的条件，特选学校保留了华文的环境，为提高和培养华文，埋下了根基。这些都是李先生的贡献。如果没有李先生的决策和坚持，华文在过去几十年的处境，可能更悲惨。李先生的坚持和决心，新加坡人将随时间的推移而更加理解。

在设立特选学校方面，李先生的用心，当时教育部的高级官员也不完全理解，他们在华社的压力下，将学术水准没达到标准的前华校也包括在特选学校的名单里，使突出特选学校的工作面临不少困难，对特选学校以后的发展带来不利的影响。

新加坡的双语教育政策给下一代提供了平等竞争的基础。我的孩子不必再面对我所面对的困境。他们都能在平等的基础上与别人竞争。英语是他们的第一语文，华语是他们的第二语文。在东西方社会，他们都能适应，并仍旧保留华人的特点。

我们的两种语言政策，让新加坡的孩子都能奠下符合他们能力的母语基础，而对华人而言，更提醒他们，你是华人。过去批评李光耀先生不重视华文的人，没有看到这一点。华文教育出身的国会议员，也同样没有看到这一点。

语文教育为了配合国家社会的各种需要，必须不断地调整。调整常常令人觉得不舒服，在某个层面上说，也难免是痛苦的，必须付出代价。新加坡独立自主以后，在语文教育方面进行过许多必要的调整。新加坡人，尤其是我这一代的新加坡人，在这些调整的过程中，是付出过不少的代价的。调整时，受到冲击的往往是当代人，而受益的是下一代人。所以在讨论调整时，我们应该着眼的是下一代人的利益，而不是这一代人的利益。

双语教育政策是新加坡成功的基石。新加坡的成功，双语教育政策贡献非常大。双语教育政策的获益者，就是我们的下一代。我的孩子，是先学华语，并且在语言学习的黄金时段里学英语，而我的孙子，就是在双语的家庭环境里成长的，我希望英语和华语都能成为他的母语。

既艰辛又轻松——我的双语路

傅海燕

傅海燕先毕业自新加坡国立大学会计系，后取得该校的商业管理硕士学位。她也是语文政策大变革时的首当其冲者。2006年步入政坛前，她是新加坡港务集团东南亚及日本区总裁，深厚的华文根底是她事业的助力之一，现职为新闻、通讯及艺术部兼环境及水源部高级政务部长。

我是如何学习双语的呢？这个问题别人问了我好几回，每一次都让我思索良久，但总是说不出个所以然。不是我没话可说，而是想要说的太多太多了，不知该从何说起。我就常反问对方，您有时间聆听我经历的学习过程吗？

我的双语学习过程，可分两部分来解说：第一部分是在非常刻意、强制，甚至是近乎填鸭式的情况下进行的，所以印象非常深刻。另一部分则是通过浸濡、轻松自然的情况下进行，印象反而相对模糊。哪一种学习过程比较有效？那就见仁见智，因人而异了。

我的双语学习印象既深刻又艰辛的部分，可追溯到双语政策进行改革的时期，准确地说是1978年至1981年之间。当时教育部采取以英文作为统一教学媒介语的政策，改变了传统华校以华文作为教学媒介语的一贯做法。同时为了提高华校生的英文水平，教育部更连续几年大幅度提高了华校生大学升学的门槛。那时，我正在南洋女中就读。在中一、中二，除了英文（EL2），其他科目都采用华文来授课，这包括地理、历史、音乐、文学、科学、数学等等。可是到了中三，政策在一夜之间发生了翻天覆地的改变。除了华文以外，所有科目，一律改用英文教课。课本也全改了面貌，从一个个的象形文字，变成了密密麻麻的豆芽字。

那时作为学生的我，拿起了课本便发呆，不知从何下手。老师面对的挑战就更加严峻。有些拥有新加坡的南大或中国的台湾大学文凭的老师，学了大半辈子的华文华语，以华文华语教了几十年的书，可是转眼之间却得改用陌生的语文来授课，不但表达能力大受影响，课文的讲解能力，亦因为许多技术名词不太熟悉而下降。老师教得辛苦，学生更是听得一头雾水。许多学生在这种情况下，只好在下课后靠自己温习。当时，学生为同一科目同时用中英两种课本，两本中英文参考书来进行学习是很常见的。学生先读华文课本，了解了理论之后，再读英文课本，然后死记硬背陌生的英文单词。当时，唯有采用这种事倍功半的方法学习，学生对课文的理解才有点头绪。这个学习过程，不是每个学生都能接受，从学生和老师的反应，便可略知一二。老师与同学对于这种种改变可说怨声载道。

大约过了一年，教育部作了一些让步，允许学生在中四会考时可选择以华文或英文作答。在我那班，大约有四分之一的学生选择用华文作答。对大多数的学生来说，这样做最终只会两头不着岸。因为，这么一来，读了两年的英文课本，就等于白读了。而且在当时，初院已经是以英文教学，所以选择以华文作答的学生，即使考进了初院，他们的英文学习，又得从零开始。若是继续硬撑用英文作答，又怕因起步比别人晚，会考时跟其他英校生比起来，处于劣势，这真是左右为难。以当时的情况来说，许多受影响的学生可说是逆境求存，满腔怨恨，有苦难言。结果，好些学生的成绩一落千丈。许多原本成绩优异、勤奋努力的学生，竟然在这一连串的改变中被淘汰，有的还一蹶不振。当我升上初院后，升上大学的英文成绩要求又提升了一级。年纪尚轻的我，面对了这么多教育改革带来的困扰，心中难免不满，更认定这些改革是针对我们这个年代出生的人。回想起来，老师采用英文课本，并以中西参半的语言来教学，学生则用中英两种课本温习，再用华文来作答，这种情况可能只在新加坡出现过吧。

虽然出身华校，学习华文绝非易事。我们那个年头，没有汉语拼音。

小学前四年，学的是繁体字，发音用注音符号来注音，即ㄅ、ㄆ、ㄇ、ㄈ。听写，默写，背句子，背成语，都是课堂上老师常用的教学方法。当时不是每个学生都热爱华文，但起码不会排斥华文的学习。我认为用正确的态度去学习一种语文，学习上的困难都能迎刃而解，学习的效率也就得以提高。

现在当别人问我，你是如何掌握英文的，我想自己英文的驾驭能力，要拜当时不断改变的教育制度所赐。经过一连串"高压"与"填鸭"之后，我的脑袋也挤满了不少的英语词汇。但是，在同一所学校，同一个制度下学习，我又为什么能比其他同龄的同学侥幸，在考试中顺利地过关斩将呢？我并没有额外的补习，父母也不是受英文教育的，从小在家所看的电视节目都是《千王之王》、《清宫残梦》之类的粤语电视连续剧。简单地说，我能顺利地掌握英文，其中一个关键，应该归功于一个有利的学习环境。我的家庭背景，以及父母的刻意营造，为我提供了一个较自然的学习英文的环境。这就是之前我所说的另一个较自在的学习部分。

首先，我要先声明，我是一个很好动的人。虽然生长在一个"阴盛阳衰"的家庭（一共六女二男），我的玩具里却找不到洋娃娃，乐高（Lego）和积木反而是爱不释手。我所玩的游戏也比较"阳性"，譬如在户外捉蜘蛛、捉迷藏等。父亲受华文教育，爱好运动，我从小就跟着他到各个体育场观看球赛，例如到"繁华世界"看篮球赛、加冷国家体育场看足球赛，年幼的我因此便对许多比赛规则了如指掌。至于我的母亲，由于家庭经济条件欠佳，中学毕业后，便去考取实习护士的资格，当了护士。母亲的O水准英文也是靠后天的死记硬背而掌握的。虽然父母并没有受过高深的教育，但非常注重对女儿的栽培，让我从小便跟中西方文化有广泛的接触。家境虽然并不富裕，父母还是送我去学钢琴、游泳及跳芭蕾舞，我们全家也非常爱好观赏文艺表演，无论是音乐演奏、芭蕾舞，或东方舞蹈我们都极少错过，这让我从小便有机会体会各种不同文化的震撼。随着接触机会增多，对各类文化艺术的兴趣也就更浓，从中认识的朋友也更多了，这让我从小就有跟他人交流的机会。父亲的朋友很多，我也因此习惯和不同年龄、不同领域的人谈话。当时父母特爱看的电影，其中不乏长城、凤凰机构等出产的文艺片。虽然电影内容有点正统，但影片中不断传达的传统思想，如“精忠报国”，“取之社会，用之社会”以及“有国，才有家”等理念，不仅熏陶了我，也在我心中留下深刻的烙印。所以说，我的语文驾驭能力，有一大半不是在课堂上学来的，而是通过与各种文化艺术的接触，通过与他人的接触交谈而获得的。这种语文的习得，不但乐趣无穷，而且也加深了对该语文的掌握。

说到掌握双文化，这可要追溯到我的祖辈了。我的祖父，是福建省的举人，在20世纪20年代的新加坡，听说被人称为“泉州三才之一”。他曾从事报馆工作，当过新闻编辑。祖母是一位了不起的女性，二十几岁便离开家乡湖南，到缅甸担任记者。祖母也到美国工作过，可算是环球化的先驱。听说，祖父在南洋见到祖母时，惊为大人，更为她写诗，还听说是“呕心沥血”之作。祖母被祖父所感动，下嫁祖父，为他生下三个儿子。我父亲就是老三。祖父在我一岁时就过世了，因此，我对他没有什么印象。祖母则在我启蒙的12年里，对我有着深刻的影响。虽然来自中国，祖母对西方文化有相当的认识和爱好，她喜欢古典音乐和钢琴，在我父亲小时候，祖母就让父亲拜已故的黄晚成女士为师。我们家中所收藏的西洋唱片，绝对不少于我们深爱的东方乐谱。

祖母在南洋女中任教了四十多年，晚年开办了南洋幼稚园，家就设在幼稚园旁边，因此下了课，祖母的家就成为我必须报到的托儿所，所以我可以说是在幼稚园里长大的。祖母的普通话发音不是很准，带着浓浓的地方口音。不过，由于耳濡目染，我的华语便在这种自然的情况下学起来。在幼稚园这段日子，我每年都被祖母点名，代表同学发表演讲，放学后就得在祖母家背演讲稿。这是件令我非常苦恼的差事，因为当了四十几年校长的祖母，即使在家里，也会露出一股校长的威严。年幼好动的我，到了她的家，马上变得循规蹈矩、言听计从。一直到小学，甚至上了中学，我还经常代表班级参加演讲比赛，虽然没有经过正统的训练，也没有经常得奖，但是由演讲所累积的经验，确实对我往后作公开演讲，甚至是从政以后的许多演说，打下了牢固的基础。

初院毕业以后，我在大学选读了会计系，原因有两个：第一，会计系毕业生找工作较容易。父母亲老早就声明，大学一毕业，他们将会终止对我的所有“经济援助”。报考大学的当儿，我还参阅了各大报章，发现招聘会计师的广告竟占了很大的篇幅。认定了将来会计师的经济地位，我便“义无返顾”作出决定。第二，我天真地认为，会计只需和数目字打交道，再也不需要与语文为伍，不需要为英文或华文而烦恼。结果是事与愿违。

在新加坡这个国际大都会里拼搏，非得靠英文不可。英文已不再局限于社交场合，它已融入了商业、法律、财务、会计等专业，成为各专业领域的一把利器。当上财务总监之后，时刻需要和来自世界各地的银行家、商人、顾客磋商，要参加洽谈投资等种种商业活动。对一个“打工”的专业人士，要在事业上有所作为，就非得把英文掌握好。20年的工作生涯里，口头业务报告做了无数次，书面的业务报告也写了无数份。刚出来工作，业务报告让上司改得“满江红”，几乎到了重写的地步；也因此被上司当着同事的面批评，也曾因为语文表达能力不如人而没获上司赏识。刚出道的我，相当怨恨这位上司，总觉得他不懂得撇开“未能达标”的英文来赏识我的实力。但不肯认输的我，没那么容易便放弃。当务之急是硬着头皮，谦虚学习，牢记那些被改正的语法，死背那些上司爱用的词句，再三努力，并小心翼翼把下一份业务报告写好。业务报告也慢慢地让上司完整地接受了。回想起来，还真要感谢那位认真苛求的上司，让我的语文学习有了新的突破！

90年代中期，中国的崛起也为我的事业带来了机遇。当时因具备中文能力，公司便派我负责开发中国市场的工作。因此，我常常被派到中国各地公干，所使用的语言也变了。我必须以华语和生意伙伴、中国官员交谈，有时也必须在正式官方场合应用华语。刚开始觉得有些生疏，但重新温习这个熟悉的语言也并不会太难。我还记得有一家公司的管理层人员突然要求我写一封公函。当时我已经有15年没有以华文写公函了，但写出来还是有板有眼，格式正确。这位管理层人员看了有点惊讶，也为此对我印象深刻、另眼相看。

有人问我，英语和华语，哪一个使用时较得心应手？我说，“It depends.（看情况而定）”。在商，在工作场合里应用英语，我得心应手。要即兴发表对当下时事的个人意见，若是用英语嘛，没问题；若是用华语，一些词语，特别是中文专有词语，如人名地名等，就“千呼万唤”始终不肯出来，往往得掺杂英文名词，才能完成所要说的句子。可以说在工作的层面，我满脑子都被英文词汇和技术词语所占据。但是在感情与心灵的另一层面，情形却不同了。

从初院开始，我就完全没有接触华文课本的机会。可是，很奇怪的，当我心灵感到空虚，需要汲取一些精神食粮的时候，竟会不自觉地转向我启蒙的语言——华语。三毛的作品以及金庸的武侠小说，如《书剑恩仇录》，我是百看不厌。张爱玲、白先勇也是我喜欢的作家。我心深处的这个文化层面，却是被方块字所占据。我思想的深层和人生的看法，扎的是华族传统的根。

总而言之，我学习两种语文的过程，一方面可说是刻意的，另一方面也可说是随意的。有艰苦的一面，也有轻松的一面。有心酸的时刻，也有快乐的时光。学习过程是生命成长的一部分，它有时因制度而产生巨变，也有时因成长和工作的关系而引发蜕变。语文是生活的工具，也是感情的调味品。双语制度是否成功，见仁见智，但是如果没有双语政策，我可能无法掌握双语，我便不可能穿梭于两个世界。这两个世界，一个给了我在经济领域强而有力的竞争力，另一个则给了我无穷的精神享受。若是没有双语政策，我的际遇又会是怎样的呢？

因喜悦和自豪掉泪

吉姆·罗杰斯(Jim Rogers)

原籍美国的国际知名投资家，曾和索罗斯共同创立量子基金，取得傲人的成绩。他被《时代》杂志称为金融界的印地安那·琼斯，也被“股神”巴菲特形容为“对大势的把握无人能及”的投资大师。罗杰斯认定中国将是21世纪最具影响力的国家。为了让两个女儿从小学习双语，他在2007年决定举家迁至新加坡，并和妻子成为家长义工，替孩子报名南洋小学。

在我长大的阿拉巴马州的一个小镇的大多数居民，根本不知道在英文之外，还有其他语文的存在。哇，世界真的变了！

我就读的一间小规模中学为学生开两年的法文课，因为“法文是国际语言——外交、商业和文化的用语”。很明显的，新闻传播到阿拉巴马州的戴摩波里斯 (Demopolis) 的速度很慢。

我两年的法文成绩很优异，在前往耶鲁大学时很有信心可以达到校方对语言的规定。然而，我在上法文课时，几乎完全听不懂土生土长的法文教师说的话。我也许还能阅读和书写一些法文，但我的阿拉巴马教师的法文和这名法国人的法文完全不像。有一天，我们有个现场问答比赛，但我竟然不知道正在进行测验。

此后，我便一直对自己说好一种外语的能力感到非常不足。这种不安全感在我身为国际投资家和到处旅行探险时变得更糟糕。我知道我总是错过很多东西。此外，很明显地，同一个单语的人相比——就算他成就卓越——能够说当地语言的人总会有更多的人明白他们说的话，即使他们是没有受过教育的骗子。

我在旅行时懂得了多种语言的一些词汇，但从来没有真正学会什么。

在20世纪80年代作出中国将成为21世纪最重要国家的判断后，我开始通过写作、广播和演讲，告诉大家应该教导儿子和孙子华语，让他们为下一个世纪做好准备。

当我开始学一点讲求声调的华语时，它更减少了我对语言所缺乏的自信。我对音乐和声调从来没有什么天分。我第一次带太太到哈林区跳舞时，她问我："为什么你不跟着拍子？"我回答："我不知道有拍子。"

知道中国将来的变化，让我有更多力不从心的感觉。然后，我有了一个女儿。我不能光说不练了。我们找来一名华人家教和我们同住，指示她只和"快乐"（Happy）用华语沟通。

"快乐"出生后便学习双语，凭自己的经历，我知道这是学习语言的最好方法。

"快乐"两岁时我们在上海，感到惊奇的中国人问她你是怎么学华文的。她一脸茫然不知道他们这么问是什么意思，因为就像我从小就使用英文一样，她并没有真正地"学习"过华文。英语是我从小使用的，而她则从小就讲华语。在她看来，每个人使用的语言不同，而她会用他们选择的语言来沟通。

寻找讲华语的城市

最终，我们明白单靠一名华人家教和学校教导的华语，不足以达到我坚持"快乐"讲像道地华人的华语的水平。我们不时听到，家长在家里使用某种语言同孩子沟通，但当孩子长大至九岁左右，就开始只用英语来回答——因为所有人都讲英语。"快乐"有一天从公园回来，说她"要像其他人一样"讲西班牙语（公园里的大多数保姆来自拉丁美洲）。因为她讲华语，觉得自己很古怪！

所有父母都会为孩子煞费苦心。一些搬得靠近理想的学校；一些搬得靠近出色的足球教练、网球训练营或音乐学校。我决心让女儿讲一口完美的华语，因此我们开始寻找适合的讲华语城市。

我们在上海度过几乎整个2005年的夏天，在最后的三个星期才想到前来新加坡。隔年，我们把注意力集中在中国香港和其他中国城市，在新加坡的时间很少。在2007年的夏天，我们开始把焦点放在新加坡，同时花一些时间在中国。

在夏末，我们的名字出现在南洋幼稚园的等候名单上，所以事情已成定局。我们原本计划在秋天让“快乐”回到纽约上课，也已交了昂贵的私校学费。南洋不是你可以说“保留我们的位子，我们明年才回来”的幼稚园。况且，我们已经认为新加坡大概就是我们的选择了。因此，我们赶回家为前来新加坡定居做好准备。我们安排出售在纽约的房子，并突然间找到一个律师买主。

第一天带女儿上学，让我和妻子佩琦 (Paige) 兴奋莫名，同时也让我们感到意外。其他所有四岁左右的孩童都围着“快乐”大声叫嚷：“看她的眼睛！”他们仔细地审视她并触摸她的脸。我们很快便明白大多数四岁的新加坡小孩从没看过蓝眼睛。幸好“快乐”和其他人一样讲华语，对她的蓝眼睛的好奇心因此在隔天便消失了。

之后，我们报名让“快乐”在东陵俱乐部 (Tanglin Club) 上美术课。她是少数或唯一使用华语同教师叶先生沟通的学生。一天，一些学生问她：“你是华人吗？”

“快乐”喜欢南洋幼稚园，还有那里的学生和教师。因此，我们的下一步是让她进入南洋小学。我们完全被王校长在入学报名公开讲座上的演讲说服了。讲座也说明要进入学校必须符合严格的规定。因此，我们搬到靠近学校的地点并充当义工：我太太在英文语言课程帮忙，我则为教职员和校友演讲。

我爸爸不会讲华语

在世界各地寻寻觅觅后，我们决定来新加坡定居。没有人把我们调来这里。新加坡也没有给我们任何优惠。事实上，我们在开始时是“不告而至”的。我们对这个新的家园充满热情。我的第二个女儿“小蜜蜂” (Baby Bee) 是在鹰阁医院出生的，现在就读于南洋幼稚园。两个女儿都曾在电视节目的广告中出现，鼓励人们学习华语。

我们搬来新加坡不久后，中国台湾地区的马英九便邀请我们迁移到中国台湾地区。但我们婉拒了，部分原因是那里的教育政策。中国台湾地区仍然使用已经越来越不普遍的繁体字。新加坡和中国大陆地区一样使用简体字。

我好像在补缺自己几十年来在语言上的不足。"小蜜蜂"发觉自己会使用两种语言后，便开始用华语对华人耳语："我爸爸不会讲华语"；用英语对洋人耳语："我爸爸不会讲华语。"我太太向来有音乐天赋，我们在这里定居后她也学会了一些华语。我则还"不知道有拍子"。

你现在可能会问："为什么选择新加坡？"主要原因是这里几十年前建立起来的双语政策和教育制度。

是的，我的女儿在中国可以更频繁地接触华语（可能连我也能学上一点？），但她们的英文会受到影响。通晓英文和华文在21世纪是至关重要的，这会给她们巨大的优势。通晓双语不能确保她们成功，但至少如果她们最终必须在餐馆工作，她们会是领班而不是洗碗碟的工人。

从很多方面来看，新加坡坚持人人必须通晓英语和另外一种亚洲语言，都是非常具有智慧的。至少，通晓双语的人学习其他语言更容易上手。世界上没有另外一个国家对双语政策的重视比得上新加坡。这向来是，也会一直是新加坡和新加坡人的竞争优势。这也是其他国家所缺乏的凝聚一个移民国家的力量。我不时读到或听到，要改变或放松这些努力的谈话。身为有两个孩子在这里的学校读书的新加坡公民，我们强烈反对那样的建议。相反地，我们会建议更严格的双语课程。双语政策是让新加坡成功和变得独特的众多因素之一。

对我本人而言，身为人父，我不知道将来会有什么变化。我知道当我的女儿进入青春期时，要了解她们会变得很困难，不管她们用的是什么语言。她们不想让我听懂时肯定会转而使用华语。其实，她们有时已经这么做了。

但到目前为止，这只会让我因为喜悦和自豪而掉泪。

（本篇译自英文）

和语言打交道

吴多深

现年54岁的吴多深，在本地华文源流学校毕业后，前往法国的大学深造。他没有想到，有一回当他需要向上海的法国社群介绍苏州工业园区时，他的法文在中国派上了用场。吴多深目前在吉宝企业任职，是集团在中国的首席代表。

我出生在家人大多数接受华文教育的家庭。童年时，我家在密驼路附近，海南话是当地居民主要用语。我的爷爷是个秀才，只会说海南话。除了其中一个例外，我的叔叔、舅舅、婶婶、姨妈和兄弟姐妹等都报读华文学校，但海南话却是家里使用的主要语言。在上幼稚园前，福建话是我唯一接触过的另一种方言。那是因为我有时到勿拉士峇沙民众联络所看人家下象棋，和听该区国会议员何思明用我不太了解的福建话发表演讲。

幼稚园对我来说，是新生活和新生活圈子的开始。它位于奎因街，是由卫理教会开办的。在那里，我开始接触到一些普通话和广东话，因为幼稚园的教职员大多是广东人。在孩童时期便身处不同方言和语言环境，让我很早便"熟悉"它们的声调和发音。我的许多朋友都注意到新加坡人讲多种语言和学习外语的能力。对我来说，这些经验不仅提供了认识新语言的机会，也让我更容易接受它们。

我在公教中学附小读小学。它虽是华文源流学校，事实上中英文并重。来自讲华语背景的我，在学习英文上自然比较困难。我们必须学习两种语言的基础知识。然而，华文和方言还是我的主要用语。英文是为了考试及格必须学习的科目，不是沟通的工具，至少我感觉上是如此。我的阅读物以华文为主，和英文的接触限于课本和英文课。不过，到了五年级，我已经可以用英文写一些短文。

能够进入公教中学是我的福气。创校人劳爱华神父（Reverend Father Edward Becheras）办校的目的就是为学生提供双语教育。这是公教学生具备双语能力的主要原因。我在中一时，学校有了间新的语言实验室。我那一届的学生和其他一些同学，是最早使用新设施的学生。朗诵英文课本和其他教科书里的英文句子听起来没什么特别，但对我却意义非凡。它帮助我克服了对英文的恐惧，让我能够很自然地讲英语。当时，人们有个既定印象，即来自华文源流的学生在学习文法上可能表现良好，但因为缺乏练习和开口的勇气，讲英语的能力相对来说较差。

随着政府教育政策的转变，中三时，除了华文科，其他科目都改用英文为教学媒介语。至少，这些科目的课本是用英文编写的，学生在测验和考试时也必须用英文作答。我和同学们当时并没有认识到英文的商业价值。不过，我们知道，要到外国留学，就得掌握好英文。据我了解，许多学生因此拒绝把第二语文学好，因为他们觉得没有这个必要。当华文是第二语文的时候，学生更是觉得花时间学习是没有价值的。当时，华文被视为没有什么商业价值的语言，掌握华文并不能增加进入大学或觅职的机会。

我在1975年获得法国政府颁发的奖学金到法国大学念书，开始了一段新的生活历程。在往法国的飞机上，我心想，自己要怎么样学习另外一种语言，即法语，并用它来修读大学课程？然而，在我之前的一些学生成绩优异，减轻了我的忧虑。

在大西洋沿岸一个小镇学习法语，是让人难忘的经历。学校是一个专科语言中心，主要教导欧洲语言如英语、法语、德语和西班牙语。学校的一个特色是其称为De Vive Voix（口头传授）的教导方式。基本上，它是仿效孩童学习语言的方式。课本上只有图片，没有任何文字。开始的时候，也不教导书写和文法。我们只是重复从录音带上所听到的，然后看着图片来尝试了解句子的意思。

第一个学年结束后，我们已经能够进行基本的对话。我开始阅读简化的法文书本。这些书本和法文小说的节本，让我对法国文化、法国人的生活方式和处事之道有了认识。

接着，我在大学预科学校上了两年大学水平的课程，然后才进入他们的精英工程学院。

直到今天，我仍然没有同法文脱节。只要情况许可，我都会转到法国的卫星电视频道TV5 Monde。这让我同法文和法国的时事一直维持联系。

我于2000年用法语向在上海的法国社群介绍苏州工业园区。介绍会得到很好的评价。

我不再有一个主要用语。我思考时不一定使用某一特定语言，这取决于当时我正在使用的语言。例如，在讲法语的时候，我的思考过程便以法语进行，没有在脑里经过翻译过程。使用其他语言的情况也是如此。

语言是很奇妙的，它可以传达这么多信息和情感。它是活的，随时间不断地发展演变。它也可以勾起我们的怀旧情绪、美丽的回忆和联想。语言是了解一个民族及其文化的桥梁，在吸取知识上更是关键。一个孩子不会问他为什么需要学习语言，这是成长过程的一部分。他会观察、聆听和模仿。然而，在年纪较大时学习一种新的语言却是全然不同的一回事。学习过程是有结构和浓缩的。学习者也须克服恐惧和尴尬，还有他的第一语言所造成的障碍。

（本篇译自英文）

用华语做梦

李玮玲

现年56岁的李玮玲，是本书作者、前内阁资政李光耀的女儿，国立脑神经医学院院长。在华文源流学校就读多年，她学会了欣赏中国古典文学。在工作上以及同朋友在一起时，英语是她的主要用语。

我在一个双语的环境中长大。父母用英语和我沟通。家里穿白衣黑裤的来自广东省顺德市的女佣，却用广东话和我交谈。我在要满三岁时进入南洋幼稚园 (Nanyang Kindergarten)。因为能够明白和讲广东话，我学普通话很容易上手。大约在同时，父亲李光耀为了练习他的政治演说，开始用华语同我和哥哥及弟弟交谈。妈妈则继续用英语和我们沟通。

开始在南洋小学上课的时候，我的英语和华语同样流利。我的祖父母和外祖父母都是土生华人，使用掺杂马来语和英语的语言和我交谈，所以我也会讲一些马来语。

小一开始，我便有家庭教师教导我马来语和华语。我妈妈的英语很强，又买了许多英文故事书让我阅读，所以我的英文远比同学好。从小一跳班升上小三后，学习华语和英语对我来说仍然游刃有余。但我注意到我在英文拼写方面有一些困难。我在医学院毕业时名列前茅，之后又考获两个研究生学位，这些都需要英文书写和阅读的能力。但英文拼写这个问题却一直持续到今天。我是在哈佛接受儿童神经学研究生培训时，才发现我在英文拼写上的问题，是阅读障碍症的症状。

在中四全国会考中，华文是我的第一语文，英文和马来文则是第二语文，三科我都考到优等。那时，我也常给华文报章投稿，文章刊登后还有一些稿费。

在学校，因为默写的需要，我必须熟记著名的文章和诗歌。我超过一半的学习时间是花在默写上。然而，我却因此学会欣赏中国文学。在它潜移默化下，责任感、勤奋、决心、尊严、正直、效忠国家和鄙视炫耀这些中国文学宣扬的美德，成了我的道德价值观。对花费在中国古典文学上的时间，我并没有任何遗憾。多年后的今天，我从中吸取的价值观还指导着我的行为。我不认为现在的学生，会有时间和兴趣，用和我一样的方法学习。他们要学的其他科目太多，电脑游戏等也占据了他们的一些时间。然而，我还是觉得，没有接触古典文学，会失去一些东西。

中学毕业后，我决定前往莱佛士书院上大学先修班。我的理想是成为一名医生，而医学院的课本全是英文的。在南洋小学时，我的科学课本是英文的，但教师却用华语教课。学校允许我在考试时选择使用英语或华语作答。从大学先修班一年级到医学院三年级开始前这段时期，我难得使用马来语或华语。当我在医学院三年级开始接触病人时，才又用得着马来语和普通话以及一些广东话。在听和理解华语和马来语上，我毫无障碍，但在必须传达比较复杂的看法或谈论和医疗无关的事时，却时常发现需要花点时间寻找适当字眼。

在成年后的大多数日子里，我在工作以及同朋友在一起时使用的语言，就是英语。我的华文因为没有使用而逐渐荒废了。但在必要时，我却可以轻易地重新掌握。比如，当我到中国大陆地区或中国台湾地区，置身在一个讲华语的环境时，只需一至两个星期，我驾驭华语的能力便回来了。有时候，我发现我甚至可以再一次用华语做梦。

（本篇译自英文）

隐忧与期盼

冯焕好

新加坡大学中文系毕业，从事华文教学工作37年，先后受委为华中初级学院副院长，达善中学校长和南洋初级学院院长，曾担任教育部华文教学改革委员会委员。执教生涯中，目睹无数学生在教学语言的大变革中被牺牲掉而感伤不已。冯焕好退休后，积极推广中华传统文化，在多个社区和文化团体教导《弟子规》等经典读物。

最后一课

1979年3月的一个早上，学院院长宣布一项重大的国家教育改革。他说："从即日起，高一华文源流的数学、科学、经济、地理改用英文教授，取消华文理解写作一科，用英文第一语文替代。至于高二则保留原状，不过今年将是最后一届华文源流高中会考。"

这个消息犹如晴天里的霹雳，老师和学生们都面面相觑，惊慌失措。对于从上而下的命令，我们不敢吭声，只有服从。学院里有一两个外籍教师得知此事，批评我们华文老师太懦弱，不采取行动去反对这种不合理的措施。他们认为教育政策关系万千学子，不能说改即改，要给人们充分时间去准备和应变。

身受12年华文教育，正在以教导华文为职志的我，对于这突如其来的改变，不能没有感受。记得那天，我给高一学生上最后一节理解写作课时，我以沉重的心情，带着沙哑的声音，告诉他们法国作家都德写的名著《最后的一课》的故事：

法国在普法战争中失利，普鲁士禁止学校教授法语，转而教授德语。法文老师韩麦尔告诉学生上最后一堂法语课，以后大家就要改学德语。

这时学生才后悔自己以前不认真学习自己的母语。最后老师韩麦尔对学生说："法语是世界上最美的语言。"

故事讲完，课室里鸦雀无声，我的双眼有点湿润，我告诉学生："一个国家，一个民族，一个新加坡。英文是沟通各族的共同语言，从今以后，你们要好好学英文，才能在未来的社会立足。"

一声令下，立即生效。原本用华文教经济、地理、科学、理解写作课等科目的老师，虽然没丢失饭碗，但他们要接受培训，改教华文。为了生活，我们只好忍气吞声，向环境低头；拿得起放得下者转业去了。但读了10年华文的学生要在一夜间放下所有华文课本，捧起英文书，怎样读？他们怎样能在一年多后和英校生一起参加剑桥高中考试呢？

接下来，有学生应付不了课业，半途退学；家里有钱的则到外国念书，然后一去不复返。别无选择的大多数学子，只好苦拼苦撑下去。改制后的三年五载，除了少数英文程度较高的学生可以过关斩将外，其他都被英文折磨到焦头烂额。有不少学生在会考中只因英文一科不及格，其他各科成绩虽能达标，还是被拒于大学门外。他们只好带着无奈和怨气，投身到社会的大熔炉中去。

记得有位长官说："在制度改变过程中，总会有人被牺牲。"置身在巨变环境中的我，目睹许多华校生，生不逢时，牺牲在新制度下，能不感慨，能不心疼吗？

双语教育的发展

1979年政府发布的全国教育统一政策，为新加坡教育写下新篇章，也启动我们的国民教育模式。从此，政府全权负起教育的重任，从小学到大学都有明确的目标与指示。英文为小学、中学与大学所有科目的教学媒介语，规定各族的母语为必修科，贯彻双语政策，保留9所传统华校，称之为特选中学，让学生修读高水平的母语。其他种种新措施都能配合社会发展的需求，使人民得到最多最好的教育。

以英语为主的教育使我国在科学、信息技术、医学、法律、教育、金融等方面很快赶上国际水平，国家经济技术不仅起飞，还有许多方面的成就赶超先进国家，迅速走向国际化。一个蕞尔小国在短短40余年间跃进为繁荣富强、和谐稳定的国家，令人刮目相看。从整个发展趋势来看，在目前与未来，英语还是，也应该是社会的主导语言和各族的共同语言。

双语政策使华语普遍化，会讲华语的人增加。从这个角度看来，双语政策有一定的成效。但由于大多数学生的华文是在第二语文水平，华文水平已今非昔比。即使是读高级华文的毕业生，进入社会工作以及日常生活接触到、使用到的都是英文，华文无用武之地。华文水平每况愈下，是必然之事。

早期的华文教学具有传播文化思想的功能，传统价值观如忠孝仁爱，礼义廉耻等都渗透在课文里。今日的华文教学旨在语文的运用。随着传统华校的消失，华族的传统思想价值已经淡化。

最近十年出现的一种隐忧：华族小一学生有超过半数的家庭用语是英语，因为许多年轻夫妇只跟孩子讲英语。再过一代，英语会自然而然成为新加坡人的母语，其他语言都是外语。

世纪的觉醒

21世纪的帷幕开启，巨龙中国在世界舞台崛起。改革开放后的中国经济腾飞，在科技、军事、外交上的国际地位大大提高。我们这个弹丸小岛要继续发展，必须要搭上中国的经济列车。去中国经商的国人猛然惊觉自己的华文不足，惊觉学习华文的重要与加强华文的急迫性。

世界正掀起学华文热，欧美与亚洲各国在热切教导华语，它们要了解中国文化，冀望与中国友好，分一杯商贸甜羹。如果同源同种的新加坡华人去到中国，说不出一句华语，不识华族文化，不仅贻笑大方，还会受人轻视。

2007年国庆群众大会上李显龙总理重申："为了新加坡本身的利益，为了增加与中国交往而带来的商贸机会，我们应继续推广华语，维持华文水平。"

近几年来，政府不遗余力地在推广华语华文，除了继续推行华语运动外，还派遣高级公务员到北大清华进修，提供更多奖学金给高中生到中国大学攻读，鼓励各部门公务员使用华语。官员掌握华语，每个月都可得到补贴金。国会放宽议员发言时只准使用一种官方语言的议事条规，鼓励议员使用母语来讨论国家大事，成立华语俱乐部等，都在说明政府推行华语的决心。

此外，教育部修改母语政策，让更多学生能修高级华文和华文B。中学就用奖励，通过高级华文，双文化课程与中国通识，增强他们的华文能力与对中华文化的认识。教育部资助学校主办海外交流，让学生到中国浸濡；拨更多资源帮助特选小学以华文教授非考试科目（美术、体育、音乐、社会学科）。当局还强调全力支持特选中小学校，协助加强母语的教学和文化的传授，让它们负起薪火相传的使命。

母语为本　英语为用

母语是一个人的灵魂，是民族文化的根基。每个人应该先学习母语，认识自己的根和文化，再进一步去学习别人的语文，汲取他族优秀和精良的文化来发展自己，补充自身不足。如果一个人不懂自己的母语，就等于丧失了文化。所谓母语断，文化灭。

犹太人以超凡的智慧纵横世界舞台，不管是政治、科技、艺术、科学、思想、商业或实业，他们都是其中的佼佼者。这是因为他们十分重视将本民族的优良精神传统传承给后代。以色列在复国以后投入大量人力物力恢复他们的母语，使每个犹太人都掌握母语并懂得多门外语。

我认为新加坡人应有“母语为本，英语为用”的观念。先从家庭做起，父母用母语教导孩子，坚持用母语沟通，培养孩子说母语的能力。学校可以在华语普及的基础上，继续做一些提高工作。华文教材要注入文化养分，让学子耳濡目染在传统文化中。教师向学生强调文化的价值，让他们认同民族自尊的重要。

社会可以创造讲华语的大环境，华人自己多讲多用。华社团体更应起带头作用，不要为了方便省事，在种种场合只用英语不用华语。宗乡会馆以推广华族文化为使命，协助各华语华文社团推广文学创作、戏剧、音乐、美术等，巩固文化根基。

李显龙总理在2004年出席华社的一场晚宴时说：“华族的传统文化和价值观，是新加坡文化遗产重要的一部分。我们的社会和经济体制不能全盘西化，否则就像断了线的风筝。我们要知道自己是谁，知道是什么力量造就了新加坡。”

华语是华人的根，是华人的灵魂。英语是华人用以谋生以及与他族交流的工具。“母语为本，英语为用”是我们期盼的社会理想。我们应毫不犹豫，努力不懈地去实现。

在双语文化之间成长

胡以晨

新加坡报业控股高级执行副总裁（华文报/报章服务集团）。曾在国家电脑局、经济发展局等政府部门服务，并被派驻中国。拥有双语、双文化背景的胡以晨出生于中国台湾，12岁时随家人移居新加坡，经历了70年代的双语教育变革后，17岁到英国深造，取得电脑科学硕士学位。他目前也是新加坡华文教研中心主席，以及新加坡华乐团主席。

华语是我的母语，从小我家里讲的就是华语。

有人问我，平时会以什么语言思考，甚至问我是用什么语言背九九乘法表，做梦用的又是什么语言……总之，就是要尝试归纳出什么是我的第一语文，换言之，就是要我在华文和英文之间，选择一种主导语言（master language），而我的答案总是一句话：“ It depends.”

是的，要看什么情境，配合什么需要，涉及什么领域。诚然，在特定时空背景下，会有一种语言使用起来比另一种语言方便自在，但对我来说，华文和英文都是我的思考语文。因此，所谓主导语言，是不是就如一般所认知的只能二选一？对许多人来说，或许可能是这样，但是否人人都必然如此，应该也不尽然。

动笔写这篇文章，让我重温自己的语言学习之路，也和大家分享我学习双语双文化的经验和感受。

纯粹东方世界（华文100%，英文0%）

我出生在中国台湾的一个普通家庭，血液里流淌着华族文化的本源，传承着丰沛的语言与文化基础，华文是我生命成长的语文母体。

我的祖父辈有幸在20世纪初接受良好的大学教育，因此家族延续文风，中华文化扎根较深。外公和母亲热爱京剧，耳濡目染下，从小我就通过京剧剧目、唱词、人物简介知道历史梗概。京剧为我打开了一扇文化视窗，它启发我对历史的好奇。诸如《四郎探母》、《文昭关》、《玉堂春》等的人物与情节，是我曾经耳熟能详的，潜移默化之中，形成了我的传统价值观念。

外公和外婆最爱看电影，每逢周末，总是风雨不改地坐着三轮车到戏院去，我自然也乐得跟随。因此20世纪60年代由邵氏和电懋拍摄的片子，我在10岁前几乎无一错过。看不懂剧情不打紧，在电影院里面待久了，耳濡目染，这自然也为我的语文能力打下一定的根基。电影是流行文化，比传统京剧艺术更容易咀嚼吸收，这股软力量的时空积累，对我的语言掌握与运用，起到了水到渠成的浸濡作用。

可以说，要巩固华文底蕴，家庭背景所提供的养分很重要，世代相传的文化积累与熏陶是关键，这是一种自然的传承，也是生命对母体文化认知的源泉。我和两个姐姐承接父母亲在传统文化与价值观念上的教化，自然地吸收了身为华人该有的文化认同。虽然我在中国台湾接受的正统教育只到小六，却足以产生后续汲取中华文化与价值的兴趣和基础，这些在日后继续不断地滋养着我的学习与成长。

双语初步接轨（华文100%，英文20%）

进入20世纪的70年代，当时新加坡建国不久，却遭遇英军撤出的沉重打击，需要大量的工程师参与发展新兴的裕廊工业区，创造就业机会以确保社会稳定。父亲感受到新加坡稳健成长的蓄势待发，几经考虑，最终把握了新加坡政府到中国台湾招募工程师的机会，毅然放弃了在中国台湾的事业。因此，我们全家移居新加坡，母亲也为此放弃了她在中国台湾的教育事业，开始她相夫教子的岁月。

父亲毅然选择到新加坡，固然是抓住了事业发展的契机，然而更重要的是，他渴望我们一家人到新加坡能够享有安居乐业的生活。父亲经历了中日战争、国共内战，多年流离颠沛的生活，让他具有很深重的危机感，强烈渴求家人生活安定的愿望，促成了他带领家人移民新加坡的决定。

来到新加坡后，我进入华侨中学就读。到了新的国度，新的环境，我必须重新而且迅速找到学习的动力。虽然华侨中学是传统华校，当年却早已采用很多英文教科书，数学、化学、物理都是英文课本，第一天上课，就着实把我吓了一跳。我与ABC的第一次接触，就从“课本认识我、我不认识课本”的那一刹那间，忐忑不安地开始。

幸好同学们知道我来自中国台湾，毫无英文基础，他们总在我听不懂英语或露出茫然的表情时义气相挺，为我解围，老师们也帮我一字一句打下英文基础。他们在那种很陌生、最需要鼓励的状况下给予的支持，让我感受到温暖。华中四年，是我学生生涯里最快乐的日子，也是我对新加坡从懵懂到认识、从认同到归属的开端。

虽然英文的起点比同学们低，但也许我对语言的学习比较不畏惧，大约一年半后，我也就不知不觉地跟上了班上同学们的英文程度。记得中四时，英文老师在作文课上，会按学生的语文程度分别出两个题目，而我是属于英文比较好的那一组别。如同当时的华校生，我和多数人一样，生活在单一的华文世界里，除了为应付中四会考参加了英文补习班外，没有特别对英文的学习下工夫，但是英文成绩却不错。

到了初级学院，与传统英校生正面接触，才赫然发现原来自己的英文水平跟他们相比，尚有好一段距离。进入初级学院让我首次感受到掌握英文的重要，当初也正是因为要让自己完全浸濡在一个英文的学习环境里，我选择了当年中四毕业生深为向往的国家初级学院。

记得初院刚开学的第一周，身穿华中校服的我，一日在走廊遇见校长。他看到我二话不说当头一棒问道：“Where do you think you are going?”下意识中我觉得校长似乎“蓄意”刁难我，而我居然分不清那句话与“Where are you going?”有什么不同！那一刻开始，我告诉自己，不能再因为英文水平差而受屈。如今回想起来，其实校长是要激发我把英文学好。这一招“激将法”确实让我受益匪浅。

完全西方体验（华文100%，英文100%）

因为父亲工作的关系，我在国初六个月后，就转往英国继续修读A水准课程，加上后来的学士和硕士课程，前后六年多的时间，我一直留在英国，平时上课，假期打工，完全没有回过新加坡的老家，这是那个时代留学生的生活方式。然而，这段未间断的时空，却让我亲身体验了一波又一波西方文化的洗礼。

由于高中学校里几乎都是英国人，让我顿时一头栽进了完全是英国的正统语文环境，每时每刻，听、说、读、写都用英文，渐渐地，我开始能够流畅地以英文表达并进入以英文思考的境界。这段时间，可以说是我人生第一次、也是最彻底的一次“中文空窗期”。回想起来，如果没有这档空窗期，我的英文程度不可能在短期内急速提升，吸收西方文化和语言的养分也会大打折扣。

英国民族在其儒雅与保守文化冲击下孕育出的唯美主义和道德观念，对一个17岁懵懂青少年的思维塑造，有着极大的影响和冲击。英国人处理事情的严谨，对文化、历史的尊重，对理想与正义的执着，凡事自信与内敛，遇到不测时的处变不惊等等，对当时思维和价值观还处于未成型的我来说，就这样日复一日、年复一年地起着全面的熏陶作用。

在英国求学的前几年，不仅是我从东方价值观念走进西方思考方式的启蒙，也造就了我日后拥有双文化思维架构的基石。如今，我在处理复杂议题时惯用的西方式思维逻辑，就是在那个时候建立起来的。

值得一提的是我从小就有读报的习惯，当年父亲和我都是《星洲日报》的忠实读者，连载武侠小说更是我们每早追读的内容。到英国求学后，很自然地就养成阅读英文报章的习惯，报章提供给我透视英国社会民情的一扇无法取代的视窗，带引我融入西方思维方式，开始时因探索它而出发，最终却因领悟而认同。

记得我修读硕士时，有一个周末，当时在另一所大学读书的女朋友（现在已是我的妻子）来访。校舍附近的提款机坏了，整个周末我只剩不到三英镑，我告诉她，一英镑可用来吃饭，饿肚子不打紧，剩下的一英镑多一定要留下来隔天买报纸。直到六年前，当我打算离开科技业转往报业工作时，原本以为妻子对我这个有风险的决定会持保留的态度，没想到她却丝毫不感觉到意外，并提起这段饭可以不吃但报纸不能不看的陈年往事，给予我全力支持。

结合双语优势（华文+英文>100%）

回到新加坡上班后，有十多年的时间，因为工作上并不需要用到华文，很自然地华文对我就成了一种隐藏在职场背后，比较贴近生活的语文。这段期间我的华文少了工作上演练的平台，英文成了陪伴我在事业上东征西讨的工具。直到有一天，当时我所服务的国家电脑局，需要一个能以华文向中国的考察团做简报的人，阴错阳差之间，我被点名做介绍，那个代表团就是“中新苏州工业园区”正式成立前的中方考察团。

1995年我加入经济发展局，时逢“中新苏州工业园区”进入启动期，当时经发局局长林瑞生知道我是华校生，不久后便将我派驻“苏州工业园”，这项工作，让我重拾搁置了多年的华文，我的华文能力，也有机会在我的母语发源地中国接受崭新的考验。

在苏州工作的经验，让我了解到当我们的语文掌握到了一定的程度，你能明白别人说的是什么，然而，只有在语文的掌握结合了一定的文化层次后，你才能真正了解到别人为什么这么说。换言之，语言本身只是工具，唯有文化的内涵，才能形成思维；而有了思维，与中国人的沟通才会有层次、深度、共鸣。

文化背景的差异不但会影响沟通的层次，也可能造成不必要的误会。例如“谋略”二字，对中国人而言，属于至高的智慧，三国的“谋略家”诸葛亮就是个代表性人物，是正面而且是备受敬仰的；但在西方道德观念内，“谋略”却可能被理解成“阴谋”，是负面、令人感到不安的算计。

在与中国政府或企业接触的过程中，多数新加坡人往往都听得懂中方代表对每一件事情和立场的说明，日常沟通没有障碍，然而彼此却因为存在着一定的文化差异，有时候就会互不理解为什么对方这么说或者要那么做。由于我的成长经历，我意识到自己能够理解中方的思维，在语言文化与沟通上占有优势，这对我日后的工作提供了非常大的帮助。

结语

回顾我的双语学习之路，也是对双文化的认识和体会之路；在这条道路上，在中国台湾地区，新加坡、英国各地的生活经验，都对我的学习和成长，具有重要的引导作用和影响。

我生于中国台湾，从呱呱坠地到小学毕业的人生启蒙期，都是在一个中华文化底蕴深厚的环境中成长；在新加坡生活的青少年时期，有机会接触英文，让我看见了另一个西方文化的世界；到英国留学的六年半时间里，则让我的英文从听、说、读、写的阶段，跨越到以英文思考的层次。

可以说，华文是伴随我在中国台湾地区出生、新加坡成长，与生俱来的文化母语。而英文是我在新加坡启蒙习得，在我处于人生价值观有待塑造的年龄，通过英国教育的洗礼，随着生活在其社会情境之中的吸收与运用，浑然而生的“新文化新母语”。今日，中英双语都是我的主导语言，也是我的思考语文，我能游走双语之间，正是缘于在中国台湾地区、新加坡和英国各地的各个不同阶段先后打下的基础。

我个人的经验意味着，童年时期家庭的母语和文化的“软环境”，是滋养个人对母语文化认识的宝贵土壤，也是培养母语能力和认同的重要基础；而青年期人生价值观正待塑造阶段，不一样的语文学习和浸濡环境，则可以让个人拥有迅速掌握新语言文化的能力。

“问渠哪得清如许，为有源头活水来”，这是宋朝理学名家朱熹最著名的哲理诗句，也是成语“源头活水”的出处。溪河江川，只要有源头，有活水，就都能具有生命的活力，源源不断，源远流长。

语言文化的学习，也是一样的道理。

我的语文学习之路

颜金勇

1959年出生的颜金勇，是英国剑桥大学毕业生，早年先后在贸工部和内政部服务。1989年他离开政府机构，加入大众钢铁公司，一路从企业发展经理做到集团总裁，最后才从政，目前是新加坡卫生部长。他的华文一度退化，但无论从商从政，都给了他重新磨练的机会，最终他又把“功力”找了回来。

我是在一个讲方言的家庭中长大的。爸爸妈妈其实都受过华文教育，都能用普通话沟通，但因为住在家里的祖父母惯用福建话，为了尊重、迁就老人家，家里一般都使用方言。早年爸爸从商，家庭条件还不错，请了一位妈姐料理家务。妈姐是广东人，所以我也得学讲广东话。我小时就是在这种“多语”文化中成长的。

到了上幼稚园的年龄，妈妈特地为我报读圣马太幼稚园，好让我有机会学英语。然而当时我对英语一窍不通，家里又完全没有讲英语的环境，学习起来十分吃力。后来又转到建国幼稚园，心中还庆幸不用花那么多精力学英语了。后来，就读崇福小学，也没多少机会学英语。

可是，爸妈那时已经看准英语是新加坡将来的主要语言，非得要我学好不可。当时公教中学已经采取双语并重的教育策略。因此，在我读三年级那年，就把我转到公教中学附小。刚到公教初期，真是苦不堪言。同学们已经有两年学习英语的经历，我当时只认识A到Z，英文词没懂几个。记得第一次拼写(spelling)测验，我只得20分。因为我还以为拼写不必把整个词拼出来，只要对一部分也会有分数。哪知道老师说错一个字母，就一分也没。

爸爸看了我的拼写成绩，赶快请了受英文教育的表姐为我补习英语，但我非常难教。有一次，表姐教我念skip。我怎么都念不出来，一直念sip和kip，搞得我哭了，表姐也跟着哭。爸爸安慰我，叫我不要气馁，鼓励我多读，多看，还要厚着脸皮多说。他自己也因为商场的需要，自学英语，虽然不是纯正的英国腔，却也蛮管用的。我看见爸爸学英语的决心，只好硬着头皮用心学，随时随地看见英文词就学着念，一有机会就用蹩脚的英语和同学朋友交谈。经过几年的努力，加上学校里有顶尖的英语老师教导，又有当时新加坡最先进的语言实验室，我总算掌握了基础。

到国家初级学院念先修班时，除了那门“写作、阅读、理解课”(GP，即General Paper) 是以华文教学外，其他科目都是以英语教课。浸濡在这几乎是全面英语的环境下，我的英语能力开始进步，能够自然地以英语思考，以英语讨论，并以英语作答。但是我依旧常和来自华校的旧同学们在一起，华语对我来说还是非常亲切的。这为我以后能掌握双语，奠下了很好的根基。

后来获得了政府奖学金到剑桥大学修读工程，英语就成了我的第一语言，使用华语的机会反而少了，就连参加的教会也是英语的本地教会。我只好尽量用华文给爸爸妈妈写家信。

回国后，在贸工部工作，更少用到华语，不过我回到了原有的华文教会，每星期都有机会读华文、听华语、说华语，甚至写华文，有时还有机会为讲员做华语翻译。这帮助我保留了华语掌握能力。

认识了我太太，华语更显得重要，因为岳父是南大中文系毕业的，而岳母是南洋小学的校长，可以说是道地的书香世家，在岳父母家也就理所当然地用华语交谈。太太也是双语兼通，因此我们之间是双语并用。

后来离开政府机构，加入私人企业，就经常因公务到中国去，这一来华语就可以大大派上用场。虽然比不上当地人的普通话流利，但能以华语自然地交谈，间中再念一两句唐诗宋词，终究是一大优势。这时的我，真正体会到双语的价值。

从政后，双语就更为重要了。一方面我必须以英语作为办公语言，同时也必须以华语和华人族群交流，特别是和华族社团组织以及基层的沟通，更少不了华语，经常，我还必须即席以华语发表演讲。

回顾我学习语言的经历，开始是以华语为主要语言，后来几经艰苦的英语学习。长大后，却因多用英语，逐渐以英语为主要语言，反而需要努力维持华语的能力。后来踏入社会，从商从政，而时常需用双语，这个特殊的过程，使我能够掌握中英两种语文。

然而，随着大环境的改变，现在的孩子学习华文面对的挑战不一样了。除了学校，他们鲜有使用华语的机会。同学朋友之间的沟通，都主要以英语进行，使用互联网也是以英语为主。我的两个女儿也到教会去，参加的却是英语的聚会。幸好她们都有机会随学校到中国浸濡，有机会在华语环境里度过一段不短的时间，从而加强信心和语言能力。两个女儿到中国浸濡回来时，还带着一点中国腔调，不过时日一久，又逐渐恢复以英语为主的状态。尽管如此，我相信她们是有一定的华语基础的，缺少运用机会，可能导致她们没有勇气使用华语，但是只要给她们机会复习，就能很快地重新上手。

我想现今的环境需要更多双语的人才，我们必须以英语为基础，并不断制造学习和使用华语的机会，让年轻的一代多读、多听、多讲、多写，让他们和中华文化多接触、多了解、多认识。唯有这样，才能成功培育双语双文化的领袖。

从语言到文化的旅程

李慧玲

在新加坡双语制度下成长，曾就读于公立培群学校、圣尼各拉女校、华中初级学院。1994年新加坡国立大学中文系毕业后加入《联合早报》，从事新闻工作至今。其间曾因为读书深造或当外派记者，在伦敦、香港、北京、波士顿居住数月到数年不等。李慧玲现为《联合早报》总编辑助理兼华文报集团文化产业部副总裁。

在我们家里，孩子们很清楚的一点是：读书很重要。因为父母亲没多少机会上学，因此更重视我们把书读好。“才不会像我这样没读过书”，这是妈妈经常说的一句话。

而在读书的这一条里，还有一点很受强调的是：英文很重要。不懂得英文，就找不到好工作。家里一些表亲是华校生，所吃的亏让他们感受很深切。阿嬷到年纪很大时收到政府部门的信，边拿给我们看，还边抱怨自己不懂得英文。她说，自己名字的几个字母总要勉强认识吧，不然收到信都不知道是寄给自己的。但她又感慨地说，也就是认得几个字母而已，能如何？

我根本说不清在这样的灌输底下，为什么我还会去重视华文，把华文学好。我实在回想不起来自己是怎么去“学”的。

大概还是因为家庭环境的影响吧，我们在家都讲潮州话，这才是我们的母语。同辈之中，堂兄弟姐妹都以会说潮州话为荣，到今天阿嬷不在了，我们聚在一起，依然用潮州话沟通。

不过潮州话只是一种，我小时候语言环境相当复杂。家里亲朋戚友人来人往，用的纯粹是潮州话，而且还去新世界看潮剧演出。与此同时，我5岁开始看的香港电视连续剧是《清宫残梦》。戏演的是清朝末年光绪受制于慈禧，无力治江山，就连自己心爱的珍妃都保不住的故事。没有人跟我说什么容易学，什么不容易学，没有科学的规划学习，我在那个年龄，从唱《清宫残梦》的主题曲和插曲认字，发的是广东音，看的是繁体字。

方言在我的童年生活里占据了重要的位置。除了潮州话和广东话，因为听“丽的呼声”的关系，我从小就听闽南语的广播剧。傍晚，一家人坐在饭桌前，不是看电视，而是开着一个有声无影的小盒子，听黄俊祺用闽南语播演《西游记》的孙悟空。我们边吃饭边听广播，都是《西游记》、《封神榜》。我很着迷，听了姜太公和周文王、妲己和比干的故事，自己去找书来看。当时上小学，在书城里找到上中下三本大字足本《封神榜》，晚上做完功课就追看，并且在关了灯之后，偷偷地又照了手电筒，在枕头下“挑灯夜读”。小说是半文言、繁体字，但是因为想看，我全不介意。一些看不懂的，就跳过去，或者靠猜，或者自己去查字典。

1979年推行讲华语运动时，父母没有改而要跟我们讲华语。倒不是因为他们不同意这个政策，而是他们的华语实在不太灵光。或许这对我反而好。我在学校里讲标准的华语，翘舌音从小就注意，同时方言讲得还可以。当时我完全没有想到，多年后当我被派到中国香港地区工作时，需要用上广东话。虽然香港人开始学习他们的普通话，但是我用粤语同他们交谈，马上可以感觉到彼此之间的距离拉近了。而在香港，到上环一带的潮州餐馆，那些领班、服务生听到我的潮州话，对我也特别亲切。

更重要的是，小时候从掌握方言开始，也让我在不知不觉中，被引入通俗文化的大门，由此进入中华文化的殿堂。因为方言，通俗文化存在于我的生活当中，而且是无时不在，甚至很难搜索到我“学”的痕迹。这些方言文化的共同特点是重古薄今。它们都与古典文学和历史相关，因此给了我很不同的文化养分，同时为我奠下语文基础。五岁唱《清宫残梦》不可能理解歌词的意义，但是从这里开始，经常的接触培养了我对这类文句构造的熟悉感，其实也就是语感。

到正式入学，校长、老师的熏陶自然重要，但是之前方言所给予的基础，让我毫无困难地与华语进行衔接。方言是家庭里的语言，华语是学校里的语言，而它们共通的是汉字。一个孩子是不知道自己的学习能量有多少、长处短处在哪里的。但是老师们对我们的潜力可能看得比较清楚。小学二年级我们从“造句”过渡到学习“看图作文”，符月兰老师批改了我的文章后，送了我一本故事书《牙签武士》。书的内容我已经忘记，但对一个8岁的孩子来说，心里隐约感觉受到鼓励，因为《牙签武士》没有什么图画，满页都是文字。符老师的赠书，把我送入了另一个阅读的阶段，让我自信地投入在文字世界中。

我念的小学是海南人办的传统华校。1978年入学时，除了华文之外，其他科目都是用英文教授的。但华文背景越浓的学校，越着力强调要我们“学”好英文，反映了当时整个时势的需要。学校在大巴窑邻里，同学当中都是住在附近组屋区的小孩。当时大巴窑的组屋，从一房式到五房式都有，同学家里有的小康，有的明显经济条件比较差。马来印度学生都有，但人数不多。我估计多数华族同学家里不是讲华语，就是说方言，讲英语是少数。

校方费了不少心思，生怕我们的英语学得不够。我们从来不去质疑应该或不应该花那么多时间在英语学习的活动上，更不会去讨论英文到底难学易学的问题，因为学校重视，让我们学我们就好好吸收。但是比较起课本，我总觉得英文课本不比华文课本来得有趣。我的小学华文课本据说是第一语文的，高的是程度，但是当中的课文内容视野并不狭隘，古今中外都有。有篇课文讲荷兰一个叫彼得的小男孩，如何在发现海堤上的小洞后，用自己的手指堵住洞口堵了一夜。它教我们的，也是自我牺牲的精神。华文课中，总是通过别人的故事，传达某一些为人处世的道理。

而学英文一样也得“背”。我们从小就得背英文语法中的present tense (现在时), past tense (过去时), 还有我觉得没有什么道理的past participle (过去分词)。词语也要背，我们有一套书，叫做*Primary English* (《小学英语》), 当中有很多个表，包括不同的职业、地方场所等等，从事什么工作的人叫什么，办理什么事情的人到什么地方去，这些都要背，就连动物的叫声用英文怎么书写，也是要背的。我们平日都在背读，来增加自己的词汇。

尽管课本本身趣味性不强，我还是喜欢英文课多一些。这可能跟小一开始，英文老师的授课方式有关，她们经常通过玩游戏的方式来上课，英文课还可以到视听室看影片，使用辅助教材；另一个原因是英文读物种类多，而且想象力丰富，让人感觉到上英文课的天空宽阔。同学们喜欢阅读的，是儿童文学家埃尼德·布赖顿（Enid Blyton）的小说。我自己比较喜欢她的《五伙伴历险记》（*Famous Five*），讲的是四个少年与一只狗的许多奇遇。要说华文书里的故事距离我们的生活远，英文书里的故事也不见得近。在我们的生活里，不可能四个少年那么独立地和一只狗经常到郊外露营，住在厢式旅行车里。虽然说的也是孩子的故事，毕竟和我们的家庭教育差别很大。

我从小就这样在两个不同的想象空间里游走。英文故事书的内容教人自信，华文书则与我们的时间距离很大，多在讲数百年、上千年以前的事，义薄云天，忠奸分明，跟我们似乎没有什么关系，但又似乎有一种怎样的内在关系。

那个时候没有意识到从小就在华文和英文的世界里成长，对于我的世界观影响会有多大。兼顾两种语文，和我要去学好数学、科学及其他学科一样，好像都是天经地义的，一切都回归到父母说的：读书很重要。不过，华文课与英文课的重点不同，却相当明显。背写华英文课都有，但华文课本重视价值观和文学性。整体来看，华文课本无论是选择的文体、内容，种类都比较多。英文课主要还是把英文当作语言工具，突出的是语法。

上了中学，这个现象稍微有点调整。或者严格来说，英文课还是偏重语法和理解能力，但因为有了英国文学的“分工”，要求我们深入分析、评论，我才开始更有系统地感觉到“文化”的元素，英国小说、诗歌、莎士比亚戏剧渐渐走进了课室。我喜欢上英国文学，也正因为“英文”就像“华文”一样，有了文化的元素，作品都有了时代背景，意义深长了。我们中二的时候读的一个剧本是《文斯洛男孩》（*The Winslow Boy*），到现在我还记得。这是1946年的创作，说的是文斯洛家的男孩被诬蔑在海军学校偷了几个先令的邮政汇票，结果遭到开除。他的家人为了洗脱他的罪名，请律师、经历许多折腾，甚至倾家荡产。那是我14岁的时候读的作品，那时体会最深的一个词，就是“原则”（principle）。在别人眼里，对偷几个先令的指责没有什么大不了，但是文斯洛男孩的父亲认为，这是原则的问题，而为了坚持原则，他绝不妥协。

自己受惠于双语教育，上大学后体会更深刻。在中文系里，阅读古文原著以外，老师开英文参考书单，把我引入新的天地。王国瓔老师指导我写论文时，鼓励我看韩南的《中国话本》（Patrick Hanan, *The Chinese Vernacular Story*），谈的是中国文学的课题，却可以看到用英文书写的西方学者提供的另一种角度的论述，精彩之处，令人反思。

对我来说，在学习的道路上得到什么，很多时候需要很长的时间，或者跨过千山万水之后，才若有所悟。我出发的时候，甚至不知道自己已经出发了，但后来离开出发点越远时，心里越发明白自己得到了什么，应该如何感恩。比较起上一代人只掌握一种语文，或者比较起和我同代只精于英文的同学，我还是觉得自己幸运得多。我从语言进入文化的层次，再因为不同世界的文化熏陶，逐渐形成自己的思维模式。方言让我认识通俗文化，从某个角度来说，让我更接近传统。华语让我认识“正统”，我被与它联系的高雅文化所吸引。而英语为我开启另一扇窗户，多年后我到英国湖区旅游时，沿着威廉·华兹华斯（William Wordsworth）的脚印远足，也没有陌生感。而这些元素谁也不能取代谁，相加在一起，既是学习旅程中的一部分，也凝固成人生的坐标，让我之为我，更加澄明与笃定。

只因吴宗宪的一句话

孙燕姿

孙燕姿（33岁）毕业自圣安德烈初级学院、新加坡南洋理工大学行销学系。她在大学时期就开始编写歌曲，之后签约华纳音乐公司，从2000年推出首张专辑《孙燕姿》开始，迅速在多个华人音乐市场走红。自出道以来，她的“成绩单”包括：10张个人专辑，近两千万张唱片销量，38场演唱会，200多项音乐大奖，50多个商业广告，两个新加坡杰出青年奖等。

“怎么新人现在都那么笨？”

中国台湾综艺节目主持人吴宗宪在录影棚里当着大家的面脱口说的这句话，像个热辣辣的巴掌刮在我的脸上，刺痛了我的心。

这句话，成了我学习双语的转捩点。

那是我第一次上吴宗宪的综艺节目。他冷不防问了一个我不太听得懂的问题。情急之下，我想起唱片公司在我上节目前给的贴士——被问住时就给一个答了等于没答的无聊答复，于是便照搬了。

我本来以为，大家哈哈大笑后话题和焦点就会转移。怎知道，我的无知却被吴宗宪一眼识破了。

那次惨痛教训使我下定决心，一定要证明给他们看我不是一个没有脑的艺人。我不要再盲目听从别人的建议。我要主宰自己怎么想、怎么说。我也决定下苦功，努力尝试把想说的话，从英语转换成华语，再以华语表达出来。我非得让我的华文进步不可。

我并不是在歌手生涯起步时就意识到有必要加强双语，而是在离开多元语言环境的新加坡后，才意识到掌握华语的重要。

我生长在一个双语的家庭里。父亲受华文教育，母亲则受英文教育。

记得从四岁起，母亲每晚念英文儿童故事给我听。我们在家里讲华语，跟阿嬷就讲潮州话。

爸妈把我送到有传统华校背景的南洋小学。我念的中学则是传统英校，中一中二在圣玛格烈中学，中三中四转到莱佛士女中。中学时期，我比较常讲英语，一方面是因为同学当中有马来人和印度人，另一方面是因为当时讲英语比较“酷”。

我尤其喜欢上英国文学课，爱陶醉在莎士比亚和乔叟的作品中。华文课则不太能够引起我的兴趣，华文课似乎跟我的生活没有太多直接的关系。

爸妈担心我会忽略中文，便聘请了一名来自上海的补习老师。他们请她别让我做历届考题，而是引导我欣赏中文。她让我读散文和诗词，制造了一个学习中文的环境。

所以我的双语是有点底子的。但我开始在中国台湾地区工作时，却发现中文“到用时方恨少”。我的华文掌握不算糟糕，但对于我当时所处的环境，是不足够的。

在新加坡讲话，你可以中英文掺着使用，别人也完全听得懂你说什么。但在中国台湾地区，台北人多数只讲国语，我也必须只讲华语。对我来说，用华语说完整的句子，一点都不容易。我在台北这个单语环境里生活，就算像搭巴士或到超级市场购物的小事，也必须能够听和说华语。我深切地感受到加强华语的迫切性。

起初这是个艰辛的过程。有时，我几乎想要跑回新加坡，回到那个可以用一种我完全熟悉的语言沟通的国度。烦闷和排斥不时涌上心头。但我坚持下去，因为我知道唯有这样，才能让别人听得懂我的意思。

身为歌手，我经常需要用华语来回答媒体记者的问题。我必须谈我自己、谈我的性格和兴趣是什么。开始时，唱片公司找了一个人帮我设计答案，并训练我如何用华语回答这些问题。起初我很配合，但后来我认为我必须找回自己的声音，给自己想出来的答案。我发现一个窍门，就是先在脑子里组成华语的句子，再慢慢地、清楚地把它讲出来，这样就行了。

现在，我虽然还是比较习惯阅读英文和讲英语，但讲华语已基本上不是问题。我生活中用英语，工作上用华语。拿到一首新歌的歌词时，我可以马上投入中文歌词的意境里，不必先把歌词翻译成英文。开口讲华语时，也不必先用英语在脑子里想。

掌握了华文之后，我开始对中国文化和历史感兴趣。中国朋友和同事在一起聊时事或历史时，我会想参与。我想了解中国为什么会发展成今天的中国。

我吃过不能善用语言的苦头，可以体恤单语族的无奈。我希望懂得双语的新加坡人，在跟英语不如我们流利的人交流时，能够保持谦虚。我在中国的保镖对我的英语驾驭能力感到敬佩，而我也同样欣赏他们的华语能力。他们很想多认识新加坡，而我也很想认识中国。

我的歌唱事业之所以能跨越国界，有赖于我身为新加坡人的适应能力。新加坡人善于适应，只要他们处在某个环境中，他们就能适应。例如我有两名老同学，以前除了上华文课之外完全不用华语，但被派到上海公干后，她们现在都能说一口流利的华语。

我不认为，为了事业而逼自己学华语，就等于是在淡化自己的文化和身份认同。我们还是没变的。我们读跟以前一样的书、玩一样的游戏、看一样的电影、分享一样的笑话。我们丧失自我了吗？我不认为。我们只是适应过来了而已。

数风流人物　还看今朝

陈振泉

陈振泉毕业自端蒙中学、华中初级学院及新加坡国立大学。他先是在人民协会服务，曾担任过华社自助理事会执行理事长、“通商中国”总裁，过后从政。他目前是外交部兼社青体部[①]高级政务次长。优美的古典诗词，他可随口吟诵。

谁翻乐府凄凉曲？风也萧萧、雨也萧萧，瘦尽灯花又一宵。
不知何事萦怀抱，醒也无聊，醉也无聊，梦也何曾到谢桥。

采桑子·纳兰性德

在学生时代初读清朝词人纳兰性德这首词作时，非常惊艳。对纳兰词的多愁善感、荡气回肠和惆怅凄凉，感触良深。或许是“少年不识愁滋味，为赋新词强说愁”，当时颇为纳兰词缠绵婉约、暗香浮动的词风所感染。

为何一个生于20世纪中叶的新加坡学生会对一首写于300多年前的清代词作心有戚戚焉？最大的原因是华文起了牵缘的作用。有了华文这把几千年的钥匙，后人可以开启一段时光之旅，在浩瀚无涯的中华文化汪洋中，寻找自己的蓬莱仙境。

打小学起便与华文结下不解缘，这不仅因为我就读的是所传统的华校，更因为我的伯父是个武侠小说迷，时常到街边的书摊租看小说，我也因而有机会翻阅。由于它们比枯燥乏味的课本生动有趣得多，所以我在青涩的年纪便已走入金庸、梁羽生和古龙等人的武侠世界里，和令狐冲、韦小宝同饮东逝水；和楚留香、陆小凤共赏西江月。我的童年就在一片武

① 即社会发展、青年及体育部。

林风雨中度过。而要磨快手里的中华剑，熟练剑谱，以期华山论剑时，能够笑傲江湖，就成为我小时候最大的愿望。

先父是个传统思想浓厚的华人，认为唯有通晓华语，认识中华文化，才能维持传统的风俗习惯，保有华人的根。因此他把家中的男孩都送入华校就读，接受中华语言文化的熏陶，务使他们不会忘本。有趣的是父亲却把家中的女孩送入英校。大概他觉得这个安排，能培养中英两道上各有所长的家人，在日后面对社会和工作时，便能够左右逢源。

正因如此，我和弟弟从小学到高中，都在华文源流的学校就读。这12年的教育，对我一生的影响至大。在这段悠长重要的成长过程中，除了英文一科（第二语文）之外，我所修读的科目全都以华语教授。

磨剑十二载，当我踌躇满志，艺成下山时，却发现江湖已经风云色变，乾坤翻转矣。原因是在70年代中期，本地的教育政策起了重大的变革，以配合国际大环境的速变和时代发展的新需求。政府在学校推行双语政策，把大部分的科目都改用英语教授，目的在于加强学生对英语的学习和应用。双语政策的目标是培养能以英语作为沟通工具，而又能以母语保留传统的学生。希望这些学生毕业后，既能在国际舞台上以英语和西方世界接轨，也能用母语继续保留各个种族独有的文化色彩。

这原本是目标明确、因时制宜的良策，不过在执行的过程中，难免对不能适应者产生负面的影响。和我同辈的华校生在教育制度转型的过程中，确实面临了相当严峻的挑战。记得当年有位同学在一篇文章里如此写道："在这人人弃剑的时局，是幸抑或不幸，我们竟掌握着剑法的要诀。以直刃的剑叱咤风云江湖十二载，如今却得弃剑取刀，而我横劈的刀法是那么的笨拙可笑。"这一段话，勾勒出一代华校生的心境。

俗语云：成事在天，谋事在人。在弃剑取刀的过程中，有人除下佩带多年能挑能刺的中华剑，掷进滚滚东流的长江水里，然后自怨自艾地江海渡余生。有人则找出尘封已久的西洋刀，快马加鞭地用青石除锈，再翻出刀谱重新苦练。当然，重新练刀的过程之苦不足为外人道，但成功之际却又能刀剑合璧，气势如虹，比单一只能舞刀或弄剑者又更胜一筹。我和好些同学因而锲而不舍，在大学的三到四年之间闻鸡起舞，晨昏苦练。多年后好几位同窗藉着学贯中西的优势，到中国或西方国家发展，都能轻易登萍渡水，“高据要路津”。虽然在转型过程中历尽艰辛，但在练刀之余，我们偶尔还翻出昔日剑谱，起舞弄清影一番。为何会如此执着？因为我们不相信弃剑取刀是个结局，而铸剑师以血泪写出来的历史长河又何曾断流过？

30年来，中国在经济领域的强势发展，使得华文增添了重要的经济价值，也让人们对华文和中华文化重新定位。沉睡多年的巨龙终于苏醒了，封炉多时的铸剑师又开始燃炉扇火，重铸倚天剑。而有志之士在挥动屠龙刀之余，也转而勤奋练剑，毕竟识时务者为俊杰。最鲜明的例子莫过于国际著名的投资家和金融学家吉姆·罗杰斯 (Jim Rogers) 。他决定尽早让他的年幼女儿学习华语，为将来做好准备。令人注日的是他在“众里寻他千百度”之后选定新加坡，准备让女儿在此逗留至少12年，因为他认为新加坡拥有世界最好的幼稚园和小学教育。除了罗杰斯之外，许多国家的人民也都掀起学华语的热潮，因为这是未来生存的重要工具之一。

正当举世都为中国的发展而做好与中国虹桥接轨的时候，得天独厚拥有双语优势的新加坡人更必须居安思危，加紧脚步提高华语的水平，增强对中华文化的认识，熟悉当代中国的社会环境和风土人情，才能确保我们能鹤立鸡群，更有效地与各阶层的中方人士沟通交流。

拥有双语双文化真的如此重要？这从一个事例里可以一窥端倪。我在2008年4月曾随李奕贤政务部长出访中国中部的几个省份。当我们拜会一位省长时，他欣然地说：“大家都是同文同种，通晓华语，不必靠翻译来传达意思……”当日的会谈确实融洽欢愉，背后的因素不仅是中新双方有着深厚的友谊，熟练使用华语和通晓中华文化更是美好关系的重要催化剂。

如今东风吹起，当举世已准备扬帆起航时，新加坡的江湖子弟已做好渡洋的准备了吗？时移境迁，在21世纪这个新时代里，只能讲流利的华语还是不足的，因为许多非华人寒窗三载之后也同样能够出口成章。新加坡人必须异军突起，能人之所不能，才可以夺得先机，顺畅地进入中国人的世界，以他们所熟悉的语言、文化和当代的国情，与他们毫无隔阂地沟通交流，方能如鱼得水。

我们的双语政策在过去30年里培养了一批能文能武的双语精英。不过，整体而言，这批“精英”多数精通英语，华语的底蕴和境界，还是略逊风采的。不过，这是大局势大环境潜移默化的结果，因为过去百多年来英语确实是江湖上战无不胜的葵花宝典，务实和识时务的新加坡人自然得顺应形势。在建国的首三十年，新加坡凭着高瞻远瞩的政策，刻苦耐劳的劳动队伍和精通英语的人才，才能一跃龙门，从第三世界晋身第一世界的门槛。

而今物换星移，中国的兴起移动了门槛，也促使世人对华文华语重新定位。这也是新加坡人重新磨剑的时候了。政府的“双语双文化”新政策是一方适时的磨剑石。过去的“双语”政策培养出一批双语“精英”，现今的“双语双文化”新政策却必须孕育出能够通晓华语和华夏文化的“精华”。唯有“精英通华”的新加坡人才能够游走东西，左右逢源。

记得曾读过新中国第一代领袖毛泽东主席的诗词，非常折服于他那气魄万千的豪情和凌云万里的壮志。在《清平乐·六盘山》这首词里，他写道：“今日长缨在手，何时缚住苍龙？”今时今日，能与龙共舞的红缨就是中华语言和文化。

新加坡的发展奇迹不是只靠政府和政策造就的，人文的因素才是主要的推动力。鲤跃龙门是上一代新加坡人所创造的奇迹。他们是一无所有但却意志坚毅的垦荒者。30年后的今天，新一代的新加坡人已是大海的舵手，未来的航程充满惊涛骇浪，我们的舵手也须时常矫正方向前进。我们的双语双文化政策将是引导方向的新指南针。

江山代有才人出，世上新人换旧人。新加坡和新加坡人未来的命运就掌握在新一代新加坡人的手中，不论是挥刀还是舞剑，我们都必须是出类拔萃的刀神和剑圣，这样才能逐鹿中原。我恳切希望我们的年轻国人能抓紧时机，快马加鞭，在通晓英文之余也同时掌握华文和华夏文化，这对国家和国人未来的前途是很有裨益的。

在新加坡建国初期，我们的先辈赤手空拳打出一个令世人惊讶的天下。如今新一代的新加坡人养精蓄锐，绝对有青出于蓝的实力。且让我们拭目以待，因为：

“数风流人物，还看今朝。”

对新加坡语言学习的反思

陈庆文

新加坡管理大学法学院助理教授，兼任本科生与研究生导师，研究领域涵盖新加坡族群关系、新加坡政府与政治。陈庆文出身自讲新加坡式英语和福建话的环境，他主张以开放心态拥抱多元语文、文化以及价值观。

我在新加坡学习语言的历程可说是丰富多彩，有时候却也显得杂乱无章。成长时期，英语其实是我的主要母语，那是我无论在家中还是学校里、学习还是玩乐时都最常使用的语言。华语之所以被列为我的母语，仅仅因为我是华人，它并不是我日常生活中的“母语”。

我小时候是在翡珑山警察宿舍里长大的。身边的马来族玩伴很多，所以4岁以前我学会了说马来话。后来举家搬迁到马林百列，那是一个几乎只听得到新加坡式英语和福建话的环境，我也就逐渐失去了马来语会话能力。

到了入学时期，家中有学龄儿童的家庭，包括我的家庭在内，开始受制于教育体系的要求。成功的定义，取决于学业成绩以及第一语文和第二语文的掌握能力。当时的教育制度要求几乎每一个人都得双语兼通。

我父母都不会说华语，却意识到必须让子女们掌握好华文。他们激发我们对华文的兴趣，并不惜花钱给我们请华文补习教师。父亲是我们的好榜样。他在少年时期自学英语，马来语也说得很流利，到了近四十岁才开始学基本的华语会话。当时我们都已经入学了，每天吃早餐时总看到父亲全神贯注听着录音带学华语，这番情景至今仍历历在目。父亲的身体力行，让我深切体会到语言学习是一种终生不懈的追求。他对多种语言文化的掌握和适应能力，实在印证了学习语言的意义其实远远超越语言的实用性、功能性。

父母师长落足心力、循循善诱，还是没能让我在华文一科考获特优，却教会了我体味华文之美。在莱佛士书院度过极富意义的四年中学生涯后，我觉得有必要自我挑战，转入一个“华文气息洋溢”的学习环境接受高中教育。转到华中初级学院升学的决定，让我难得地接触到来自特选中学的同学，了解并渐渐学会欣赏他们的精神、想法和价值观。

我在莱佛士书院和华初认识的同学，都一样积极进取、学识丰富、极富创见。不过深入了解之后，会发现两组学生的价值体系在大致相同之余存有微妙的差异。这也许有以偏概全之嫌，不过在社会道德观方面，一组人相对“保守”，也比较倾向社群主义（以团体为中心）；另一组同学则十分重视个人独特性（这个概念与“个人主义”不同，但两者之间的差异常被模糊了）。

虽然如此，我这两所母校的同学之间的差异，其实往往不是被歪曲，就是被夸大了。两者的差别也许仅仅很细微，但也正是有了这些微妙之差，才致使在同一个国家教育体系内成长的学生，因为语言背景各异，而足以从各种不同观点看待世界。事实上，正是这些差异，造就了学生看似迥异的价值观、理想、期望与抱负。

自己身为人父之后，我愈发体会到家庭环境对于孩子的语言学习有多么重要。我和妻子尽力为儿子提供有利于双语学习的环境，设法扩大他的视野，尤其是在旅游中和他所阅读的书本上，让他多认识周遭多种多样的语言。我们希望强化他正确的学习态度，让他也能领会语言文化的深层价值，进而促进与他人之间的沟通，也深化自我的认识。

儿子日后在工作上未必会使用华文，但华文将是一个他随时可以汲取的资源。最为重要的是，掌握好华文，足以让他更清楚自己是谁、更了解本身的价值观；而通晓双语，让他在不同语言和文化世界里穿梭自如。能建立起这么一种跨文化敏感意识，有利于他参与知识和文化套利；这会是当今全球化的世界里越来越需要的特质。

知识和文化套利指的是，在与人类活动息息相关的文化、社会经济和政治环境中，运用资讯、信任、技能和人脉来创造优势。由于大多数的文化知识是无法编码的，具有文化敏感意识的新加坡人，即可运用各自对多元文化的认知与敏感度、特有的地方性知识，以及对所在地的语言和价值观的熟悉，更好地掌握看似迥然各异的知识。

我们的语言政策除了提升学生的语文掌握能力，也应该启发学生发展更广泛的技能，培养起跨文化敏感意识与跨文化适应能力。具备了这样的思想心态，新加坡人方能发展出一个“内化轨道”，既精通本土语言和外语，亦可深入了解国内外多重文化与价值观。鉴于我们正从非传统来源吸引新公民、永久居民和外劳，拥有这种跨文化的娴熟能力，对建立一个富有凝聚力的社会将大有帮助。

我们对各种语言的看法以及相对的重视程度，也会随着时间和经历而改变。我的观点也有了转变，始终不变的是对语言一如既往的基本坚持和信念。在我看来，我们的教育体制最重要的是应该培养学生对语言的热爱，以及伴随而来的生活技能。

有鉴于此，我们的语言教学框架应该以整体化教学为目标，使孩子们具备正确的语言学习态度，珍惜将伴随他们一生的语言知识。这个体制应该把语言学习更多地视为过程，而非目的。

新加坡在20世纪七八十年代的语言学习显得过于严苛，理由是教学侧重于提高语言能力和熟练度，目的只为了应付考试。这大大削弱了学习语言的乐趣和意义。其实语言学习在本质上应是一辈子持续的历程，不断掌握实用技能、培养正确的学习心态，才足以使语言成为开启文化遗产的那一扇窗。

我由衷希望新加坡在文化和语言方面可以跳脱本质主义论。不这么做的话，只会赋予文化特性一种被夸大了的永恒感，而我们运用多元语言能力来了解不同文化背景同胞的潜力，也会因此而受到制约。

（本篇译自英文）

苦尽　甘来

郑清寿

就读于华文源流学校的郑清寿，在大学先修班时因为政府语文政策的急转弯，突然得用英文来学习几乎所有的科目，让他感到极度愤慨，但到英国留学和到中国工作让他开拓了视野，开始体会到双语政策的好处。现年53岁的他是工程系毕业生，曾是嘉德置地派驻北京的高阶主管，目前在星桥国际担任高级副总裁。

我出生于1958年，在1965年进入一所华文小学。当时的教育制度是6—4—2，即6年小学，4年中学和两年大学先修班。1965年独立后，政府开始强调双语教育。教育政策最大的改变，是分阶段——当我在中学和大学先修班期间——把教学媒介语从华语改成英语。

这个转变对和我同年代的华校生有重大的影响。然而，多年后，当英文在日益全球化的世界里越来越重要时，我们才察觉自己从双语政策中受惠良多，不管是在日常生活还是工作上。

我的四年中学，从1971年至1974年，是在华侨中学度过的。当时，华校受到左派人士很大的影响——他们本身则受到中国的影响，对他们认为是西方文化的英文抱抗拒态度。华校生被煽动拒绝学习英文。英文只是第二语文，我们在四年的中学生涯中，几乎没有说过一句英语。

当我于1975年至1976年就读于华中初级学院时，出现了一个巨大的转变。在一夜之间，我们以前用华文学习的主要科目，将改为用英语教导。可以想象，这个政策对我们来说是非常痛苦的，许多人也对改变感到很气恼。我们不明白，为什么要在我们就快完成教育的时候，让我们经历这么重大的改变。

学院给了我们一些帮助——华文源流学生获得教师的特别指导。此外，在过渡期间，经济这个非常依赖语文能力的科目，可以继续用华文修读。大多数华文源流学生都选择继续用华文修读经济。只有那些英文能力强的才有勇气转用英文。英文也是第二语文，但理解与写作仍旧使用华文。不过，所有的科学科目都毫无例外地必须用英文修读。华文源流的学生被分开来，在辅导班上课。我们可以选择在考试中用华文作答，但大多数学生都尽力以英文作答。

挨过了痛苦的将近两年后，我在1976年12月入伍履行全职国民服役。在见习军官学校服役期间，受华文教育的见习军官被归入同一个排，每个星期要上三堂特别为我们安排的英文课。在完成国民服役前，我们也被安排到南洋大学校园修读3个月的英文课程，这样做的目的是帮助我们为完全使用英语的大学课程做好准备。大多数和我同龄的人都在1979年先上了这门课，才进入由新加坡大学和南洋大学合并的联合校园。

然而，为了开拓视野，我决定前往英国念大学。若不是两年的初级学院让我接触到英文，我在应付大学课程时肯定会面对难以克服的困难。我在1982年毕业回到新加坡。

进入职场后，我开始发觉有效驾驭英文的重要性。若不是因为我们的双语政策，我目前大概不能很好地掌握英文。毫无疑问地，当政府实行改变时，我们之中很多人都感到不满，但也有许多人坚持下去，克服初期的困难并最终从中受益。

我目前是嘉德商用产业（CapitaLand Retail）的项目发展和管理总经理，每天都得和中国客户打交道。在同来自东、西方国家的同事和客户沟通时，能够流利使用华、英双语肯定是我的优势。

一个人最好是在年纪小的时候就打好语言基础。我和我同届的学生很不幸地，必须在一个不是最适当的年龄挣扎着学习一种新语言。

不过，现在当我回头看时，我得说一切努力都是值得的。具远见的双语政策让许多人受益——包括受华文教育的人及将来世世代代的新加坡人。

今天，很多新加坡人都兼通双语，可以讲和写流利的英文和华文。讲华语运动是政府推行的另一有效措施。它鼓励新加坡华人使用共同的语言来沟通，拉近不同方言族群的距离。在中国工作的经验让我了解到普通话是中国的唯一共同语言，其他各种不同的方言都只在部分地区使用。比如，"福建话"只在厦门和其邻近城市用得最广。

政府的另一政策，是当年把9所顶尖华文学校转变成"特选学校"，让学生同时选修华文和英文第一语文。今天，许多特选学校，如华侨中学（由我的母校旧华侨中学和华中初级学院合并而成）和南洋女子中学，是本地数一数二的中学。

现在想来，如果政府没有这么做，这些华校大概难逃因为新生数目不足而必须关闭的命运。然而，我们当时并不了解政府把南洋大学变成联合校园，和把华文源流学校改成英文源流学校的苦心。当时这些全被视为"消灭"华文的举措。我们年纪太轻，不明白双语教育是确保我们未来的长期策略的一部分，也不了解英文对新加坡经济发展的重要性。

前内阁资政李光耀对我于2008年4月写给他的信的回应，可以说是对我过去和目前的感受最好的总结。他说："对像你这一代身处改变洪流中的人来说，痛苦是难免的。其实我们当时可以选择什么都不做，看着越来越多单语年轻人因而在事业上受到限制。"

（本篇译自英文）

以双文化搭建桥梁

杨莉明

财政部政务部长兼交通部政务部长杨莉明毕业自“特选学校”，曾在中国工作3年，也曾经担任“通商中国”（Business China）总裁一职。这个机构的宗旨，是栽培一批能够同中国沟通的双语、双文化新加坡人，搭建联系中国的桥梁。

有时候，因为华语说得好，我会被人误以为是中国人。这样的赞美得归功于我父亲。在我6岁时，他为我报名参加当时由新加坡广播电视台主办、以华语教导的儿童演员训练班。

在70年代的童年时期，我住在极富地方色彩的芽笼士乃的一间店屋。我不会讲英语或华语，只能掺杂地说我的方言客家话，还有广东话和福建话。我们也会讲一些马来语，如此才能把鞋子卖给马来顾客。我听到的华语只有“丽的呼声”播放的流行歌曲。然而，在儿童演员训练班的培训，让我在“儿童故事”（Kids' Tales）系列的一集中得到一个主要角色，也让我有信心参加学校的华文诗歌朗诵和讲故事比赛，并往往名列前三名之内。

我中学就读于“特选学校”德明政府中学。在德明的经验对我有深远的影响。头一年，我在学习以华文教导的历史时面对困难。如果不是让人敬佩的张丽贞老师，我恐怕就放弃了。她告诉我们许多后宫嫔妃争宠的故事和皇帝的逸事等等“野史”，激发华文根基不强的学生对历史科目的兴趣。在不知不觉中，我对中国文化有了认识。我不会玩任何乐器，耳边却不时萦绕着华乐团优美的音乐。同学之间一直用华语交谈。当时，我还不能完全体会这些经验的意义。然而，对一个15，16岁的青少年来说，跟着潮流走才是重要的。华文学校、有金属纽扣的制服和晨操显然和潮流格格不入。

德明毕业后，我决定报读莱佛士初级学院。但这回却在英文理解与写作上力有不逮。我不能很好地在理解与写作课上就社会课题进行辩论，也不能书写条理分明的文章。

接下来的好几年，我完全和任何同华文有关的事物脱节，直到我在伦敦政治经济学院完成硕士课程。

我在1992年毕业时，柏林墙已经倒塌了。在好奇心和想多看看世界的欲望的驱使下，我和当时还是我未婚夫的永昌决定搭乘跨西伯利亚的火车，先由陆路从莫斯科到北京，再回新加坡。在途中到达中蒙边境的二连市时，我们和一些中国人同坐一节车厢。他们对我们感到很好奇，知道我们会讲华语后更是兴奋。我也被他们深深吸引。我们虽有共同的祖先，却有全然不同的生活经验。过后的数天，我发现了之前学习华文的好处。它让我能够进一步了解其他不计其数黄皮肤的人的历史、文化和想法。此外，还有一个收获。那些中国人看到我们流利地同火车上的洋人交谈，突然间，我们成了他们的翻译，让他们也可以同外国人交换意见。

到达北京时，我所看到的景象让我感到震撼。走出火车站，除了在一个有四到六个足球场般大广场上的满满人群，我什么都看不到。在巴士车站，数百人拥向一辆巴士的入口，争着要挤上巴士。我瞬时明白，中国人为什么那么具竞争性。他们要竞争才能生存。

我在15岁时，曾跟随祖母到中国。那个时候，所到之处还不至于人山人海。人们身穿毛式中山装，即使是最好的饭店条件也很差。九年后所看到的变化让我印象深刻。这个巨大的国家正在崛起，也必然引起世界的注意。未婚夫和我当时都意识到，若有机会，我们要到中国工作和居住。

回到新加坡后，我在经济发展局开始工作。1995年，经济发展局在苏州设立办公室，为在前一年开始的中新苏州工业园区提供援助。我和永昌那时已经结婚了。当经济发展局提出要把我们俩调到苏州的时候，我们马上答应了。外国投资者那时面临的最大的挑战是弄明白当地的法律和条例。我编写了一系列任何外国投资者都会有兴趣的英语投资指南，内容包括税务和人力资源管理等。在苏州，同中国人的交往让我对他们的认识与日俱增。中国人时常提到他们的“五千年历史”。起初，我以为这只是一种奇特的习惯。后来，我发觉他们这么说的目的，有时是委婉地提醒外国人不要自大和看不起中国的传统习俗。

1998年我们回到新加坡。我在2008年受中华全国总工会的邀请，出席一个国际研讨会。在亚洲国家中，被邀请的只有新加坡和越南。除了提呈报告，我也受主办当局邀请，主持唯一一场自由讨论。这其中有几个原因：新加坡的报告是就事论事，不对世界局势作任何批评。我们的英语也没有很重的口音，容易让其他人明白。我也能够讲华语，这意味着可以帮助中国代表了解以英语提出的问题，并协助传达他们的反映。最重要的是，新加坡对课题采取最有效和理性的处理方式。一个来自新加坡的主席最没有可能采取偏颇的立场，却最有可能把焦点放在核心问题和实际解决方案之上。

这个研讨会让我回想起15年前的跨西伯利亚之旅，和我后来编写的投资指南。在这三个例子中，我都扮演了桥梁的角色，帮助两边的人相互了解。这些年来，一些中国人已经掌握了英文，正如许多西方人也已经会讲华语一样。因此，单是双语能力并不能成为新加坡人作为中间人的最大增值。对中国和西方观点的深切了解，和新加坡人把重点放在可行措施上的习惯才是我们的价值所在。如果我们不在我们的双语基础上加强我们的双文化优势，让我们成为中国和世界的有效桥梁，那就太可惜了。

（本篇译自英文）

那一大袋的图书
陈其昀

笔名函函，1982年生于新加坡，毕业于南洋女中、华中初级学院、南洋理工大学黄金辉传播与信息学院，目前在《新报》当记者。2002年，陈其昀出版了散文集《彩虹的另一端》；2005年出版了短篇小说集《7-Eleven 狂想曲》，该作品被选为2005年“读吧！新加坡”的指定读物之一；2006年她出版了第二本短篇小说集《抢救偶像》。

曾经有一段时间，我习惯性地把自己日趋退化的视力，归咎在父母亲身上。

当时的我只有十来岁，一次学校身体检查却显示出了极其恐怖的数字：左眼近视高达800度，右眼近视更是像攀上了珠穆朗玛峰似的，竟然跨入了四位数，1200度！震惊之余，我不断思索，究竟是什么缘故，导致如此糟糕的一双眼睛？

追根究底，原因只有一个：谁叫父母在我童年岁月中，强迫我读那么多书！“老妈，你记得我念小学时，你总是聚集全家大小，包括阿公阿嬷的借书卡，然后带我到图书馆借书吗？每去一趟，就借了整24本那么多！你瞧，逼我看那么多书的下场就是我现在这个‘半瞎子’！” 我嘟起小嘴，开始向母亲兴师问罪，大吐口水，搞得母亲不知如何是好。

当然，这些都是陈年往事，我早已不怪父母亲了。爱美怎么说都是女人的天性，自从配了副隐形眼镜后，告别书呆子型厚镜框，我也轻松接受了自己视力差的事实。回想起当年那些“图书馆之行”，我反而非常眷恋，也对父母亲的良苦用心感激万分。那时每次借24本书，他们俩总坚持要将双语政策贯彻始终，一半英文，一半华文。就这样，我除了有机会沉醉在埃尼德·布赖顿和罗尔德·达尔（Roald Dahl）的奇幻世界里，也津津有味地阅览了《西游记》、《三毛流浪记》等华文儿童书籍。

为了巩固我的语文基础，老爸老妈也鼓励我写日记，而且要轮换式地写；每周一、三、五用中文，周二、四、六则用英文。老实说，每天要逼自己从乏味的生活中找出几丝有趣的东西写，当时确实觉得有些枯燥与无奈。但是，渐渐地，我不知不觉在书写日记的过程中爱上了文字的美——不管是方块汉字的一笔一画，或者abc字母串起来后的动词与形容词汇，我终于领悟到了文字独一无二的魅力。

双语教育非常自然地成为我生活的一部分。自小学一年级，我便积极投稿，文章经常刊登于《联合早报》的《青草地》。中三那年，凭着一颗对新闻业的好奇心，我加入了早报的"联合学生通讯员"组织，以学生记者身份写了无数篇校园报道，后来又为《星期5周报》的《小方块》撰写青春专栏，还在《新明日报》和好几份中文杂志当实习记者，从中累积了不少宝贵的写作经验。

课堂外的我，在华文文学的高速公路上奔驰得乐不可支；课堂内，我却坚决地选择了一条截然不同的轨道。中学毕业之际，当许多好友都纷纷报读初级学院的数理科，我毅然报读文科，而且选的科目包括了历史和英国文学。父母亲曾一度诧异地问我：既然华文根底不错，中学高级华文获得特优，为何不修读华文语文特选课程？我的答案很简单，因为我钟情于莎士比亚和乔治·奥威尔（George Orwell）的名著，也对威廉·布莱克（William Blake）和希尔维亚·普拉斯（Sylvia Plath）的诗歌非常有兴趣，阅读他们作品时的那种振奋感就跟阅读巴金、张爱玲和白先勇的作品一样。

我从不担心自己会因为不读华文而将母语荒废掉。或许是潜意识中，知道自己某日会提起笔写小说吧。念书的时候，我小小的脑袋中常常浮现出各式各样的幻想情景及画面，随时间越积越多，直到有一天，我想：这样下去不行，脑袋快要爆炸了。于是，我决定把这些故事写下来。2001年，我的第一篇小说《朋友》诞生了。土里土气的题目，过于夸张、戏剧化的情节发展，还有那些生涩、幼稚的文字；现在回头重读自己的处女作，不得不承认是羞愧、腼腆多于满足与暗喜。不过，读着读着，感触良深。怎么说呢？那篇稿子确实有许多需要改进的地方，但是它却刻印了我那段少不更事、放荡不羁的岁月痕迹。没有《朋友》，不可能会有我的第一本小说集《7-Eleven 狂想曲》，更不会有第二本《抢救偶像》。

对于现今越来越不爱阅读的青少年，我认为由流行文化着手，让他们从中慢慢对华文产生兴趣，应该是个再好不过的管道。我本身的创作灵感，很多时候正来自流行乐曲与电影。一首好歌，结合了动人悦耳的曲子和感人肺腑的词句，创造出的意境可说是美妙绝顶。

毕业后，投身于企业宣传与公关行业，双语成了我工作上的优势。因为华文能力强，老板需要翻译什么大小文件就找我。记得有几次，新传媒的华语频道需要公司代表上节目做访谈，我也自然扛起了这个责任。目前，我在英文报《新报》当记者，常常也得用母语做访问。如果当年在求学时期没有把华文读好，今天是不可能在媒体领域里如此顺利地驰骋着！

开始工作后，每天都像在和时间赛跑，有时候忙得透不过气来。不过，有一点是确定的：我不会放弃写作；能写出更好的小说一直会是我前进的目标，而这理想就仿佛一道绚丽的彩虹，要到达另一端，得靠自己的努力。是的，我会一直继续编织故事，借由我的笔刻画出有血有肉的人物，声色俱全的场景，诉说我们这一代花样年华般少男少女们最真实的情感。

从较技到交际——两代人的双语学习经验

陈志锐

中国台湾师范大学国文系学士、新加坡国立大学英国文学硕士、莱斯特大学商业管理硕士及剑桥大学汉学博士。现为新加坡华文教研中心副主任。陈志锐主要研究现当代文学、华文和文学教学法、双文化课程等。为确保三个女儿都掌握中英双语，他多方尝试，用心良苦。

楔子：大实验室中的小竞技场

如果说新加坡是个大规模、复杂善变、多语种、多层次的语言实验室，那新加坡的大多数家庭极可能也是一个个小规模、较单纯、双/三语的语言小竞技场。

在这个家庭的小竞技场里头，各种语言（华语、英语以及方言）之间的关系——从相互较技到彼此交际，甚至在这两个极端中间的种种语言互涉的程度——自是许多学者和语言、教育工作者非常关注的切身课题。目前新加坡绝大部分的华族家庭已经呈现一种“三足不鼎立”，甚至“双足不平衡”的语言使用现象：站得最稳（而且持续成长）的是我们最强势的官方语言——英语，接下来是由于中国经济和软实力崛起而后市看起的华语，最后是苟延残喘，甚至濒临消亡的方言。

本文将先分享个人童年学习语言的经验，然后再探讨目前自己家庭的用语策略及孩子的语言学习情况，以尝试于这个“三足不鼎立”的大趋势中，寻求一个多语大环境中的家庭用语的小平衡点。

童年时期的生命语言

进入小学之前的20世纪70年代，我都是在婆婆居住的女皇镇的香烛店里头度过的。无论家里或店里，我的父母亲只和我说普通话，来自福建惠安的婆婆只说福建话，因为曾经住在以广东话为主的豆腐街的关系，店里的姑姑们大多说粤语。我和妹妹就自然而然地习得了这三种语言。当时丰富的口语输入和真实性听说材料就包括了第八频道的中文电视节目，粤语武侠片的录像带，“丽的呼声”的福建说书、粤语讲故事、华语歌曲，以及玩伴之间三种言语的混杂使用。普通话、粤语、闽南语，在很小的时候，就是我们在香烛店的世界里头赖以为生、嬉笑怒骂的生命之语。

记忆中我最早懂得的华文字，不是“妈妈、爸爸”或“人、口、手、足”，而竟然是每天耳濡目染的土地神牌上的“土能生白玉、地可出黄金”，而且因为经常看着店里的父亲在神牌的玻璃上刮出这副对联，所以对这十个字的印象几乎是凿刻般深刻。英文，却是迟至5岁以后到人民行动党的幼稚园里头，才懵懂地有了初次的邂逅。当然，在英文课上对英文的陌生感还是有的，但是也没有特别排斥或焦虑，仿佛新语言的习得本来就是自然如此的。

20世纪80年代初进入母亲执教的南侨女子中学附小（现为南侨小学），我成了传统华校小学的最后第二批学生，而妹妹更是末代华校小学生。其实我们当时所谓的华校小学，已经是除了华文以外都使用英文教学了，只是华文仍是第一语文水平（CL1），而英文为第二语文水平（EL2）。小学的华文科在华、英、数、科等四门考试科目里头只占四分之一，课时虽然少，但是无论是思维或是口语，华文肯定是我们同学之间的主导语言。华文老师们在教育制度转型的过渡期对华校传统的维护，充满使命感的身教和言教，包括李丽贞老师的厚爱鼓励和漂亮书法、曾丽娟老师的标准语音和讲故事比赛的严格训练（我始终忘不了她那本被她翻烂的汉语大词典）、萧瑶珠老师的查词典找课外词语的日常竞赛等，都为我们打下华文第一语文的基础、巩固了标准的语音语调，更奠定了我们这辈子与华文之间不弃不离的情感。

对着我们这批课外时间（甚至上课时）只讲华语的学生，英文老师大概也像今天的华文老师，苦口婆心、哄骗骂赞无所不用其极，绞尽了脑汁来创造学习英文的环境。印象比较深刻的就包括英文阅读活动，看完30本英文书就可以凭记录换取小奖励；还有“讲英语周”里头只要抓到同学讲一句华语就可以得到一张券，集满20张券也有小奖品。无论是为了奖励还是小孩子之间的竞争心理，我也确实因此看了好些英文书，主要是埃尼德·布赖顿的《五伙伴历险记》（*Famous Five*）以及《私密七人团》（*Secret Seven*）少年冒险系列，但是很快又回归到《西游记》、《三国演义》等华文名著了。在如此传统的华文小学环境里，记忆中我只和老师说过英语，同学之间除了“讲英语周”和上课时被老师规定只准讲英语之外，几乎清一色以华语沟通，而英文的成绩自然在四科里头垫底。我的英文可以说纯粹是“课本英文”，文法也是照本宣科地教出来、练习单上做出来的，除了英文课之外，我在实际生活语境中绝少运用，即使是新年到亲戚家面对念英校的表兄妹也大多尴尬地选择缄默，所以那个时期的英文学习堪称纸上谈兵的阶段。我还记得当时已经焦虑地对自己说：“如果我的英文有我的华文一半好，那就好了。”

可是后来，我这些纸上之兵的英文倒是有一次让我记忆深刻的实战经历：小学某日放学回到婆婆的香烛店，竟然来了个不速之客——一名金发碧眼、高头大马的背包旅行者，闯入店里询问众神像与香烛之价格和用法。店里祭拜神灵的货品都不标价，更没有使用手册（其实连中文说明都没有，遑论英文）。只见姑姑和洋人“鸡同鸭讲”地僵持不下，我只好挺身派出有限的“课本英文”为香烛店解围。没想到竟然奏效，而且我们一大一小还笑谈言欢。最后对方在我屡劝不听的情况下，决意购买冥纸作为手信，回国送给亲戚朋友，还和我讨价还价，问多买几包是否可以算便宜一点。

那次和洋人真枪实弹的英文过招令我强烈体会到“养兵千日，用在一朝”的真谛，更对自己“课本英文”的信心徒增不少。此后上英文课时似乎有了多一点点的意义，再加上英文老师**Mrs Chee**对我们末代华校生绝不放弃的悉心指导和严格操练，全国小学离校考试的时候，我竟然得了总理书籍奖。

今天回头审视我小学和学前阶段的双语学习，确实是极不平衡的。除了听说之外，华英课外读的语文、文学和思维水平更是相差一大截，这其实影响了自己后来在中学和高中进行内在思辨、情感交流、文学创作、阅读书报时的语文倾向，甚至还影响我后来到中国台湾师范大学修读国文系。然而，正是因为自己童年时期的华文基础，后来我到师大国文系还可以赶得上中国台湾、香港、澳门地区的本地生，甚至国文资优保送生。而英文因为是新加坡社会大环境中的强势语言，反而比较容易在后期的学校环境、大学教育、国民服役与工作场合中经常接触并持续进步。为了继续弥补自己对英文和西方文化认识的不足，我甚至也报读英国文学课程并到西方深造。反观我们现今的学生，他们大概在甫进入小学之时的英文水平就已经极为可观，也可以读懂我在小学高年级才阅读的埃尼德·布赖顿，但是大概直到他们大学毕业，都没有读过，或读不了华文的《西游记》和《三国演义》了。

寻求家庭用语的小平衡点

30年之后的今天，轮到我的孩子在完全不同的、以英文为主的大环境中展开语言学习的历程。我强烈意识到必须在家庭中自觉地设计并推行家庭用语，提供孩子们一个丰富的双语习得环境，也希望这可以作为一个家庭用语策略的参考。

由于我近年海外求学、转换工作、多次海内外的搬迁等原因，三个年幼的女儿皆在不尽相同的环境中度过最初的语言形成发展期（3岁之前），而家庭用语也相应地进行了调整。

大女儿在全家人共用华语的环境中度过最初的语言形成发展期，故一开始我即有意识地以纯英语与其沟通（即全家只有父女之间以英语对谈），而母亲、奶奶、外婆、亲戚等皆以纯华语和她交流。由于我是大女儿最常相处、沟通的对象，故我的用语初衷是希望其在纯华语的环境中取得双语的平衡，也可以有熟悉英文的早起点。根据观察结果，虽然其他家庭成员都用纯华语同其交谈，大女儿对英文的使用度、敏感度和发音准确度都稍胜华语，可见最常与其接触的亲人的用语起着最大的影响。然而大致来说，其对双语的使用度、敏感度和接受度都不会相差太远，而且由于每个家人非常有意识地只用单一语言同其交流，其在运用语言的过程中，语言混杂的情况极少出现。

很快地，当我和妻子到英国留学，大女儿的成长环境有了巨大的转变。我们清楚意识到邻居、朋友、幼稚园的老师同学将无例外地与她使用英语交流，故我转而使用纯华语与其对谈，而且增加了华文阅读、读经、背诗等语文活动。每天晚上陪她入眠的时候不是唱华文歌、看海运过去的华文儿童读物，就是一起背诵唐诗。意外的是，由于我与她长时间交流，大女儿的华文华语在这个纯英文的西方社会中反而得到大幅度的提升，甚至超越了之前略强的英文英语。与此同时，为了贯彻我们深信的双语习得和使用原则，妻子也配合地转而只使用英语同其交谈，目的也是希望其更容易融入学校和周遭的英文环境。我原本担心父母的语言转换会为其带来用语对象的困扰，然而未满两岁的她非常快地就适应了这种语言对象的变换。在我和妻子长期的坚持下，大女儿也只和我用华语沟通，只用英语和母亲交谈。

二女儿则与大女儿相反，一出世即在英国度过最初的语言形成发展期，后期才返回新加坡。由于其与使用英语的母亲共处的时间较长，其英文的敏感度和使用度就超越了华语。由此可见，最长相处的亲人的用语将对孩童的语言习得产生最深远的影响。另外，由于大女儿和二女儿在英国和新加坡都上相同的幼稚园，二人之间的沟通语就被校园环境影响，成为主要使用英语。我开始的时候更必须多次提醒二女儿必须使用华语，并且与姐姐要多使用华语对谈。但是，二女儿在新加坡幼稚园上课的班级的级任和同班同学更多使用英语，故她英文的接受度更高。

有鉴于此，我也开始适度地改变原来的家庭用语计划，除了自己更常用华语同二女儿交谈，妻子也开始较常使用华语和其交流，唯坚持对女儿们以纯粹的华语或者英语来讲一句完整的句子。二女儿如果使用混杂语言，如新加坡式英语Singlish，新加坡式华语Singese，混杂式华英语Chinglish，或直译语句（例如“我换我的头”、“我不能拿了”——其原意分别是“I change my mind.”和“I cannot take it anymore.”），大都获得我和妻子的即刻提醒，而当中也尽量减少直接纠错而以语义协商的方式让她自然地习得正确的华语或英语的说法。另外，学习新词汇之际，我和妻子也大多记得进行机会教学，顺道教导另一种语言，希望孩子的双语词汇量不会因新加坡的大环境相差太远。这与翻译法不同，不是在接触新词汇的时候（例如“公主”）就立刻提供另一种语文的、已知的对应词汇（“princess”），而是坚持用单一语言，以“换句话说”的方式来解释，直到一种语言掌握了，再教导另一种语言。当然，间中也有孩子们叛逆固执、坚持讲英语的时刻，然而贯彻这套家庭用语策略的几年下来，目前两人基本上双语水平相当，遇到什么人可以以什么话进行交际：与中国籍的成人、朋友使用纯华语，洋人或某些新加坡朋友也可以用纯英语。希望如此一来，双语在她们日常生活中能够有正常的交际。

三女儿上幼稚园之前，大多时间由外婆照顾。原来都用华语照顾小孩的外婆在华语的使用上总是受方言的音调和句法影响。我也曾建议外婆直接使用广东话与孩子交谈，更能加深与孩子的亲密关系，外婆乐得使用最舒服的广东话，可是因为经常担心孩子听不懂，所以还是转回普通话，而我想这也勉强不来。只是对于这刚踏入语言形成期的三女儿，如果能够有父亲的普通话、母亲的英语以及外婆的方言熏陶，大概会有一辈子享用不尽的三种言语和文化资源。

从大女儿和二女儿的用语经验中，我们相信语码混杂的现象虽然存在，但是凭着孩子的适应和分辨能力，加上父母的自觉性指导，将能够让华语、英语都能够扎根，且互不干扰、无需“较技”地成长。

小结：期待从较技到交际

从多语之间的相互较技，到利用多语自然地与他人交际——和许多家长一样，这是我对子女的殷切期望。我深信只要持之以恒地在家庭中，由特定对象使用纯粹的单一语言与孩子沟通，并同时提供一个丰富的、习得双/三语的自然环境，将能建立良好的语言使用习惯，更能种下两三颗优良品种的语言种子。交际的双语可以让孩子扎根本土、紧系文化，也可以让他们放心翱翔、闯荡世界，这或许就是我们可以给孩子们的一辈子最好的礼物之一吧。

索引

A

阿敏 235
阿基诺夫人 198
爱阿亚大学 092
爱德华七世医学院 006，055
爱同（学校）086，100
澳大利亚 008，039，067，124，158，162，250

B

巴菲特 260
巴金 235，306
巴克 070
白先勇 259，306
贝恩 011
布里特 016，017，018
白里斯葛 057
白里斯葛报告书 057
巴黎美术研究院 094
贝尔法斯特皇后大学 066
波士顿大学 066
北京大学（北大） 090，091，174，208，212，272
北京师范大学第二附属中学 174
八国联军 009
罢工 018，019，035，088
罢考 027，045，059，086，091
罢课 045，065，066，086，094，246
北京 092，149，172，174，178，186，195，207，212，231，232，283，299，303
贝鲁特 167
比利时 012
柏林 303
波士顿 283
北美洲 034

C

蔡崇语 042，067，069，072，083
蔡亮 095
蔡南海 026
蔡认娘 004
蔡善进 043
蔡志礼 047
曹操 238
陈葆佳 174，208
陈楚楠 089
陈德能 093
陈德铭 203
陈共存 072
陈怀亮 198，237
陈嘉庚 033，091
陈六使 052—057，060，064，065，067，247
陈具昀 305
陈庆鏻 243
陈清木 103
陈庆文 296
陈庆炎 099，100，103
（陈）庆珠 244
陈人浩 091，094，095
陈若锦 006
陈文希 091
陈炎成 059
陈祯禄 055
陈振泉 291
陈志锐 308
陈祝强 071
陈宗瑞 091
崇福（学校）079，086，280
崇正（学校）086
萃英书院 086
晨报 089
车辆注册局 133
成人教育促进局 025

财政部 049，302
朝鲜 052

D
戴维斯 017
丹顿 072
丹那巴南 101
邓亮洪 166—168
邓佩茹 095
邓朴方 202
邓小平 060，202
蒂凡那 014，131
都德 269
杜辉生 095
杜进才 042，043，070，126
杜维明 098
东亚研究所 145
淡马锡（初级）学院 101，168，173，212
达善中学 269
丹绒加东女校 085
德明政府（华文）中学 048，079，080，081，085，086，088，093—095，101，110，161，168，173，174，302
德贤（中学）028
端蒙中学 291
端蒙（小学）079，086
道南学校 086，100，101，179
德乐英校 005
单语课程 154
单元模式（单元式教学）002（序1），182，192，193，210，211
第一语文（语言）001（序1），003（序1），037，040，043，045—047，049，050，077，081—085，099，100，103，104，108—110，112，129，138，139，149，152—159，163—166，172，175，177，185，188，190，206，214，220，225，226，233，239，240，252，266，267，269，274，281，285，296，301，309
第二语文（语言）001—003（序1），005（序1），021，026，032，037，038，040，041，043，045，046，048—050，077，081，083—085，088，098，100，101，103，108，115，118，138，139，152—158，161，163，165，168—170，177，179，183，185，188，190，191，193，195，206，208，209，211，214，219，222，223，225，226，239，252，265，267，271，292，296，299，300，309
第三语文（语言）003（序2），154，190—192，241
大拇指 101
大学论坛 065
大学入学准证 045，066，088
大学入学委员会 180
东南亚教育部长会议 183
电视与广播节目咨询委员会 144
大华银行 072
大众钢铁公司 280
德国 006，044，120，237
东南亚 030，031，034，037，044，045，051—053，058，060，061，063，091，149，150，167，183，190，192，199，202，254
东欧 034

E
俄罗斯（俄国）034，044，236，237
EM1（课程）154，165，169，172
EM2（课程）154，169
EM3（课程）154，164，169

F
方水双 167
方壮璧 059
费里克斯·格林 244
冯焕好 026，269
冯元良 130
傅海燕 089，198，254
菲茨威廉学院 008
辅仁大学 092
复旦（大学）212
复旦（大学）附中 089
凤山（学校）079

附加特选学校 182
分流 040, 050, 154, 157, 163—165, 169, 221
福利车厂暴动（福利巴士暴动、福利巴士车厂、福利车厂事件、车厂、福利工潮、福利巴士车厂暴动、福利巴士车厂工人罢工、福利巴士公司工潮）004, 018—020, 086, 091, 093
福建会馆 052, 067
法国 090, 092, 093, 131, 243, 244, 264—266, 269
菲律宾 198
芬兰 033
非洲 034, 120

G

高德根 017, 065
高立人 066, 067, 069, 073
格里夫 006
顾百里 034, 211
顾德 052
古龙 291
郭隆生 033
郭佩弦 031
郭振羽 144, 145
国立教育学院 074, 179, 246
国立脑神经医学院 267
（国家）初级学院 010, 046, 231, 233, 234, 244, 276, 281
公教中学 010, 026, 046, 048, 076, 079, 081, 085, 088—090, 095, 101, 108, 232, 233, 247, 265
公教中学附小 079, 100, 264, 280
工商（学校）079
广福（学校）086
光华（学校）079, 101
光洋（学校）079
国民型学校（教育） 053, 097, 139, 153, 158, 159
高才教育（高才班） 101, 192
高级华文 085, 095, 105, 109, 112, 165, 166, 168, 171—173, 175, 180, 189, 208, 221, 225, 233, 239, 240, 244, 271, 272, 306
国际教育成绩评估协会 154
国际学生数学与科学研究趋势 154
国际学生能力评估 154
庚子赔款 009
国民服役 043, 116, 233, 300, 311
国民服役法令 016, 086
公共服务委员会 069, 105, 247
国际报业协会 033
工人党 070
共产党 059, 060
共产主义 015, 059, 060
国家电脑局 274, 278
国家图书馆管理局 143
港务集团 254
国防部 043, 049, 072, 116, 191
戈登广场 009
共和联邦 124
古巴 089
广州 217

H

韩南 287
韩瑞生 009, 232
Hang Tuah Arshad 064
Harry Kuan Yew Lee 012
Harry Lee 012
何光平 131
何家良 067, 070, 072
何晶 240
何思明 264
何元泰 070
何振春 073
洪月霞 195
胡锦涛 089, 197
胡欣 103
胡以晨 274
黄根成 209
黄锦西 026
黄俊祺 284
黄美清 146
黄明德 096
黄丽松 068
黄晚成 257
黄炎培 091

黄应荣 066
黄永宏 162, 186, 187, 198
黄祖耀 046, 060, 072—074, 164, 192
回良玉 203
何品(母语教育检讨)报告书 155, 188—190, 221
黄庆新 026, 181, 212, 221
黄庆新报告书 155, 181—183, 188, 190
黄庆新华文课程与教学法检讨委员会(华文教学改革委员会)181, 221
哈佛(大学)267
皇后大学 067
华中初级学院 101, 108, 160, 168, 173, 192, 212, 240, 269, 283, 291, 297, 299, 301, 305
华侨中学 003, 004, 017, 019, 026, 035, 043, 045, 048, 079, 081, 085, 086, 088, 091—095, 101, 107, 108, 161, 174, 212, 247, 276, 299, 301
华中北京卫星校园 174
华义政府华文中学 079, 080, 086
黄埔政府华文中学 079, 080, 086
海星女中 079, 080
海星中学 048, 079, 081, 085, 088, 092, 095
海星中学附小 079, 100
海格小学 243
恒力小学 179
宏文学校 101
花菲卫理小学 179
混合制学校 028, 029
缓役 016, 017
汉语拼音 134—137, 165, 224, 251, 255
华文(文化)精英 051, 104—106, 110, 113, 170, 175, 211, 239
华文B(课程) 171, 172, 175—177, 179, 190, 213, 221, 225, 241, 272
华文B学习中心 176
华文语文特选课程(语特课程) 101, 108, 168, 171, 173, 212, 306
华文(第三语文)特别课程 191
华文特别试卷 101
华文节目咨询委员会 145
华社文教促进会 166
华社自助理事会 291
华惹 016
海峡时报 036, 056, 106—108, 130, 134, 170, 179
华纳音乐公司 288
环境发展部 104
环境及水源部 254
韩国 099, 196

I

IBM 195

J

蒋才正 164
蒋经国 197
蒋克秋 007
江泽民 197, 202
敬文东 121
金庸 259, 291
剑桥大学 006, 008, 012, 089, 160, 161, 174, 280, 281, 308
俊源学校 005, 014
教育部 019, 020, 025, 026, 040—043, 045, 048, 049, 054, 057, 058, 061, 066—070, 072, 078, 080, 081, 083—085, 089, 098, 099, 101—104, 107, 109—112, 116, 133, 134, 136—138, 147, 153, 161—165, 168, 169, 171, 173, 176—178, 180, 181, 183—187, 189—191, 203, 212—214, 218, 219, 221, 236, 252, 254, 255, 269, 272
讲华语运动 116, 118, 119, 121, 124, 125, 127—145, 147, 148, 163, 201, 220, 251, 252, 284, 301
讲正确英语运动 162
经济合作与发展组织 154
经济发展局 200, 274, 278, 303
紧急法令 016
进步党 011, 013

基督教 047, 093
建屋发展局 120, 130, 133
警察部队 016, 134
街名咨询委员会 136
吉宝(企业)(置地) 201, 205, 264
嘉德置地 300
交通部 302
江苏 091, 203
吉隆坡 015, 033, 065, 068, 070
柬埔寨 244
捷克斯洛伐克 236
加拿大 034, 066, 067, 069, 124, 131, 158, 236
加勒比海 158

K

康振福 031
柯玉芝(芝) 010
快乐 261, 262
孔子 246
孔子学院 207, 210
开放大学 026, 153
快捷源流 083, 084, 109
克里奥语 120
科学美国人 003
康柏电脑 195
肯德基 194
魁北克 034, 131

L

李沐文 004
李云龙 004
李进坤 004
李光耀(李先生) 003, 004, 146, 231, 243, 244, 246, 248, 249, 251, 252, 267, 301
Lee Kuan Yew 012
李光耀公共政策学院 199
李显龙(显龙) 002(序2), 010, 024, 046, 089, 094, 105, 109, 127, 166, 168, 171, 187, 191, 197, 198, 221, 222, 231, 271, 273
李显龙华文教学新政策(报告书) 104, 155, 171, 173, 175, 182
李显龙华文教学检讨委员会 171, 221
李玮玲(玮玲) 010, 046, 076, 127, 152, 159, 267
李显扬(显扬) 010, 046, 076, 089, 090, 127, 128, 224
李修齐(修齐) 108, 240
李毅鹏 241
李鸿毅 241
李浩毅 241
李绳武 108
李韶武 108
李祥耀 012, 169
李宝丝 095
李大傻 243
李芳济 093
李慧玲 283
李炯才 058
李丽贞 309
李茂成 033
李瑞环 001(序2)
李斯德望 090
李星可 033
李奕贤 198, 204, 293
李玉胜 073
李源潮 199, 203
李昭铭 042, 043, 069, 070
李振殿 089
拉曼 236
拉惹勒南 130
蓝天 014, 015, 132
蓝炽理 059
拉妮 132
劳爱华 090, 265
老舍 091
Lau, Earnest 234
雷当 236
雷蒙·拉法吉利亚 173
黎达材 073
连瀛洲 072
梁保华 203
梁国新 059
梁环清 095
梁羽生 291
梁老师(女士) 010, 231

林继民 072
林金山 042，070，126，127，152
林乃燕 080，095，110
林清祥 014，059，167
林瑞生 209，278
林少芬 208
林水生 059
林顺福 195
林廷龙 170
林锡坚 059
林有福 056，057，246
林语堂 057
刘程强 164
刘抗 091
刘强 092
刘望苏 092
刘韵仙 089
鲁士毅 091
鲁迅 235
伦迪·巴斯特 131
罗杰斯 260，293
罗康瑞 201
吕德耀 198
林德 012，013
林德宪制委员会 013
林德报告书 013
黎觉 011—013
黎觉与王律师馆 011，012
洛克菲勒大学 026
伦敦大学 070，091
伦敦政治经济学院 008，303
联合校园 071—073，077，088，097，125，300，301
联合课程 071
莱佛士学院 006，010，055
莱佛士初级学院 303
莱佛士书院 005，006，010，082，085，095，107—110，161，192，244，268，297
莱佛士女中 085，108，109，161，192，289
立化中学（立化政府华文中学） 048，079，081，085，086，088，093—095，161，174
立化（小学）079
联华（学校）079
立法议会 011，013—015，018，040，056，062
（新加坡立法议院各党派）华文教育（委员会调查）报告书 002（序1）019—022，040，056，165
立法议院各党派华文教育委员会 004，056，086，165
联合早报 108，176，186，206，224，238，241，251，283，306
“丽的呼声” 243，284，302，309
劳工阵线 019，056，057
联想集团 195
量子基金 260
联（合）邦 023，029，035，053，056，058，062
伦敦 006，008，009，070，072，091，283，303
列宁格勒(圣彼得堡) 236
黎巴嫩 167
卢森堡 120，121，129
罗马帝国 033
联合国 034，123

M

马绍尔 018，086
马炎庆 187
马英九 263
毛泽东 294
梅广 163
密歇根大学 092
麻坡中化中学 094
玛丽蒙女校 179
美以美小学 178
美以美女校 108，109，243
蒙福小学 179
弥陀（学校）079
马来文（第三语文）特别课程 191，192
母亲节挺母语（签名行动）186
马来亚大学（马大）015，016，026，044，052，054，055，057，058，061，063，065，067，068
马来亚共产党（马共） 011，059

马来民族主义 053
马来前锋报 062
马来教师公会 102
马婆屋业贷款公司 015
马华 055
马六甲 089
马来亚 006, 009, 020, 023, 024, 026, 027, 033, 052, 053, 055—063, 119, 232
马来西亚 002(序1), 002(序2), 023, 024, 029, 031, 033, 053, 058, 062, 065, 066, 069, 077, 094, 119, 126, 142, 190, 200, 205, 215, 239
莫尔斯电码(信号) 008
马克思主义 015
明治维新 158
民主党 014, 132
民生报 089
每日新闻 239
麦当劳 194, 195
民防部队 016
媒体发展管理局 144
贸工部 143, 280, 281
曼谷 129
莫斯科 236, 303
毛里求斯 120, 121
缅甸 089, 257
美国 004(序1), 007, 026, 034, 039, 044, 052, 064, 066, 067, 069, 070, 073, 074, 089, 092, 096—098, 124, 142, 147, 151, 158, 163, 172, 173, 177, 194, 195, 197, 200, 209, 211, 212, 215, 237, 242, 245, 250, 257, 260

N

纳兰性德 291
尼赫鲁 020
尼娜·波特波娃 236
牛津大学 006, 160, 161, 174
诺丁汉大学 162
南洋大学(南大) 035, 045, 051—077, 088, 095, 097, 125, 127, 129, 132, 146, 201, 208, 235, 236, 246, 247, 249, 250, 255, 281, 300, 301
南洋大学法案 056
南洋大学法令 065
南洋大学有限公司 056
南洋大学理事会(南大理事会) 058, 060, 063, 065, 069, 072—074
南洋大学毕业生协会 132
南洋理工学院 054, 074
南洋理工大学 054, 074, 075, 144, 146, 171, 180, 199, 246, 250, 288, 305
南洋(初级)学院 026, 101, 168, 171, 173, 212, 269
南洋学校 076, 089
南洋女中 010, 048, 076, 079, 081, 085, 088, 089, 095, 101, 107, 108, 113, 161, 174, 232, 254, 257, 301, 305
南洋小学 010, 076, 079, 089, 100, 101, 107, 157, 192, 231, 260, 262, 267, 268, 281, 289
南洋幼稚园 010, 076, 089, 192, 214, 231, 232, 257, 262, 267
南华女中 026
南华中学 081, 104, 171
南华(小学) 079, 086, 100, 101, 179
南侨女中 079, 080
南侨女中附小 079, 309
南侨中学 081, 173
女皇镇政府华文中学 094
南洋商报 033, 067
内部安全法令 033
内部安全(修正)法令 045
内政部 073, 280
纽约 034, 262
南非 158

O

欧进福 134
欧洲 006, 007, 034, 064, 089, 120, 123, 172, 217, 265

P
潘呇厘 072
佩琦 262
培华学校（武吉知马）079，101
培华学校（杨厝港）079
培青（学校）079，101
培群（学校）079，100，283
菩提（学校）079，100
普通双语课程 154
婆罗洲 004
普鲁士 269

Q
钱翰琮 073
乔叟 289
乔治·奥威尔 306
邱思妤 109
邱新民 092
清华（大学）091，092，198，212，272
区域英文研究中心 183
区域通识课程 192
擎青（学校）079
启化第一分校 079
启发（学校）079，086
启蒙班 048，102，136

R
惹耶勒南 164
儒家思想 098，099
人文奖学金计划 161，174
（人民）行动党 014，015，021，022，024，026，041，044，046，051，053，054，057，059，060，064，065，067，070，086，087，115，125，151，163，309
人民统一党 065
人民协会 291
日本 006—008，080，092，099，158，172，173，196，254
瑞士 009
饶柏华 073

S
三毛 259
莎士比亚 212，286，289，306
尚达曼 107，180
尚穆根 105
沈颖 109
施迪 104
史林尼哇山 058
宋先生 231，232
孙光汉 092，095
孙燕姿 194，288
孙一尘 094
孙中山 089
索罗斯 260
斯坦福大学 173
上海美术学院 094
师资训练学院 236，248
市长班 148，199，201
圣安德烈初级学院 288
圣安德烈英校 093，243
圣安德烈小学 178
圣公会中学 048，079，081，084，085，088，093，095，096
圣玛格烈中学 289
圣尼各拉女校 048，079，081，083，085，088，093，095，283
圣尼各拉女校附小 079，100，250
圣若瑟书院 108
圣安东尼小学 179
圣婴女校 079
圣婴小学 101
圣加俾尔小学 179
圣弥额尔小学 178
圣斯德望学校 179
实能中学 028
双文化课程 004（序1），109，174，179，208，212，213，239，272，308
双文化精英 174，225
双语并用教华文 177—179
时代前锋报 062
时代（杂志）260
社阵 064，065
沙文主义 029，030，033，036，131，160
萨斯 145
胜科 201，205

生死注册局 136
社会发展、青年及体育部 291
上海 089, 091, 094, 122, 149, 154, 172, 201, 261, 264, 266, 289, 290
苏州 200, 202—205, 278, 303, 304
苏州工业园 202—204, 264, 266, 278, 303
苏联 034, 235—237
斯里兰卡（锡兰）030—032

T

他信 198
唐爱文 016
唐德刚 098
汤廷池 163
特里华·肯尼迪 151
仝道章 033
涂开舆 091
托尔斯泰 034
特选学校 037, 045, 070, 076, 080, 082—084, 100—107, 109, 110, 111—114, 179, 182, 198, 208, 210, 213, 225, 239, 251, 252, 301, 302
特选中学 004（序1）, 079—085, 088, 091, 093, 095, 096, 098, 102—105, 108—110, 114, 153, 158, 165, 168, 170, 171, 173, 175, 270, 272, 297
特选小学 100—102, 111, 153, 158, 165, 170, 172, 182, 208, 272
特别辅助计划 080—082, 085, 102
特别源流 081, 083—085, 095, 108, 109
特别课程 173, 191, 192
统一（语文）源流 037, 045—047, 049, 157, 158, 163, 165, 250
统一阵线 059, 060
推广华语委员会 131, 139, 141
推广华语工作委员会 132, 135
推广华语理事会 141—143, 208
通商中国 174, 209, 210, 291, 302
天主教 090, 092, 093
天津生态城 205
太平 126
泰国 004, 053, 129, 198
台湾 005（序1）, 032, 096, 099, 111, 120, 122, 140, 142, 160, 163, 184—187, 194, 197, 201, 205, 207, 212, 238, 245, 255, 263, 268, 274—276, 279, 288, 289, 311
台湾大学 186, 255
台湾师范大学 308, 311

W

王邦文 015, 042, 067, 068, 070, 183,
王发祥 064
王大东 194
王德丰 068
王国璎 287
王梅凤 157
王岐山 203
王永元 065, 119
王鼎昌 163, 221
王鼎昌（华文教学检讨）委员会 163, 165, 166, 168, 171, 221
王鼎昌报告书 085, 154, 163, 165, 166, 168, 182, 184
王赓武 065, 066, 145
王赓武报告书 066
魏雅聆 057
魏雅聆报告书 057, 058, 061
温家宝 174, 206, 209
吴多深 264
吴宏一 163
吴金龙 190
吴俊刚 146
吴敏而 163
吴秋泉 014
吴绍洲 095
吴仪 198, 203
吴英成 177, 178
吴元黎 098
吴宗宪 288
吴作栋 085, 142, 164, 168, 199

吴庆瑞 041，049，050，070，098，116，137，169，190，196，221
吴庆瑞报告书 037，043，049，050，116，153，155
维特·菲莎 235，236
翁姑阿芝 058
威廉·布莱克 306
威廉斯学院 211
维多利亚女校 093
维多利亚中学 192
武吉班让华文政府中学 028
卍慈（学校）079，100
威妥玛拼音法 007
我报 251
巫统 024，055，062
卫理教会 264
五四运动 122
五一三 003，017，020，091
五卅一 091
文化部 058，135
外交部 245，291
卫生部 133
武装部队 016

X

习近平 200
小蜜蜂 262，263
萧瑶珠 309
熊玠 098
徐芳达 146
徐冠林 075
许烺光 098
许文远 144，198，209
许倬云 098
希尔维亚·普拉斯 306
薛尼肯因 055
西澳大学 057，250
夏威夷大学 177
谢菲尔德大学 072
厦门大学 055
香港大学 068，162
香港中文大学 248
新南威尔士大学 162
新加坡大学（新大） 026，035，044，045，052，054，068—074，077，088，097，125，208，247，249，269，300
新加坡国立大学（国大） 016，054，073—075，161，199，208，241，249，254，283，291，308
（新加坡）国立大学数理中学 161
新加坡科技设计大学214
新加坡管理大学(新大) 208，296
新加坡华文教研中心 183—185，189，212，274，308
新加坡英语学院 162
新加坡女子中学（学校）085，109
新加坡政府华文中学 086，093
兴亚启蒙（学校）079
新加坡考试局 027
新加坡21（报告书）107
新加坡华校教师总会 059
新加坡华文教师职工会 184
新加坡报业控股（集团）243，274
星洲日报 033，277
星期5周报 101，251，306
新明日报 306
新报 015，305，307
行动报 024，062
献身报 102
新加坡电视台 135，141
新传媒电台 145
新加坡广播局 160
新加坡华乐团 274
新闻及艺术部 143
新闻、通讯及艺术部 144，254
星桥国际 299
壳牌石油公司（壳牌集团） 005，067
下田公司 008，015
西伯利亚 303，304
新西兰 039，067，124，158
厦门 091，195，301
香港 068，096，099，122，129，135，140，142，162，184，194，201，205，207，211，244，248，251，262，283，284，311

Y

雅迪曼 104

颜金勇 111, 112, 198, 280
杨觉勇 183
杨莉明 302
杨荣文 140, 141, 143, 198
杨玉麟 042, 054, 057, 061, 067
杨元庆 195
杨云英 107
杨子国 073
姚国华 090
叶昆灿 095
易润堂 015, 058, 110
依斯迈卡辛 106
伊斯兰教学校 104
伊斯兰教社会发展理事会 131
余立信 212
余平光 108
余英时 098
印地安那·琼斯 260
耶鲁大学 260
约翰·霍普金斯大学 250
燕京大学 089
云南园 070, 074
裕廊(初级)学院 101, 168, 173, 212
英华学校 195
英华中学(自主) 108, 110, 161, 169, 192
英华中学(巴克路) 178
英华小学(经禧) 178
育英中学 246
育四学校 079
育英学校 086
养正学校 079, 086
应新学校 086
预备班 061, 100
延长双语课程 154
英文教学奖学金计划 161
英联邦奖学金 248
(英国)莱斯特大学 308
英国文化协会 234, 236
(英国)伊顿公学 091
英国 002(序2), 003, 004, 006, 008—012, 014, 016, 017, 021, 027, 034, 036, 038, 039, 041, 042, 052, 053, 055, 056, 066, 070, 072, 073, 074, 086, 087, 089, 091, 114, 119, 124, 142, 152, 158, 160—162, 174, 184, 197, 207, 211, 212, 222, 234, 236, 237, 274, 277, 279—281, 286, 287, 289, 299, 300, 306, 308, 311, 312
印度人发展协会 132
印度 007, 020, 023, 027, 031, 053, 059, 063, 064, 077, 102—104, 131, 172 205, 205
印度尼西亚 004, 027, 031, 053, 067, 069, 191, 239
牙买加 158
以色列 272
越南 034, 099, 205, 244, 304
亚洲 010, 039, 102, 103, 112, 113, 123, 173, 196, 197, 200, 263, 271, 304
亚洲周刊 194, 224

Z

曾丽娟 309
曾昭鹏 186
詹达斯 103
詹时中 131, 164
张爱玲 259, 306
章新胜 203
张志贤 191, 198
郑安仑 091
郑必坚 198, 199
郑奋兴 067, 069
郑良伟 177
郑清寿 299
钟泗滨 091
周辨明 055
周清海 046, 075, 207, 209 , 246
周瑞麒 020
庄日昆 070, 072
庄竹林 057, 066, 092
朱熹 279
浙江大学 214
中山大学 092
中正中学 004, 017, 019, 035, 045,

057, 088, 092
中正中学(总校) 004, 019, 048, 079, 081, 083—086, 094, 095
中正中学(分校) 004, 019, 086, 094
中华女中 079, 080
中华(小学) 086
自主学校 081
自治学校 081
中国通识课程 174, 272
直通车课程 161
总理书籍奖 041, 311
总统奖学金 174, 208, 244
总理公署 049
政府—南大联络委员会 058
中学联 035, 091
贞义社 167
中华总商会 014, 017, 031, 065, 073, 132, 135, 209
宗乡会馆联合总会(宗乡总会) 164
中华语言文化中心 246
昭南新闻 008
尊孔中学 015, 070
中国协会 009
中殿法学协会 008, 012
中华全国总工会 304
中央电视台 194, 224
中共中央党校 198
中国 005(序1), 001(序2), 003(序2), 004, 007, 009, 018, 027, 030—032, 047, 051—053, 058, 060, 061, 063, 071, 080, 086—092, 094, 096—099, 108, 110—114, 116, 120, 122—124, 126, 129, 136, 137, 140, 142, 147—150, 154, 158, 160, 162, 163, 167, 170, 172—175, 181, 184—187, 189—191, 194—217, 219, 220, 222, 224, 225, 232, 236—238, 241, 243—245, 248, 250, 251, 255, 257, 258, 260—264, 268, 271, 272, 274—276, 278, 279, 281, 282, 284, 289, 290, 291, 293, 294, 299—301, 302—304, 308, 311, 313